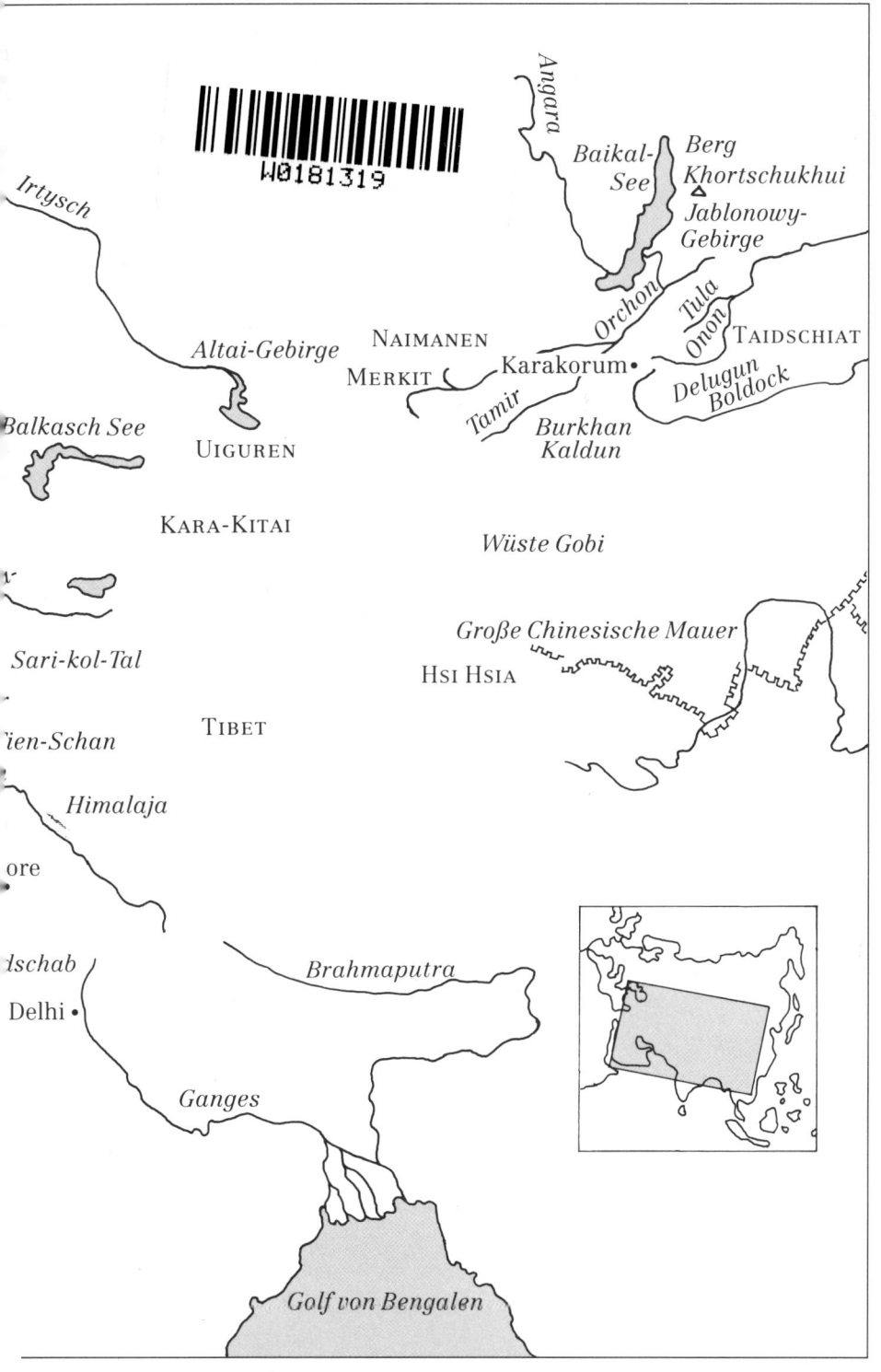

Peter Brent
DAS WELTREICH DER MONGOLEN

Peter Brent

DAS WELTREICH
DER MONGOLEN

Dschingis Khans Triumph und Vermächtnis

Deutsch von Horst Kube

Lizenzausgabe 1991 für
Manfred Pawlak Verlagsgesellschaft mbH,
Herrsching

© 1988 für die deutsche Ausgabe by
Gustav Lübbe Verlag GmbH, Bergisch Gladbach
© 1976 by Peter Brent
Titel der englischen Originalausgabe:
The Mongol Empire
Originalverlag:
Weidenfeld and Nicolson Ltd., London

Umschlaggestaltung: Bine Cordes, Weyarn
Umschlagmotiv: Archiv für Kunst und Geschichte, Berlin

Printed in Germany
ISBN 3-88199-877-2

Umschlagmotiv:
Elefantenburg des Kublai-Khan,
hölzerne Kampfburg auf vier gekoppelten Elefanten, Kupferstich

INHALT

1 DER GRÜNDERVATER

1.1 Kampf ums Überleben

Es war ein festlicher Tag – dieser ›Tag der Roten Scheibe‹, an dem die Menschen zusammenkamen, um den ersten Vollmond des Sommers zu feiern. Beim Rasseln der Schamanentrommeln versammelten sich die Taidschiat, Stammesangehörige unter ihrem Anführer Targutai, an den Ufern des Flusses Onon. Vermutlich aß man Schaf- und Rindfleisch zur Feier des Tages, eines der Hauptfeiertage im Jahresablauf, und sicher gab es auch *koumiss* zu trinken. Dieses Getränk aus der Molke vergorener Stutenmilch trug dazu bei, die Stimmung der bereits jubelnden Menge weiter zu heben.

Menschenleer waren die großen Zelte des Lagers der Taidschiat, diese langgestreckten weißen Behausungen aus mehreren Filzschichten. Jedes der Zelte schimmerte im Mondlicht in der ihm eigenen Ornamentierung aus stilisierten Tiergestalten oder Pflanzen. Manche Wagen, die sonst kreisförmig als Schutzwall aufgestellt wurden, hatte man jetzt ans Flußufer hinabgefahren, dorthin, wo an hochauflodernden Feuern die Menschen jauchzend ihr Fest begingen. Frohgestimmt hockten sie da, mit langen Überröcken und plumpen Filzstiefeln bekleidet. Über ihnen breitete sich der Himmel wie ein unendlicher Baldachin aus, ein Riesenzelt, dessen Mittelstange bis zum Polarstern reichte.

Wenn sie den Sternenhimmel beobachteten, dann erkannten sie, daß sich das Firmament bewegte, so wie es ihre Pferde taten, wenn sie an einer starren Mittelstange festgemacht wurden. Sie wußten auch, daß der Schamane für sie da war, um mit den Göttern zu reden – wenn es diese überhaupt gab – und Fürsprache zu halten. Seine Trommel – wundersamerweise aus dem Holz des Weltenbaums – erklang rhythmisch, während er Bai Ülgän, dem Gott der höheren Lüfte, entgegenstieg, der unter Tengris mächtigsten Gottheit des Universums. Die Leute waren zufrieden; sie fühlten sich sicher, hatten für den Augenblick genug zu essen und, beschützt von einem starken Stammesführer, wußten sie, daß für den kommenden Sommer das Weideland für ihre Herden ausreichte.

Abseits der feiernden Menge saß ein junger Mann. Er mochte etwa sechzehn Jahre alt sein, war hochgewachsen und hatte eine breite Stirn. Der leichte Flaum, der sein Kinn bedeckte, sollte später zu dem berühmten Bart wachsen, der dem Mann sein charakteristisches Aussehen verlieh. Er hatte einen durchdringenden Blick, und wäre er nicht in seiner jetzigen Situation gewesen, so wäre seine stolze und aristokratische Haltung sofort aufgefallen. Hier jedoch, wo der Lichtschein des Lagerfeuers in das Dunkel der Steppe überging, mußte er abseits sitzen und konnte nur von fern das Treiben der Menschen beobachten. Ein hölzerner Block hing an seinem Hals, auch seine Hände waren gefesselt. Dieser schwere Fesselblock, der *k'ang*, zerrte an seinen Schultern, schürfte ihm die Haut ab und hinderte ihn am Liegen, so daß er schlaflos dahocken mußte. Ganz offensichtlich war er ein Gefangener.

Dieser junge Mann, Temüdschin, war jetzt erniedrigt, doch er hatte berühmte Vorfahren. Sein Großvater, Kabul Khan, hatte die ganze Mongolei beherrscht. Er hatte ein Heer geschlagen, das Holoma, ein chinesischer Kaiser der Chin, ihm entgegensandte. Das lag nun schon fünfzig Jahre zurück. Manche behaupteten, daß das Gift, an dem Kabul Khan gestorben war, ihm von einem Tataren verabreicht worden sei, der im Dienste der Chinesen gestanden hatte. Ambakhai Khan, ein Vetter, wurde sein Nachfolger. Ein Trupp der kriegerischen Tataren, die Dschujin, nahm ihn gefangen und verschleppte ihn in den Süden, wo ihn die rachsüchtigen Chin umbrachten. Es gelang ihm aber noch, eine Botschaft an seine Gefolgsleute zu hinterlassen, mit der er sie aufforderte, seine Gefangennahme und seinen Tod zu rächen: »Wenn ihr auch alle zehn Finger abnutzt, bis ihr keinen Finger mehr habt – rächt mich!« Die Mongolen prägten sich diese Worte ein und übermittelten sie von einer Generation zur anderen.

Zum Nachfolger Ambakhais wählten die Mongolen einen weiteren Vetter aus dem gleichen königlichen Stamm, Kutula. Doch seine dreizehn Feldzüge gegen die Tataren verliefen erfolglos, und am Ende dieser kriegerischen Zeit hatte er nur Niederlagen vorzuweisen. Unter Kutula Khan siechte das Volk dahin und zerfiel in mehrere Gruppen. Die Tataren wüteten und plünderten, während die überlebenden Mongolen sich in Schluchten und Dickichten verbargen. Ihr Anführer Kutula war Temüdschins Großonkel gewesen.

Kutulas Neffe war ein Krieger namens Yesugai. Er raubte eine Frau von großer Schönheit und, wie sich herausstellte, mit starkem Charakter, ein Mädchen aus guter Familie. Nachdem er ihren Verlobten verjagt hatte, heiratete er sie mit dem Segen seiner Angehörigen. Als Fürst der Mongolen bekämpfte auch er die Tataren; im Verlauf eines dieser erfolglosen Feldzüge gelang es ihm jedoch, einen feindlichen Anführer namens Temüdschin Uge gefangenzunehmen. Als er 1162 aus dem Krieg heimkehrte, erfuhr Yesugai, daß er Vater eines Sohnes geworden war. Bei der Geburt hielt der Junge seine Faust in Blut geballt, was als sicheres Anzeichen für Mut und für kommende Kämpfe und Siege galt. Yesugai nannte ihn nach dem Fürsten Temüdschin, den er gefangengenommen hatte.

Kutula Khan starb. Yesugai suchte sich eine eigene Gefolgschaft, eine zusammengewürfelte Reitertruppe, die einst das Lager Bahan Bahadurs, des Bruders Kutulas, bevölkert hatte. Alle stammten vom Klan der Bordschigin ab, dessen Ahne der große Stammesfürst Bodonchar gewesen war. Yesugai selbst stammte von den älteren Söhnen ab, die ihre Herkunft direkt von diesem Fürsten herleiteten. Sein Anspruch auf die Fürstenwürde beruhte aber nicht nur auf der Abstammung, sondern auch auf seiner persönlichen Ausdauer, seinem Mut und seiner Intelligenz. Er war kein berühmter Khan, wie es Kabul Khan gewesen war, der alle mongolischen Lager und Stämme in seinen Einflußbereich gezogen hatte. Er war nur ein Anführer seines einst starken Volkes, das jetzt den Feinden kaum mehr gewachsen war. Die Schwachen spalteten sich ab und schlossen sich anderen Anführern an. In den Lagern fanden sich immer weniger Zelte, das Weideland für die Herden wurde spärlicher. Plötzliche Überfälle feindlicher Reitertrupps dezimierten die Anzahl der noch verbliebenen Krieger. Häufig war nur das Getrappel von Pferdehufen zu hören – ein Schwarm gezielter Pfeile schoß durch das Lager, Angstschreie ertönten, und schon waren die Angreifer verschwunden.

Als sein Sohn Temüdschin fast zehn Jahre alt war, entschloß sich Yesugai, ihn mit einem Mädchen zu verloben, das ihm geeignet erschien. Mit dem Jungen und einem kleinen Kriegertrupp ritt er aus, dem Lager der Olkenut entgegen, dem auch Temüdschins Mutter entstammte. Unterwegs kam er jedoch an einem Lager vorbei, in dem die Onggirat, ein verwandter Stamm, ihre Zelte aufgeschlagen hatten. Dieses Bergvolk wohnte nicht weit vom Einflußbereich des Chin-Reiches entfernt, mit dessen Herrschern es in einem, wenn auch gespannten, Freundschaftsverhältnis lebte. Der Stammesfürst, Dai Sechen, hatte zufällig eine zehnjährige Tochter, Börte. Gemessen und würdevoll verhandelten die Väter über die Verlobung, und Yesugai entschloß sich, mit dem wohlhabenden und mächtigen Dai Sechen verwandtschaftliche Beziehungen aufzunehmen, die ihm in diesen unruhigen Zeiten von besonderem Nutzen sein konnten. Und so ließ er seinen Sohn im Lager der Onggirat zurück. Der mit der Fürstentochter verlobte Temüdschin konnte hier die Künste des Krieges und der Diplomatie erlernen, und er konnte an Streifzügen teilnehmen und Erfahrungen in Gefechten und auf der Jagd sammeln. Als Erwachsener sollte er dann seine Braut heiraten und mit ihr zum Lager seines Stammes als lebenserfahrener Anführer zurückkehren.

Man weiß nicht, wie lange Temüdschin bei den Onggirat geblieben ist. Eines Tages ritt ein Vetter aus einer anderen Familie, doch aus der gleichen Sippe, der Qongqotat, ins Lager Dai Sechens. Er sagte, daß Yesugai mit seinem Sohn sprechen und ihn deshalb heimholen wolle. Ein solches Ersuchen war zwar ungewöhnlich, doch Yesugai war niemand, den man ungestraft beleidigte – und außerdem, Temüdschin war sein Sohn, und Söhne müssen ihren Vätern gehorchen. Dai Sechen willigte ein. Vermutlich hatte sich Temüdschin damals schon längere Zeit im Lager der Onggirat aufgehalten, denn Börte hielt ihm die Treue, obwohl es vier Jahre dauern sollte, bis sie ihn wiedersah. Diese Haltung unterstützte ihr Vater in besonderem Maße, denn er hing an seinem jungen Schwiegersohn. Temüdschin entwickelte sich bei den Onggirat zu einer jungen Persönlichkeit. Er besaß die Fähigkeit, die Tapferen und die Tüchtigen auf seine Seite zu ziehen, und man kann voraussetzen, daß er bei der Wahl seiner Bekannten besonderen Wert auf den Charakter legte. Wie auch immer man die Lehrjahre Temüdschins bei den Onggirat beurteilen mag – sie gingen etwa 1175 zu Ende. Dai Sechen richtete nur die Bitte an ihn, bald zu seiner Braut und zu den Zelten seines Stammes zurückzukehren.

Auf dem Heimritt enthüllte Munglik, der Bote, dem jungen Mann
den wahren Grund seines Kommens: Yesugai war zu einem Festessen
bei den Tataren eingeladen worden. Aus Höflichkeit hatte er seine Bedenken hintangestellt und an dem Treffen teilgenommen. Die Schamanen der Tataren wandten ihre Zauberkünste an, und ein Gift, das
dem gereichten Quark oder *koumiss* beigemischt war, hatte den Mon-
golenfürsten aufs Krankenlager geworfen. Durch Schmerzen und
ständiges Erbrechen schon stark geschwächt, ließ er nach seinem
Sohn rufen. Munglik und Temüdschin trieben ihre Pferde zu einem
wilden Ritt an, doch ihre Anstrengungen waren vergeblich. Yesugai
war tot, als sein Sohn das Lager erreichte. Der junge Mann sah sich
plötzlich allein einer harten Wirklichkeit gegenüber, in der nur Macht
eine gewisse Sicherheit gewährleistete.

Das Lager löste sich auf. Der Zusammenhalt war nur zu Lebzeiten
Bartan Bahadurs und seines Nachfolgers Yesugai gegeben; doch jetzt,
als ein Jüngling die Anordnungen erteilen wollte, gab es keine Autorität mehr. Der mächtigste Anführer war Targutai vom Stamme der Taidschiat. Viele schlossen sich ihm an, als er den Aufbruch befahl. Temüdschin mußte wutentbrannt aber machtlos mitansehen, daß nahezu
alle Insassen seines Lagers Targutai folgten. Das Gefühl der Sicherheit
war in diesen trostlosen Steppengebieten kaum zu erreichen. Es gab
keinen großen Khan, der die Mongolen beherrschte und schützte, kein
einheitliches Gesetz regelte die Verhältnisse, und die Interessen gingen weit auseinander. Jede Familie versuchte, sich unter dem Schutz
eines einflußreichen Herrschers anzusiedeln. So kam es, daß trotz vieler Bedenken und trotz der Loyalität dem Nachfolger Yesugais gegenüber die meisten Menschen dem machtvollen Targutai Gefolgschaft
leisteten. Temüdschin hat in dieser verzweifelten Situation sicher
dem Verhalten seiner Stammesangehörigen Verständnis entgegen-
gebracht; an Stelle dieser Menschen hätte er sich vermutlich genauso
arrangiert. Doch diese Lage, in der ihn viele im Stich ließen, muß dazu
beigetragen haben, ihm den unbeugsamen Überlebenswillen einzu-
prägen. Die Familientradition und die ererbte Ausdauer der Väter halfen mit, in ihm die Stärke wachsen zu lassen, die es ihm ermöglichte,
die Mächtigen zum Bündnis und die Feinde zur Nachgiebigkeit, zur
Neutralität oder zur Unterwerfung zu zwingen.

Er war zwar der älteste Sohn seines Vaters und derjenige, den
der Sterbende an seinem Lager sprechen wollte; doch die eigent-

liche Anführerin des restlichen Stammes blieb Yulun, seine Mutter.
Der Stamm war auf wenige Personen zusammengeschmolzen: Zu
ihm gehörten außer Temüdschin nur noch seine Mutter, sein Bruder Kasar, zwei Jungen und ein Mädchen; weiterhin Bektair und
Belgutai, Temüdschins Halbbrüder, deren Mutter eine Nebenfrau
Yesugais gewesen war, schließlich noch eine Handvoll Witwen und
alte Frauen mit einem Haufen Kinder und ein paar treue Diener.
Sie hielten sich eine kleine Herde Schafe und Ziegen; eben das
Vieh, das Yesugai bei seinem Tode besessen hatte. Es waren nicht
viele Tiere, denn ihm als Stammesfürsten hatten Tribute seiner Gefolgsleute zugestanden. Kurzum, diese Handvoll Menschen stand
verlassen da, es waren Frauen, Kinder und Greise ohne Schutz, die
sich nun den Widrigkeiten der Natur in diesem öden Land gegen-
übersahen, das von wilden Höhenzügen und windgepeitschten
Steppen durchzogen wird.

Unter Führung Yuluns machten sich die Frauen auf die mühsame
Nahrungssuche. In ihren Körben brachten sie Riedgraswurzeln
heim, wilde Zwiebeln, Wacholderbeeren, Haselnüsse, wilde Äpfel
und bittere Kirschen, Tannensamen, wildwachsenden Knoblauch
und Hirsekörner. Die Jungen jagten, und hin und wieder gelang es
ihnen, Kleinwild, wie Steppenmäuse, zu erlegen. Im Fluß Onon fin-
gen sie Fische. Im Winter waren sie genötigt, einige ihrer Haustiere
zu schlachten, doch die Nahrung blieb immer knapp. Bektair, der
älter war als Temüdschin und Kasar, behielt oftmals für sich und
seinen Bruder die wenigen Vögel oder Kleintiere zurück, die sie mühsam erlegt hatten. Dies führte zu Spannungen in ihrer verzweifelten
Lage, wo Eintracht von höchster Wichtigkeit war.

Kasar wurde ein sicherer Bogenschütze, während Temüdschin zu
einem großen und kräftigen jungen Mann heranwuchs. Die mordlü-
sternen Brüder stellten Bektair auf einem Hügel und drangen von
zwei Seiten auf ihn ein. Bektair erkannte, was die beiden im Schilde
führten. Schicksalsergeben setzte er sich nieder. Er bat nur noch,
nicht auch seinen Bruder zu töten, und hielt dann die Arme vor die
Brust. Pfeile schwirrten durch die Luft und trafen ins Ziel. Bektair
wurde durch den Aufprall nach vorn geschleudert, sein Kopf hing
schlaff herab. Er war tot. Yulun war aufgebracht, als sie die Nachricht
erfuhr. Vielleicht fürchtete sie die Blutrache, sicherlich aber die bitteren Folgen dieser Entzweiung. Im kleinen Lager der Sippe trat jedoch

nunmehr Ruhe ein, und selbst Belgutai sah ein, daß einer strafenden Gerechtigkeit Genüge getan war.

Targutai mochte gehofft haben, daß Temüdschin in der Wildnis umkommen würde. Hätte er ihn getötet, dann wäre die Rache der Sippe über die Taidschiat gekommen. Doch so setzte er seinen jungen Rivalen den Gefahren der Steppe und der Verelendung aus, was ihm keine Schande einbrachte, denn jeder hatte schließlich mit Entbehrungen zu kämpfen. Temüdschin überstand jedoch diese Notzeit, und als Nachkomme der Anführer Yesugai und Kabul Khan war er der geeignete Mann, dem die Menschen willig Gefolgschaft zu leisten bereit waren. Targutai argwöhnte, daß die Stammesangehörigen nur auf eine günstige Gelegenheit warteten, um zu Temüdschin überzulaufen. So entschloß er sich, Temüdschin gefangenzunehmen und ihn auf diese Weise kaltzustellen. Damit ließ sich eine Blutfehde vermeiden, und ein in der Gefangenschaft verstorbener Temüdschin würde von den Seinen bald vergessen sein. Möglicherweise rechneten sich die Taidschiat Erfolge in diesem Sinne aus, als sie im Sommer 1182, im Jahr des Tigers nach der landesüblichen Zeitrechnung, Temüdschins Lager überfielen.

Von einem seiner Getreuen rechtzeitig gewarnt, war Temüdschin mit wenigen Kriegern geflohen. Die Verfolger belagerten ihn in einem Dickicht und warteten darauf, daß der Hunger ihn ins Freie trieb. Später behauptete Temüdschin, daß er sich neun Tage dort verborgen gehalten habe. Doch als er schließlich den Einschließungsring durchbrechen wollte, war er zu geschwächt, um zu entkommen. Die Taidschiat nahmen ihn gefangen. Dann ließen sie seine Mutter, Kasar und die anderen frei, und der kleine Trupp zog sich in die öde Bergwelt im Quellgebiet des Onon zurück.

Temüdschin befand sich nun im *k'ang*, ein Raubvogel im Käfig, dem man die Schwingen gestutzt hatte. Seine Widersacher haßten ihn; sie fürchteten aber zugleich die Ausstrahlung seiner jungen Persönlichkeit. So verlegte man ihn von Zelt zu Zelt und ließ ihn nie lange am gleichen Ort, damit niemand auf den Gedanken kommen konnte, dem Fürstensohn zu helfen. Dennoch hatte er im Zelt Sorkhan Schiras, eines Mannes, der Yesugai gekannt hatte, Freunde gefunden, besonders die Söhne Sorkhans, Chimbai und Chila'un. Sie hatten ihm Erleichterung verschafft, indem sie die Holzfessel, die sich um seinen Hals schloß, öffneten und ihm damit zu einem ruhigen Schlaf

verhalfen. Wenn auch diese Wochen der Gefangenschaft schmach-
voll waren, so machten sie Temüdschin nicht zum Grübler, das hätte
nicht seinem Charakter entsprochen. Sicher ist, daß er voller Ungeduld und mit wacher Aufmerksamkeit auf die Gelegenheit zur Flucht
wartete. Und jetzt, bei dem rauschenden Fest, das die anderen feier-
ten, um diese späte Abendzeit und im flackernden Licht des Lagerfeuers, wußte er, daß diese Gelegenheit gekommen war.

Er war an einen Strick gefesselt, dessen anderes Ende ein junger,
unerfahrener Mann hielt – wer sonst wäre auch bereit gewesen,
einen Gefangenen zu bewachen, während die anderen ihr Mondfest
begingen? Temüdschin warf sich zur Seite, entriß dem Bewacher den
Strick und stürzte sich mit der vollen Wucht seiner Halsfessel auf ihn.
Das wirkte wie ein Keulenschlag. Temüdschin war frei und stürzte in
das Dunkel der Nacht hinaus, auf das Flußufer zu. Als die Feiernden
von seiner Flucht erfuhren, war er schon weit fort und verbarg sich
im Schatten des Uferrandes.

Die Verfolger bildeten Suchtrupps, die sich am Fluß und am Rand
der Steppe vorarbeiteten. Glücklicherweise war es Sorkhan Schira,
der ihn schließlich am Ufer entdeckte. Er beugte sich herab, flüsterte
mit ihm und versprach, ihn nicht zu verraten. Die Spähtrupps liefen
vorbei, ohne seine Spur zu entdecken, und kehrten schließlich unver-
richteter Dinge ins Lager zurück. Jetzt war es still um ihn. Er hockte
am dunklen Ufer, von wilder Einöde umgeben, vor sich menschen-
leeres Bergland. Noch immer trug er die Holzfessel um den Hals. Er
mußte sie loswerden. So kroch er zurück ins Lager, wo niemand
damit rechnete, daß er noch einmal auftauchen könnte.

Wieder waren es Sorkhans Söhne, die ihren Vater überredeten,
dem Bedrängten Hilfe zu leisten. Sie lösten seine Halsfessel und versteckten ihn unter den Fellen ihres Wagens außerhalb ihres Zeltes.
Die Familie gab ihm zu essen und zu trinken, außerdem »eine stroh-
gelbe Stute mit einem weißen Maul« – sie hatten alle ihre besonderen
Kennzeichen, jene klugen Pferde der Mongolen. Auch einen Bogen
und zwei Pfeile stellten sie ihm zur Verfügung und achteten darauf,
daß er ungesehen das Lager verlassen konnte. Man suchte nicht
mehr nach ihm, denn alle anderen waren inzwischen sicher, daß
Temüdschin längst das Weite gesucht hatte.

Er kehrte zu der Stelle zurück, wo er seine Familie das letzte Mal
gesehen hatte. In den zurückliegenden Wochen waren die Spuren

ziemlich verwischt, aber ein Mann wie Temüdschin fand noch immer
genügend Anzeichen, um die Verfolgung aufzunehmen. Er folgte den
Spuren am Flußufer des Onon entlang und dann nach Westen, das Tal
des Kimurkha aufwärts, bis er schließlich seine Mutter und ihre
kleine Gefolgschaft am Fuß des Berges Khorchukhui fand. Er hatte
Gefangenschaft und Entbehrung überlebt, es war ihm gelungen, dem
mächtigen Anführer Targutai zu entkommen, und so wurde er, ohne
daß es ihm zum Bewußtsein kam, zum Held einer Erzählung, die sich
im Volksmund verbreitete.

*

Temüdschin führte seine kleine Schar tiefer ins Gebirge hinein,
dorthin, wo die Schluchten des Burkhan Khaldun dem Himmel ent-
gegenstreben. Hier, im Gebiet des heutigen Jablonowy-Gebirges,
entspringen die Flüsse Kerulen, Tula und Onon. Jenseits der Berge,
nach Westen zu, liegt der Baikal-See. An seinen Ufern siedelten die
Barguten. Nach Osten hin erstreckten sich die Gebiete der Tataren,
und südlich davon die Weidegründe der Onggirats, des Stammes,
dem auch Börte, Temüdschins Verlobte, angehörte. Südlich des
Stammesgebietes der Bordschigin, zu denen sowohl Temüdschin
als auch Targutai rechneten, befand sich das Land der Kereit. Westlich, zum Altai-Gebirge hin, standen die Zelte der Naimanen und
der Merkit. Südlich des Altai lagen die Weiden des großen Stammes
der Uiguren am Ostufer des Balkasch-Sees. All diese Völkerschaften
teilten die Lebensweise der Mongolen. Sie ließen ihre Herden weiden, hausten in halbmondförmigen Lagern, von Schutzwällen aus
Wagen umgeben, und sie zogen weiter, wenn es die Jahreszeit oder
die Umstände erforderten. Jenseits dieser Gebiete, nach Süden und
nach Osten hin, lagen die großen Reiche: Das riesige China teilten
sich die Herrscher der Chin im Norden und der Sung im Süden.
Westlich davon lag das Land Hsi-Hsia, das das Volk der Tanguten
im elften Jahrhundert durch Lösung vom Reich der Sung begründet
hatte. Noch weiter im Westen erstreckte sich das Reich der Kara-
Kitai, das die Abkömmlinge der früheren Lioa-Dynastie errichtet
hatten und das die Kitan beherrschten. Jenseits davon zogen sich
die halb legendären Hochländer Tibets hin, die bis zu den gezackten
Bergspitzen und dem mit weißblauem Schnee bedeckten Hoch-
gebirge des Himalaya reichten, dem Bollwerk, das Zentralasien von
den Ländern des Südens abgrenzte.

Von all diesen Stämmen und Staaten muß Temüdschin gewußt
haben. Zumindest dem Namen nach waren sie ihm bekannt, denn
Reisende, Krieger und Kaufleute brachten Kunde vom Bestehen der
Nachbarländer. Vieles wird ihm von den Chin geläufig gewesen sein,
denn sein Schwiegervater, Dai Sechen, hatte Verträge mit ihnen
geschlossen. Schließlich waren die mächtigen Herrscher Chinas die
bedeutendsten Faktoren im Kräftespiel in diesem Teil Asiens. Sie
behielten die Mongolen im Norden und Westen aufmerksam im Auge.
Machtkonzentrationen erschienen ihnen gefährlich; wenn sich die
Lage bedrohlich zuspitzte, sorgten sie durch Bestechung und gegenseitige Ausspielung der jeweiligen Anführer für Entspannung an den
Grenzen ihres Reiches. Temüdschin erschien diese Welt riesenhaft
und feindselig, und er fühlte seine eigene Bedeutungslosigkeit. Aber
er war ein freier Mann, man kannte ihn überall, und er stammte von
berühmten Stammesfürsten ab. Vielleicht schmiedete er schon als
junger Mann Pläne, um seine Verarmung zu überwinden; andererseits war er aber zu intensiv in den alltäglichen Daseinskampf ein-
gespannt, um sich hochfliegenden Gedanken hingeben zu können.

Eines Tages tauchten Pferdediebe auf, und es gelang ihnen, die
wenigen Tiere, die seiner Sippschaft noch verblieben waren, zusam-
menzutreiben und in ihren Besitz zu bringen. Auf dem einzigen
Pferd, das ihm noch zur Verfügung stand, machte sich Temüdschin
auf die Verfolgung der Diebe. Voll ungestümen Tatendrangs spürte
er, daß jetzt der Zeitpunkt gekommen war, um das Elend zu überwinden: indem er in den Kampf zog – er scheute sich auch nicht, auf
eigene Faust zu kämpfen, nur auf seine Entschlossenheit und Wen-
digkeit gestützt. Aber er sollte nicht allein bleiben: Nachdem er vier
Tage lang die Spur verfolgt hatte, begegnete er einem jungen Mann,
den er nach den Dieben befragte. Als dieser den Bericht des Fremden gehört hatte, erinnerte er sich einer Gruppe, die vorbeigezogen
war. Spontan entschloß er sich, mit Temüdschin gemeinsame Sache
zu machen, ohne seine Angehörigen zu fragen und ohne sich zu ver-
abschieden. Diese Episode zeigt, welchen Eindruck Temüdschin
selbst auf gänzlich Fremde machte und wie es ihm gelang, im Hand-
umdrehen Freunde und Gefolgsleute zu gewinnen.

Drei Tage später erreichten sie die Pferdediebe. Heimlich machten sie sich an das Lager heran, preschten in die Koppel, befreiten
die acht gestohlenen Pferde und galoppierten mit ihnen davon, nach

Westen zu, Temüdschins weit entferntem Lager entgegen. Die Diebe schwangen sich sofort auf den Rücken ihrer Pferde, um ihre Beute den beiden wieder abzujagen. Schon war der erste der Verfolger auf gleicher Höhe mit den beiden Fliehenden, die Schlinge seines Lassos Temüdschin entgegenschwingend. Blitzschnell warf dieser sein Pferd herum; ein Pfeil schoß durch die Luft, ein Aufschrei und erneut Flucht. Doch diesmal keine Verfolgung – die anderen Reiter scharten sich um ihren verwundeten Anführer und kümmerten sich nicht mehr um die gestohlenen Pferde.

Die Kunde von Temüdschins kühnem Ritt verbreitete sich und festigte sein Ansehen. Stolz kehrte er in das Lager der Onggirats zurück, um seine Braut zu holen, das Mädchen, das er vier Jahre lang nicht mehr gesehen hatte. Dai Sechen hieß ihn willkommen, und Börte hatte inzwischen das Alter erreicht, wo sie einem jungen Mann angetraut werden konnte. Die Hochzeitsfeier war nur kurz, denn Temüdschin drängte, in sein Lager zurückzukehren. Mit kleinem Gefolge ritt er am folgenden Tag heim; zu seinem Gepäck gehörte Dai Sechens Geschenk für seine Mutter – ein riesiger, wertvoller Zobelpelz, kostbarer als alle übrigen Besitztümer des Lagers.

Temüdschin besaß nun eine junge Frau; seine Angehörigen waren bei ihm, und ein paar Pferde und eine kleine Herde stellten sein ganzes Eigentum dar. Er fußte auf diesem bescheidenen Besitz; doch er brauchte mehr, um zur Entfaltung seiner starken Persönlichkeit zu gelangen. Er sandte Bogurtschi eine Botschaft – würde sein Freund auch sein Blutsbruder werden, sein *anda*? Bogurtschi schwang sich aufs Pferd und ritt ihm entgegen. In Temüdschins Lager am Ufer des Sanggur schworen sie sich Brüderschaft. Kasar, Belgutai, Bogurtschi und Temüdschin – diese vier waren nunmehr die Verteidiger des Lagers. Doch sie reichten nicht aus; zur gedeihlichen Entwicklung wurden Verbündete gebraucht. Dai Sechen war ein Freund, der durch verwandtschaftliche Beziehungen zu ihnen hielt – doch wo ließen sich weitere Schutzherren finden?

Temüdschin verlegte sein Lager tiefer ins Gebirge hinein und ließ es unter der Obhut Bogurtschis. Dann ritt er mit seinen Brüdern nach Westen, dem Land der Kereit entgegen. Anführer dieses Volksstammes war ein Mann namens Toghrul; Jahre zuvor war er durch einen machtgierigen Onkel zur Flucht gezwungen worden. In seiner Verzweiflung hatte er damals Yesugai, Temüdschins Vater, um Hilfe ersucht. Der schlaue Khan der Mongolen witterte eine Chance, seine Flanke durch einen zu Dank verpflichteten Nachbarn zu decken. Er schwor mit Toghrul Blutsbrüderschaft und setzte ihn wieder als Stammesfürsten ein. Seit dieser Zeit herrschte er über sein Volk. Die Menschen erkannten ihn eher widerwillig als Anführer an; fanatische Gefolgsleute wurden sie nie.

Toghrul war glücklich, den Sohn seines alten *anda* willkommen zu heißen, und seine Freude steigerte sich noch, als Temüdschin ihm Dai Sechens Hochzeitsgabe, den Zobelpelz schenkte. Temüdschin nannte Toghrul ›Vater‹, und er war überzeugt, daß einem Vater eine kostbare Gabe zustand. Der so Beschenkte zog vermutlich falsche Rückschlüsse auf Temüdschins Bedeutung als Stammesführer; jedenfalls sicherte er feierlich Bündnistreue zu:»Ich werde dein Volk wiedervereinigen … Ich werde deinen umherziehenden Stamm zu dir zurückbringen.« Für Temüdschin bedeutete ein solches Versprechen eines Fürsten unschätzbar viel; er konnte darauf bauen, daß es eines Tages eingehalten würde. Wieder im heimischen Lager, bot ihm ein neuer Freund seine Dienste an: ein junger Mann, Sohn eines Schmiedes, der mit seinem Vater bekannt gewesen war. Der junge Dschelmei gesellte sich zu den anderen Männern, die das Lager schützten.

Dieser Schutz war erforderlich, denn die Auseinandersetzungen ließen nicht lange auf sich warten. Der Raub seiner Mutter durch Temüdschins Vater war gegen Sitte und Anstand erfolgt, denn sie befanden sich gerade auf dem Wege zu Tschileidu, dem sie angetraut werden sollte, als Yesugai sie entführte. Tschileidu war der ältere Bruder Tokhotoas, und Tokhotoa war ein Anführer der Merkit. Der Bekanntheitsgrad Temüdschins gereichte ihm nun zum Nachteil, denn Tokhotoa erfuhr, daß er zwar ein kühner junger Mann war, doch mit den Seinen nur ein kümmerliches Dasein fristete. So sammelte Tokhotoa seine Getreuen und unternahm einen Rachezug, um das Unrecht wiedergutzumachen, das seiner Familie fast zwei Jahrzehnte zuvor zugefügt worden war. Wieder mußte Temüdschin fliehen. Die Krieger der Merkit verfolgten ihn, doch die Schluchten und Dickichte des Berglandes boten ihm Deckung. Es gelang ihm und seinen Männern, über die Höhenzüge zu entkommen. Doch als er schließlich ins Lager zurückkehrte, fand er es ausgeraubt vor. Frauen und Kinder waren weggeschleppt, die Zelte verbrannt, alle

Habe gestohlen. Mit Kasar und Belgutai an seiner Seite ritt Temüdschin ins Lager Toghruls. Die Zeit war gekommen, die Einlösung
des Hilfeversprechens der Kereit zu verlangen.

Zurückliegende Ereignisse kamen Temüdschin zu Hilfe. Als Sie-
benjähriger war Toghrul Gefangener der Merkit gewesen, und er
erinnerte sich nur sehr ungern an jene Zeit. Als Temüdschin ihm
nunmehr vom Raub der Frauen und Kinder berichtete und an ihn
mit den Worten:»Wir sind zu dir gekommen, o Khan, mein Vater,
um dich um die Errettung der Unseren zu bitten« appellierte, da
mußte Toghrul nicht lange überredet werden. Er war zum Bündnis
bereit, riet aber, den Stammesführer Dschamukha aufzufordern, mit
ihnen in den Kampf zu ziehen. Der junge Dschamukha stand an der
Spitze der Dschadaran; er war auch entfernt mit Temüdschin verwandt, da beide von dem großen Khan Bodonchar, dem Gründer
dieses Fürstengeschlechts, abstammten. Angeblich war jedoch die
Mutter Dschamukhas bereits schwanger, als Bodonchar sie zur Frau
nahm, und deshalb war es nicht das echte Blut des Ahnherrn, das
in seinen Adern floß. Man weiß nicht, ob dies der Wahrheit entspricht, da viele Stammbäume auf Aufzeichnungen der Freunde
Temüdschins beruhen. Gewißheit besteht darüber, daß Temüdschin
und Dschamukha als Jungen befreundet waren und daß sie Blutsbrüderschaft geschlossen hatten. Dschamukhas Lager war weitaus
bedeutsamer als Temüdschins Anhang, und er war sowohl mit dem
Kereit Toghrul als auch mit dem Taidschiat Targutai verbündet. Als
man ihn um ein Bündnis ersuchte, war er sofort bereit, Temüdschin
beizustehen. »Wir werden diesen Tokhotoa überfallen, wie wenn
wir durch die Dachöffnung seines Zeltes schlüpften … Wir werden
die Altäre seiner Vorfahren umstürzen und sein Volk vernichten, bis
die Stätte verwüstet ist.« Solche Gefühlsausbrüche gehörten damals
zum Kriegsgeschrei; Dschamukha scheint jedoch zu den wenigen
gezählt zu haben, die sich ernsthaft vornahmen, ihre hochtraben-
den Worte auch in die Tat umzusetzen.

Toghrul ritt aus seinem Lager als Anführer einer Streitmacht von
zwei *toumans*. Ein *touman* war eine Einheit von Kriegern in nicht
festgelegter Anzahl – kurzgesagt ein Regiment der Mongolenzeit.
Während der großen Feldzüge der Mongolen schwoll die Stärke
eines *touman* bis zu der furchterregenden Anzahl von zehntausend
Mann an; in jener frühen Periode gehörten ihm jedoch vermutlich

kaum tausend Berittene an. Eines ist aber gewiß – Toghruls Streitmacht, wie auch die Dschamukhas, war unvergleichlich stärker als die kleine Gruppe, die Temüdschin befehligte. Im Kampf gegen die Merkit kam ihm demgegenüber sein Ansehen und seine vornehme Herkunft zustatten. Die Männer verließen ihre Herden, sie schwangen sich auf ihre besten Pferde und ritten Temüdschin entgegen, in der Hoffnung auf Abenteuer, Beute und Frauenraub.

Am Sammelplatz erwartete Toghrul Khan seinen Verbündeten Temüdschin und dessen kleine Kampfgruppe; die vereinigte Truppe, etwa fünfzehnhundert Mann stark, rückte zum Lager des ungeduldig wartenden Dschamukha vor. Das Reiterheer überquerte den Fluß Kilkho auf primitiven Flößen. Tokhotoas Späher waren auf der Hut; sie verständigten den Anführer der Merkit, der daraufhin die Flucht ergriff. Als die Mongolen sein Lager überfielen, fanden sie nur noch Frauen und Kinder vor. Die ganze Nacht hindurch verfolgten die Sieger in wilder Jagd die verstreuten Gruppen. Ein Trupp sprengte auf einen Planwagen zu, und als Temüdschin ahnungsvoll den Namen seiner Frau ausrief, kam unter dem Verdeck Börte zum Vorschein. Er brachte sie sofort in Sicherheit. Den Merkit gönnte man daraufhin eine kleine Atempause. Tokhotoa setzte währenddessen seine Flucht fort, und zusammen mit einem der beiden ihm verbündeten Anführer, Dair Usun von den Uwas, hielt er erst im Gebiet des Balkasch-Sees inne. Der dritte Anführer, Khaghatai, leistete noch Widerstand, wurde aber besiegt und gefangengenommen.

Die Sieger teilten die Beute unter sich auf: Habseligkeiten, Tiere und Frauen der Merkit. Die Gefolgsleute Temüdschins ritten mit ihrem neugewonnenen Reichtum heim. Sie wußten, was sie ihrem Stammesfürsten zu verdanken hatten, und lohnten es ihm mit Treue. Solange er mächtig blieb, waren sie ihm als Anhänger sicher; drohten ihm Niederlagen, schwankte ihre Loyalität allerdings, denn sie hatten als kleine Leute zunächst ihre eigene Sicherheit im Auge.

Temüdschin entdeckte seine Jugendfreundschaft zu Dschamukha aufs neue. Ihre Blutsbrüderschaft wurde feierlich bekräftigt; sie waren unzertrennlich, tauschten Geschenke aus und »schliefen unter einer Decke«, wie Überlieferungen zweideutig berichten. Dennoch ergaben sich gerade durch diese enge Bindung Probleme für Außenstehende. Beide waren machtvolle, junge Persönlichkeiten; der eine hatte die größere Gefolgschaft, der andere stammte aus fürstlichem Geschlecht. Jeder für sich empfing Gesandtschaften in seinem Zelt. So ergaben sich Geheimgespräche und vertrauliche Abmachungen, von denen der andere nichts wußte. Der Winter ging vorüber, und der ›Tag der Roten Scheibe‹ rückte heran, der Jahrestag des Ausbruchs Temüdschins. Die jungen Khane trafen zusammen, sprachen miteinander, und es gab kein Anzeichen einer Verstimmung. Es war der erste Tag der jährlichen Wanderung auf der Suche nach neuen Weidegründen; die Chroniken berichten, daß Dschamukha dieses Mal nicht weiterziehen wollte. Das erscheint unwahrscheinlich. Die Vermutung liegt nahe, daß einer der beiden frei von den engen Bindungen sein wollte, die sie wie ein Ehepaar aneinander gekettet hatten. Jedenfalls verharrten Dschamukhas Gefolgsleute an der Stelle, wo sie sich befanden, während die Karrenkolonne Temüdschins mit Pferden und Vieh durch die Steppe weiterzog. Die Angehörigen eines dort ansässigen Stammes, die Basut, gerieten in Panik, als Temüdschins unkriegerischer Zug an ihren Zelten vorüberzog. Sie flüchteten zu Dschamukha und baten um Unterstützung. Währenddessen drangen Temüdschins Männer in das Lager der Basut ein; die Beute war zu verlockend, um unangetastet zu bleiben.

Temüdschin war nun ganz auf sich gestellt. Wieder war er der Anführer einer kleinen Gruppe – größer als eine Sippe, kleiner als ein Stamm –, doch geeint unter seiner Leitung. Ihm wurde bewußt, daß er schwach und unbedeutend war, daß die Bande zwischen ihm und seinen Gefolgsleuten schnell zerreißen könnten. In dieser Situation hielt er den Augenblick für gekommen, um die Anhänglichkeit der Steppenbewohner auf die Probe zu stellen. Alle, die in den zurückliegenden Monaten Abordnungen zu seinem Zelt entsandt hatten, sollten nun beweisen, daß sie ihn als Führer anerkannten. So schickte er reitende Boten auf den Weg, um die Anführer der benachbarten Stämme zur Gefolgstreue aufzufordern.

Und alle kamen sie: Aus weitentlegenen Gebieten des mongolischen Graslandes trafen Reiter der Dschalair und der Tarkhut ein, der Mangqut und der Barulas. Manche waren mit Temüdschin verwandt, wie sein Vetter Onggur; andere gehörten zur Sippe seiner engeren Gefolgschaft – Bogurtschis Vetter Ogolai und Dschelmeis zwei jüngere Brüder, von denen einer, Subatei, bald eine bedeutende Stellung erlangen sollte. Die Suldu entsandten Männer, die Qongqotan,

die Olkunut, die Ikirei und viele andere. Der Stamm der Baarin traf
mit Karren und Herden ein, was für Temüdschin um so schmeichel-
hafter war, als diese Sippe von der gleichen Gemahlin des legendären Bodonchar abstammte, die auch Dschamukhas Stammutter
gewesen war – diese Leute gesellten sich nun aber zu ihm und nicht
zu Dschamukha. Sogar einer der wichtigsten Anführer aus Dschamukhas engerer Sippe, der Dschadaran, kam stolz zu Temüdschin
geritten; außerdem sein Onkel Daritei, einer der beiden Brüder, die
Yesugai beim Raub Yuluns, der von allen verehrten Mutter Temüdschins, begleitet hatten.

Diese neugebildete, ungleiche Gruppe schlug am Ufer des Flusses Kimurkha ihr Lager auf, vergleichbar mit einem Kometen, der
das Gleichgewicht des Planetensystems aus den Angeln heben
sollte. Schon bald zogen sie drei bedeutende Satelliten in ihren Bann
– die Dschurkin, einen Stamm unter der Leitung zweier Enkel des
Kabul Khan; das Lager des Khuschar Beki, eines Vetters Temüdschins, der ihm die Treue hielt, da sein Vater Yesugais älterer
Bruder war, und schließlich die Gruppe unter Führung des Fürsten
Altan, eines Abkömmlings des Kutula Khan, Vorgänger Yesugais.
Der neugeschaffene Klan setzte sich aus stolzen, untereinander rivalisierenden, kampferprobten Anführern zusammen. Keiner wollte
sich unterordnen, doch alle waren bereit, den Führungsanspruch
Temüdschins anzuerkennen.

Eine Ratsversammlung wurde einberufen – bei den Mongolen
entschieden gemeinsame Beschlüsse über die Führungsrolle. Eine
Abordnung kam zu Temüdschin, und die Chroniken berichten, daß
sie ihm ihr Anliegen in Versform vorgetragen haben soll: »Wir werden dich zum Khan machen; du sollst an unserer Spitze reiten, gegen unsere Feinde. Wie der Blitz werden wir uns deinen Gegnern
entgegenwerfen … Wenn wir dir am Tage der Schlacht nicht gehorchen, dann nimm uns unsere Herden, unsere Frauen und Kinder,
wirf unsere unwürdigen Häupter auf das Steppenland …« Wenn dieser Treueschwur auch einen anderen Wortlaut gehabt haben mag –
er macht jedoch deutlich, was ausgedrückt werden sollte. Und wie
es so üblich war, ein wenig Übertreibung gehörte immer dazu.

Temüdschin weigerte sich anfangs traditionsgemäß, die hohe
Ehre anzunehmen. Er bot seinerseits jedem der Anführer den Oberbefehl an, wobei er genau wußte, daß die anderen mit keinem der

Vorschläge einverstanden sein würden. Schließlich willigte er ein, den Titel eines Khans zu akzeptieren. Obwohl er erst wenig über zwanzig Jahre alt war, muß ihm die Zeitspanne seit seiner Kindheit sehr lang erschienen sein, als ein langer und entbehrungsreicher Weg, den er gegangen war. Keine Chronik erzählt, was in ihm damals vorgegangen ist. Man darf aber voraussetzen, daß ihn der Wechsel von der Bedeutungslosigkeit zur Machtfülle nicht überrascht hat. Eher ließe sich annehmen, daß Fehlschläge ihn in Erstaunen versetzt haben würden – wenigstens so lange, bis er aus ihnen seine Schlußfolgerungen gezogen hätte.

Noch eine letzte Formalität war zu erfüllen: Es schien erforderlich, dem Oberherrscher durch einen neuen Namen besondere Reverenz zu erweisen. Da er jedoch nicht über das ganze Volk herrschte, konnte man ihn nicht Khan der Mongolen nennen. Schließlich einigte man sich auf einen Titel, unter dem er durch die Zeiten berühmt bleiben sollte. Leider besteht noch heute, neun Jahrhunderte später, Unklarheit über die Bedeutung des Namens. Manche meinen, daß er nunmehr ›Gemeinsamer Herrscher‹ genannt wurde; andere behaupten, der Titel leite sich von einem türkischen Wort ab, das die Bedeutung ›Ozean‹ hat und somit auf seine Weltherrschaft hindeute. Wieder andere behaupten, daß der Name auf dem chinesischen Wort für ›richtig‹ oder ›korrekt‹ beruhe – also ›rechtmäßiger Khan‹ bedeute. Vielleicht trifft es zu, wie manche sagen, daß ein neues Wort geprägt wurde, das den Sinn von ›unbesiegbar‹ hat, so daß er der ›unbesiegbare Fürst‹ wurde. Gewißheit besteht nicht einmal darüber, ob ihm der Titel bei der Gründung seines Klans oder einige Jahre danach in Karakorum verliehen wurde. Sicher ist jedoch, daß Temüdschin von dem Zeitpunkt an, als er zum Herrscher gewählt worden war, unter dem Namen in Erscheinung getreten ist, den die Geschichte ihm gegeben hat: Dschingis Khan.

1.2 Sieg und Vollendung

Wie auch andere Anführer besaß Dschingis Khan kein Land. Das Gebiet, in dem er als Herrscher die Befehlsgewalt ausübte, war ödes Grasland, eingeschlossen nach Westen hin vom Jablonowy-Gebirge, nach Osten durch die Khingan-Berge und nach Süden durch die

Wüste Gobi. Die Winter waren hart; die Kälte brachte alle Aktivitäten zum Stillstand. Nur die Antarktis ist kälter als das nordöstliche Sibirien, dessen Ebenen und Hochländer nördlich der mongolischen Gebiete liegen. Schnee und Dunkelheit beherrschten die unendlichen Weiten in diesen polnahen Landschaften – und die Kälteperioden dauerten länger an und wurden strenger. Damals, im dreizehnten Jahrhundert, erstreckten sich die polaren Eiskappen bis in die gemäßigten Zonen. Einst fruchtbare Gebiete verschwanden unter Gletschern oder erstarrten im Dauerfrost. In Grönland gingen durch die veränderten Klimabedingungen die letzten Reste der Wikinger-Besiedlung unter; hier, an der Südspitze Grönlands, die der sechzigste Breitenkreis berührt, herrschten besonders unwirtliche Wetterverhältnisse.

Doch heute wie damals heizen sich die ausgedehnten eurasischen Landmassen im Sommer schnell auf, und wo keine Befeuchtung durch Gewässer vorhanden ist, trocknet der Erdboden aus, und alles Grün verwelkt. In diesen Gegenden konnte die Ackerwirtschaft nicht Fuß fassen. Nach Norden hin, wo schnellfließende Bäche und Ströme die Täler und Schluchten durchziehen, erstrecken sich Lärchen-, Birken- und Tannenwälder. Hier gibt es keine Bauern, sondern Jäger. Zwischen dem Waldland und der Wüste liegt die weite Steppe. Im Winter unter einer Schneedecke begraben, erwacht sie im Frühling und erstrahlt im bunten Blütenteppich, bis sie dann im Spätsommer durch die Sonneneinwirkung vergilbt und blaßbraune Tönungen annimmt. Diese Grasebenen, Waldgebiete und windgepeitschten Wüsten durchstreiften in immerwährenden Wanderzügen die Völkerschaften des Landes – Kereit, Merkit, Naimanen vom Altai-Gebirge, Tataren von den Khingan-Bergen und die vielen kleineren Stämme der Region. Eine dieser Volksgruppen waren die Mongolen, ein bis dahin unbedeutender und unbekannter Stamm, der seine Herden an den Ufern der Flüsse Onon und Kerulen weiden ließ.

Bereits in früheren Zeiten waren kriegerische Scharen aus diesen unwirtlichen Landschaften nach Osten und nach Westen vorgestoßen. Die Nachbarn lebten in Angst und Schrecken vor dem Ungestüm der Steppenvölker, die ihren entbehrungsreichen Lebensverhältnissen mit Gewalt ein Ende setzen wollten. Zum Schutz gegen ein solches kampflüsternes Volk, die Hiung-nu oder ›Nördlichen Pferde-Barbaren‹ – das chinesische Wort deutet an, wie sie in den Krieg zogen – hatte der Kaiser Shih-Huang-ti die Errichtung eines gewaltigen Bauwerks angeordnet, der Großen Mauer. Vielleicht war es auch dieses Gebiet, aus dem etwa fünf Jahrhunderte später der Ausbruch eines wilden Nomadenvolkes erfolgte, jener Horden, die nach Westen zogen und im Verlauf ihrer Eroberungen der Geschichte Europas ihren Stempel aufdrückten. Der Ansturm der Hunnen, wie wir dieses Volk nennen, setzte Ereignisse in Gang, die schließlich zum Untergang des Römerreiches führten, das acht Jahrhunderte lang den Westen beherrscht hatte. Schließlich waren es auch diese Landschaften, aus denen die Türken – vielleicht ebenfalls Abkömmlinge der Hiung-nu – ihren langen, stoßweisen Vormarsch antraten. Seinen Höhepunkt sollte dieser ein Jahrtausend andauernde Feldzug, beginnend im sechsten und endend im sechzehnten Jahrhundert, mit dem Fall der Hauptstadt des Oströmischen Reiches, Byzanz, finden.

Die Mongolen standen bei all diesen Ereignissen jedoch anfangs abseits. Sie führten zwar ein Wanderleben, doch waren ihre Verhältnisse im ganzen geregelt und ohne Besonderheiten. Jahrhundertelang waren andere Völkerschaften nach Westen gezogen, und die Mongolen erlebten, wie ihre Nachbarn im Dunst der Steppe entschwanden und nie wiederkehrten. Vielleicht zwei Jahrtausende hindurch fristeten sie ihre kümmerliche Existenz im jahreszeitlichen Ablauf ihres Nomadenlebens. Im Winter hausten sie mehr im Norden, wo es Wasser gab, oder im Süden, der Wärme wegen; im Sommer zogen sie in ihre angestammten Weidegründe, in das Hochland, wo es kühler war, oder an die feuchteren Flußufer. Die Weidegebiete waren ihnen durch stets wiederkehrenden Zuzug vertraut. Bevor sie weiterzogen, rissen sie die kleinen Zelte ab und luden die größeren im ganzen auf Ochsenkarren. Manche dieser Wagen waren sechs Meter breit, mit übermannshohen Rädern versehen; sie wurden von zwei Reihen zu je elf Zugtieren befördert. Hinter den angespannten Leinen dehnte sich die große Zeltkuppel wie eine riesige halbe Zwiebel auf dem mächtigen Karren. Bei der Ankunft am Ziel setzte man das Zelt ab und richtete sich sofort häuslich ein: Eine Hälfte diente als Raum für die Frauen und für den Küchenbetrieb, während die Männer in der anderen Hälfte ihre Besucher empfingen. Von der

Feuerstelle inmitten des Zelts erhob sich der Rauch und stieg durch die Dachöffnung nach draußen.

In all ihren Lebensverhältnissen unterschieden sich die Mongolen kaum von den anderen Stämmen der Region. Sie hatten gelernt, mit den Strapazen fertig zu werden und Empfindlichkeiten erst gar nicht aufkommen zu lassen. Wenn es sein mußte, aßen sie Mäuse oder tote Kleintiere, die sie am Wege fanden. Sogar ihre eigenen Hunde und Katzen verschmähten sie nicht, wenn die Zeiten hart waren – und oftmals blieb ihnen auch gar nichts anderes übrig, als das erstbeste zu verzehren. Wenn ein Mann verlassen in der Schneewüste war, mußte er manchmal zu einer verzweifelten Maßnahme greifen und die Adern seines Pferdes öffnen, um das Blut zu trinken – doch er achtete dann genau darauf, die Wunde fest zu verbinden, denn sein Pferd war sein wertvollster Besitz in der Einsamkeit der Steppe. Die Mongolenpferde waren kaum größer als Ponys; sie hatten aber einen soliden Knochenbau und starke Muskeln. Diese oftmals launischen Tiere besaßen eine unglaubliche Ausdauer. Sie konnten sich von dem spärlichen Futter, das die unwirtliche Erde hergab, im Sommer wie im Winter bei Kräften halten. So wurden der Mongole und sein Pferd zu einer zentaurenähnlichen Einheit. Kleinkinder wurden schon aufs Pferd gesetzt, bevor sie stehen konnten; wenn sie heranwuchsen, war ihnen das Sitzen im Sattel eine Selbstverständlichkeit. Auf dem Rücken ihrer Pferde saßen und tranken die Mongolen; sie stritten und sie schliefen sogar rittlings. Es blieb nicht aus, daß Pferde zu einem Prestigesymbol wurden. Den Reichen und Mächtigen war der Besitz guter Reittiere wichtiger als der Besitz von Frauen; andererseits galt der Diebstahl von Pferden als eines der fluchwürdigsten Verbrechen, das ein Mongole in seinem Leben begehen konnte.

Die Menschen besaßen nur wenige Habseligkeiten; was sie hatten, gründete sich auf ihren Viehbesitz. Wolle, Pelze und Häute dienten ihnen zur Kleidung und Ausrüstung. Aus der Milch ihrer Stuten und Kühe bereiteten sie Quark, Käse und *koumiss*, ihr streng schmeckendes Getränk. Wenn sie gelegentlich Getreide anbauten, so verkochten sie die Körner zu Schleimsuppen oder zerstampften sie zu Mehl. Brachten sie gute Jagdbeute heim, gab es ein Festmahl; was sie nicht aufessen konnten, wurde getrocknet oder geräuchert. Die Fertigung von Waren war bei ihnen kaum entwickelt, doch besaßen sie Waffen, Schmuck und Stoffe, die sie sich aus angrenzenden, höher zivilisierten Gebieten einhandelten, wie aus Samarkand oder Buchara, wo es Märkte gab, oder von jenseits der Großen Mauer Chinas. Sie waren schmutzig, ungeschlacht, großsprecherisch und übelriechend. Sie waren stets streitsüchtig, und die Gebiete, die sie durchstreiften, waren übersät mit den Überbleibseln zahlloser Gefechte, die sie unter sich austrugen. Wenn ein Steppenbewohner zu Machtfülle gelangte, trug ihm dies die Eifersucht des anderen ein; wenn er gute Weiden innehatte, mußte er darum kämpfen; wenn ihm in einem strengen Winter viele Schafe eingingen, dann sah er zu, sich im nächsten Sommer an den Herden der anderen schadlos zu halten.

Dies war eine harte Welt, regiert von einer Vielzahl von Gottheiten und Geistern, die alle dem großen Tengris untertan waren oder von ihm abstammten. Bai Ülgän beherrschte Himmel und Luft, Erlik Khan die Unterwelt. Der Schamane war der Mittler zwischen Menschen und Göttern. Der Stand war entweder erblich, oder ein Mann, der sich zu ihm berufen fühlte, nahm ihn individuell an. Er übte sich in ekstatischen Träumen, und seine Vorfahren übermittelten ihm ihr Fachwissen – die Namen der Geister und ihre Obliegenheiten, die Mythologie und die Abstammung der Sippe und ihrer Anführer, besonders aber die den Schamanen eigene Wortwahl, die ihren mystischen Beziehungen Ausdruck verlieh. Häufig hatte der Schamane besondere Beziehungen zu einem bestimmten Gott, und bei religiösen Anlässen sprach er dann im Namen dieses Gottes und mit dessen Stimme.

In diese Realitäten hineingestellt, sah sich Dschingis Khan einer großen Aufgabe gegenüber, nämlich den Menschen, die sich seiner Führung anvertraut hatten, Schutz zu bieten und sie zu einer Einheit zusammenzuschweißen. Das war keine leichte Aufgabe, denn die divergierenden Interessen und Veranlagungen der einzelnen Mitglieder ließen sich nur vereinigen, wenn es ihm gelang, eine strenge Disziplin einzuführen. Die Mongolen waren schon immer berühmte Krieger, doch ihre Nachbarn waren es auch. Abgehärtet durch die Entbehrungen des Lebens in der Steppe und erfahren durch die Jagd und die immer wiederkehrenden Scharmützel, stellten die Reiterstämme wilde, zu allem entschlossene Horden dar, deren Angriffskraft kaum zu widerstehen war. Doch Dschingis Khan wollte sein künftiges Heer auf andere Weise organisieren, um die noch relativ schwachen Reserven, die ihm zur Verfügung standen, militärisch schlagkräftig zu machen.

Wahrscheinlich hatte Dschingis Khan bereits bei früheren Anlässen Vorstellungen von einer neuartigen Truppenorganisation gehabt; doch blieb ihm kaum genügend Zeit, um sie in die Tat umzusetzen. Jetzt zeigte er aber seine Eignung als fähiger Befehlshaber. Er ließ Tausendschaften, *guran*, zusammenstellen. Diese setzten sich aus zehn Kompanien zu je zehn Zügen zusammen. Später, als sein Heer stärker wurde, vereinigte er zehn *guran* zu jener Zehntausendschaft, die den Namen *touman* führte. Diese Unterteilung in Grundeinheiten stellte das Organisationsschema seiner Heere dar. Er teilte auch seine Reiterei in schwere und leichte Kavallerie auf. Die schweren Reiter waren mit Lanzen ausgerüstet, während die leichten Kavalleristen – vermutlich die doppelte Anzahl – den Bogen als Waffe führten. Weiterhin hatten die leichten Reiter ein Bündel Spieße, das mongolische Lasso und ein Schwert oder eine Axt als Ausrüstung. Als Schutz trugen sie Schild und Helm. Die schweren Berittenen waren demgegenüber mit einer vollständigen Lederrüstung ausgestattet, die mit Metall verstärkt war, und sie führten ein größeres Schwert oder eine Streitaxt. Mitunter kamen sie auch als Bogenschützen zum Einsatz – die Mongolen waren schon immer zielsichere Schützen, besonders auch als Reiter. Übrigens bestand Dschingis Khan später darauf, daß seine Soldaten als zusätzlichen Schutz rohseidene Unterziehwesten trugen. Feindliche Pfeile konnten das Seidenfutter nicht durchbohren, und dem Verwundeten wurde der Pfeil vorsichtig aus der Weste gezogen. Es war Ehrenpflicht, Verwundeten zu helfen.

Während er seine Krieger zu einer disziplinierten Truppe formte, wählte Dschingis Khan die Männer als Befehlshaber aus, die ihm die beste Gewähr für den Sieg zu bieten schienen. Diese Heerführer – sie führten den Titel *orlok* – waren kampferprobte Getreue wie Bogurtschi, Dschelmei und sein Bruder Subatei. Später gehörten der Heerführergruppe auch Dschebei und Mukhali an sowie Sorkhan Schira und dessen Söhne, die ihm dreimal bei seiner Flucht aus Targutais Lager geholfen hatten. Auch Kasar, der berühmte Bogenschütze, wurde einer seiner Befehlshaber – sein Bruder, der von Anfang an mit ihm gekämpft hatte. Um sich über die Truppenbewegungen und das Verhalten seiner Völkerschaften ständig auf dem laufenden zu halten und um seine Anordnungen weiterzuleiten, richtete Dschingis Khan schließlich sein Nachrichtensystem ein. Es beruhte auf den ›Pfeilreitern‹ – Männer, die riesige Entfernungen in nur wenigen Stunden zurücklegten, beim Reiten aßen und schliefen und in regelmäßigen Abständen die Pferde wechselten. Die Geschwindigkeit, mit der sie Nachrichten übermittelten, war ohne Beispiel in der damaligen Welt, in der es noch keine technischen Hilfsmittel gab.

Bei aller Sorgfalt, die er beim Aufbau seiner Truppe anwandte, vernachlässigte Dschingis es nicht, seine diplomatischen Beziehungen zu pflegen. Er entsandte Boten zu Toghrul und Dschamukha; während Toghrul seine neue Vormachtstellung guthieß, nahm Dschamukha den Status seines einstigen *anda* Temüdschin zur Kenntnis, ohne je anzuerkennen, daß er ihm dadurch überlegen wurde. Die latenten Rivalitäten der Steppe traten jedoch in Erscheinung, als es, wie so häufig, um die Nutzung der Weidegründe ging. Dschamukhas Bruder Taichar vertrieb eine Pferdeherde, die angeblich auf seinen Ländereien graste. Daraufhin schwang sich der Pferdehalter, ein Anhänger Dschingis Khans, auf sein Streitroß und ritt Taichar und den weggetriebenen Tieren hinterher. Nach Art der Mongolen flach über den Rücken seines Reittieres geduckt, verschoß er seine Pfeile auf Taichars Lager. Als er weitergaloppierte, steckte ein Pfeil in Taichars Rücken. Der Bruder Dschamukhas war tot.

Wutentbrannt zog Dschamukha in den Kampf. Er zog befreundete Krieger zu sich und fiel über Dschingis Khan her, der auf eine solche Auseinandersetzung noch nicht vorbereitet war. Dschamukha trieb ihn in die Enge, die Schluchten hinauf, die das Tal des Onon säumen. Doch die neuaufgestellte Truppe Dschingis' behielt ihre Kampfmoral, und Dschamukha verzichtete darauf, seine Gegner im schwierigen Berggelände zu verfolgen. Statt dessen überfiel er das Lager eines neutralen Stammes, vielleicht gerade wegen der neutralen Haltung dieser Menschen. Siebzig führende Männer des Stammes ließ er bei lebendigem Leib schmoren. Eine solche Grausamkeit schreckte sogar seine Bundesgenossen ab – zwei Klans fielen von ihm ab und schlossen sich dem gegnerischen Dschingis Khan an. Das festigte das Selbstvertrauen dieser nahezu geschlagenen Streitmacht.

In den darauffolgenden Friedensjahren konnten die verbündeten
Stämme unter Dschingis Khan somit über eine intakte Truppe ver-
fügen. Das erste Ereignis, bei dem seine neue Rolle als Khan zum
Ausdruck kam, war die unerwartete Ankunft einer ausgemergelten
Kamelkarawane unter der Führung Toghruls, des alten Freundes
seines Vaters und Stammesfürsten der Kereit. Doch als Fürst konnte
er sich nicht mehr bezeichnen – einer seiner Brüder hatte die Herrschaft an sich gerissen und Toghrul vertrieben. Dieser Bruder, Erke,
hatte sich an die Spitze eines Naimanen-Heeres gestellt und nannte
sich nun Khan der Kereit; der verzweifelte Toghrul war trotz seines hohen Alters bis jenseits des Altai geflüchtet, hatte sich dann
nach Süden und Osten gewandt, durch die Gebiete der Uiguren
und Tanguten, bis er schließlich zu den Zelten der Mongolen
stieß. Dschingis Khan behandelte ihn mit größter Hochachtung,
sammelte dann seine Streitmacht und führte sie den Weidegründen der Kereit entgegen. Erke floh, ohne sich zum Kampf zu stellen, und Toghrul wurde wieder in seine Rechte eingesetzt – eine
alte Schuld war damit beglichen, und ein altes Bündnis erschien
gefestigter als je zuvor.

Nach Osten hin entwickelten sich inzwischen neue Spannungen,
und Dschingis Khan ergriff die Gelegenheit, um sich einzumischen.
Im Jahre 1198 suchte der Herrscher von Chin Verbündete bei seinen
Bemühungen um die Unterwerfung Megudschins, eines mächtigen
Stammesfürsten der Tataren. Er entsandte Boten zu Toghrul, den er
gut kannte, aber auch zu Dschingis Khan. Für den Anführer der
Mongolen ergab sich nun die Chance, Rache an dem Volk zu üben,
das seinen Vater umgebracht hatte. Zusammen mit Toghruls Kriegern ritt er das Tal des Flusses Ulja hinunter, an dessen Ufern sich
Megudschins Tataren eingegraben hatten. An einer weiten Stelle des
Tals hatte Wanyen Siang, der chinesische Befehlshaber, seine Truppen aufgestellt. Alles verlief nach Dschingis Khans Plan: Megu-
dschin wurde in die Zange genommen, seine Männer ins Wasser
getrieben, er selbst kam um. Die dankbaren Chinesen verliehen
Toghrul den Titel ›Wang‹, eine Fürstenwürde, während ihn die Mongolen von nun an ›Ong Khan‹, in ihrer Version des Wortes, nannten.
Auch Dschingis erhielt einen chinesischen Titel: ›Chaochuri‹ oder
›Beauftragter für den Frieden in den Grenzgebieten‹. Doch dies war
keineswegs sein größter Siegespreis, denn bei der Plünderung des

Tatarenlagers nahm er für seine Mutter einen kleinen, verwaisten Jungen mit, dem Yulun dann den Namen Schigikutuku gab. Als Erwachsener sollte dieser dann zu einer Rarität der in diesem Lande umherziehenden Krieger werden, nämlich ein Mann voller Gelassenheit und Weisheit, der zum Gesetzgeber des Volkes unter dem Khan wurde.

Dschingis Khan besaß eine besondere Begabung für eine differenzierte Behandlung von Freund und Feind. Bald nach dem Tatarenfeldzug wurde er in eine heftige Auseinandersetzung mit seinen Nachbarn, den Dschurkin, verwickelt, die ihm nicht nur die Gefolgstreue verweigert, sondern sogar sein Lager während seiner Abwesenheit bedroht hatten. Sascha Beki und Taischu, die beiden Stammesführer, wurden gefangen, und in Erfüllung ihres Schwurs bei der Wahl Dschingis' zum Khan wurden sie enthauptet und ihre Köpfe in die Steppe geschleudert. Eine gnädige Behandlung ließ er jedoch anderen feindlichen Anführern angedeihen: Den jungen Mukhali und dessen Bruder nahm er in seine Dienste, ein weiterer junger Dschurkin, Borukhul, wurde einer seiner Adjutanten.

Die Zeiten der großen Eroberungen lagen noch in weiter Ferne. Eine näherliegende Bedrohung bereitete Dschingis Khan Sorge: In einem *kuriltai*, einer Ratsversammlung der Stammesführer, die am Ufer des Flusses Arguna stattgefunden hatte, war Dschamukha zum Khan der Mongolen erwählt worden. Der ihm verliehene Titel Gur Khan, ›Alleinherrscher‹, stellte eine Herausforderung dar, da er noch immer Vasall des alternden Toghrul war, des Ong Khan. Diese diplomatische Konstellation nahm Dschingis Khan zum Anlaß, sich mit den Kereit gegen Dschamukhas Herrschaftsanspruch zu verbünden. Als die gegnerischen Heere aufeinanderstießen, regnete es so stark, daß auf dem schlammigen Erdreich kein Kampf zustande kam. Beide Heere zogen sich wieder zurück; im Gegensatz zu den disziplinierten Mongolen und Kereit sank jedoch die Kampfmoral in der zusammengewürfelten Truppe Dschamukhas. Als einige der Anführer ihre Zelte abrissen und heimwärts ziehen wollten, entspannen sich interne Zwistigkeiten zwischen ihnen und Dschamukha. Dschingis Khan konnte zusehen, wie sich seine Gegner entzweiten, und errang einen kampflosen Sieg.

Die Verfolgung begann; doch Ong Khan, dem die Feindschaft seiner Nachbarn untereinander sehr gelegen kam, kehrte bald in sein

Lager zurück. Inzwischen rückte Dschingis Khan den Verbündeten Dschamukhas, den Taidschiat, hinterher. Er trieb die Gegner auf den Fluß Onon zu, an dessen Ufern die Verfolgten haltmachten. Die Schlacht dauerte den ganzen Tag an, aber keine Partei siegte, obwohl es Dschingis Khan gelungen war, auf der anderen Seite des Flusses einen Brückenkopf zu gewinnen. Er wurde im Kampf am Hals verwundet, und sein Diener Dschelmei saugte die Wunde die ganze Nacht über aus. Die Mongolen hielten nämlich vorzeitiges Gerinnen für schädlich, und tatsächlich kam eine solche Art der Behandlung einer ständigen Reinigung gleich und verhinderte die lebensgefährliche Blutvergiftung. Als der Morgen kam, war der Khan zwar geschwächt, aber er zog mit seinen Männern sofort in den Kampf – der jedoch ausblieb, denn während der Nacht war ihm der Sieg zuteil geworden. Die Taidschiat hatten sich heimlich zurückgezogen, da sie nicht mehr hofften, den auf ihrer Uferseite stehenden Feind schlagen zu können. Und wieder ging die Verfolgung los; die Sieger töteten die flüchtigen Männer oder nahmen sie gefangen, während sie die Frauen in ihre Zelte verschleppten. Auch Sorkhan Schira und seine Söhne wurden ergriffen und Dschingis Khan vorgeführt. Der Sieger verzieh ihnen, daß sie Targutai Gefolgschaft geleistet hatten. Und so kam Chila'un, der älteste Sohn des alten Mannes, der so viele Jahre zuvor dem gefangenen Temüdschin Hilfe geleistet hatte, als letzter der ›Vier Jäger‹ zu Dschingis.

Dschingis Khan hatte nunmehr jene vier energischen Männer um sich, die einmal seine entschlußfreudigsten Befehlshaber werden sollten, denen die schwierigsten Aufgaben übertragen wurden, die immer Sieger bleiben sollten und die ihn selten enttäuschten: sein *anda*, Bogurtschi, Chila'un, der Sohn Sorkhan Schiras, Mukhali der Dschalair, und schließlich Borokhul.

Ein weiterer kühner Krieger trat damals in die Dienste des Khans. Dieser Mann hatte einst im Kampf aus weiter Entfernung das Reittier Dschingis Khans erschossen, und er war unerschrocken vor den Herrscher getreten, als Dschingis wissen wollte, wer ihn um ein Haar getötet hätte. Der Khan, zugleich großmütig und vorausschauend, machte ihn zu einem seiner Offiziere. Unter dem Namen Dschebei – ›Pfeil‹ – sollte er einmal ein erfolgreicher *orlok* der Mongolen werden. Dschingis Khan machte noch einen weiteren Taidschiat, Naya'a, zum Offizier – eigenartigerweise wegen dessen

Treue zu Targutai, dem gegnerischen Anführer, den er entkommen ließ. Doch der Ehrenkodex war klar, und Dschingis Khan hielt immer daran fest: Ein Mann durfte seinen Anführer nicht verraten. Er durfte zwar öffentlich seine Partei wechseln, doch war es gegen die Ehre, heimlichen Verrat zu üben. Geschah es, daß Gefolgsleute der Feinde des Khans sich bei ihm einschmeicheln wollten, indem sie ihm ihren Herrn, sei es tot oder lebendig, auslieferten, dann ließ er diese sofort hinrichten. Verrat ließ Dschingis nie ungestraft durchgehen, und bei Freund und Feind stellte er die Treue als oberstes Gebot heraus.

Dschingis Khan entschloß sich nun, einen weiteren Feldzug gegen die Tataren zu unternehmen, um sie diesmal ganz zu vernichten. Er war siegreich und machte viele Gefangene. Doch im Verlauf dieses Krieges verlor er zwei seiner Anhänger – nicht nur durch Verwundungen, sondern durch Abfall. Drei bedeutende Anführer, Altan, Daritai und Khuschar, ließen von der Verfolgung der Tataren ab und trieben statt dessen die verlassenen Herden zusammen. Dschingis, der wegen dieser Gehorsamsverweigerung aufgebracht war, ließ ihnen die herrenlosen Schafe und Ziegen wieder wegnehmen. Daritai fügte sich, während die beiden anderen Abtrünnigen endgültig fortzogen. Inzwischen entledigte man sich der vielen Gefangenen auf summarische Weise – man maß ihre Körpergröße an einem Wagenrad, die größeren wurden enthauptet, während die kleineren in mongolische Dienste treten mußten, denn man hielt sie für jung genug, um neue Gefolgstreue zu erlernen.

In diesem Jahr des Hundes brachen noch weitere Feindseligkeiten aus. Während Dschingis Khan die Tataren bekämpfte, hatte Ong Khan die Merkit besiegt. Jetzt vereinigten sich die beiden Stammesfürsten gegen die mächtigen Naimanen, die unter Führung zweier Khane standen, der Brüder Bai Bukha und Buyiruk. Als Buyiruk, der die südlichen Naimanen anführte, die verbündeten Mongolen und Kereit aufmarschieren sah, flüchtete er bis zu den Höhen des Altai. Dschingis und Ong Khan verfolgten ihn und besiegten sein Heer am See Kischil-Baschi, ihn konnten sie aber nicht gefangennehmen. Auf dem Rückmarsch standen die beiden Bundesgenossen plötzlich einer Streitmacht der nördlichen Naimanen gegenüber. Der am Abend begonnene Kampf flaute während der Nachtstunden ab; doch als Dschingis Khan am nächsten Morgen zum Lager Ong

Khans hinüberblickte, waren die Lagerfeuer seines väterlichen
Freundes längst verloschen. Ong Khan hatte mit seinen Kriegern
heimlich das Schlachtfeld verlassen. Der alte Mann witterte überall
Verrat und scheute sich in seinem Verfolgungswahn auch nicht,
seinen Freund im Stich zu lassen. Dschamukha hatte nämlich ange-
deutet, daß Dschingis Khan mit den Naimanen in Unterhandlungen
stehe – vielleicht traf dies auch zu. Jedenfalls wollten Ong Khans
Krieger heimkehren, und der greise Anführer willigte ein und
wählte die Nacht zum Aufbruch.

Auf sich allein gestellt, erwies sich Dschingis Khan als umsich-
tiger Heerführer. Er zog seine Einheiten zusammen und führte sie
über das Gebirge zurück. Die Naimanen, die nun zu wählen hatten,
welchen der beiden Gegner sie verfolgen sollten, entschieden sich,
die Mongolen ungeschoren zu lassen. Statt dessen stürzten sie sich
auf Ong Khans Streitkräfte, besonders auf das Lager seines Sohnes
Sanggum. Als Ong Khan seinen Verbündeten um Hilfe ersuchte,
schickte Dschingis Khan seine Vier Jäger auf ihre erste Mission.
Sanggum wurde befreit, die Kereit errettet; Ong Khan erneuerte
daraufhin sein Vater-Sohn-Verhältnis zu Dschingis.

Um die Bindung noch enger zu gestalten, hielt es Dschingis Khan
– ein reifer Mann, der nun schon in seinen dreißiger Jahren stand
und eigene Söhne hatte – für angeraten, seinen Ältesten, Dschotschi, mit einer Schwester Sanggums zu verloben, während andererseits eine Mongolenprinzessin Sanggums Sohn Tusakha angeboten
wurde. Sanggum verweigerte seine Einwilligung. In der *Geheimen
Geschichte* der Mongolen äußert er sich hierzu mit den Worten:
»Wenn eine unserer Frauen zu ihnen geht, dann steht sie in der
Ecke an der Tür und blickt ständig auf den Ehrenplatz an der anderen Seite. Wenn eine ihrer Frauen zu uns kommt, dann sitzt sie auf
dem Ehrenplatz und sieht auf die Ecke an der Tür.« Auf diese Antwort hin – wie die *Geschichte* weiterhin berichtet – »verringerte
sich ein wenig die Liebe des Dschingis Khans Herz für Ong Khan
und Sanggum«.

Dieser unwesentlich erscheinende Rückschlag hatte indirekt
jedoch weitreichende Folgen. Dschamukha traf fern im Westen mit
Gegnern des Mongolenherrschers, wie Altan und Khuschar, zusammen. Zu den wichtigsten Männern, die sich neuerlich gegen
Dschingis verschworen, gehörte aber der ruhelose Sanggum. Sei-

ner Entschlossenheit war es wohl zuzuschreiben, daß er seinen Vater vor die Wahl zwischen Sohn und ›Sohn‹ stellte und den alten Mann dem Bund zuführte. Sanggum war es auch, der bequemen Verrat den Gefahren des Kampfes vorzog und Dschingis Khan eine Falle stellte, indem er zum Schein auf die Heiratspläne des Mongolenführers einging.

Glücklich, wenn auch ein wenig überrascht begab sich Dschingis Khan auf den Weg zum Verlobungsfest bei den Kereit. Unterwegs machte er halt bei den Zelten jenes Munglik, der ihn Jahre zuvor zum Sterbebett seines Vaters gebracht hatte. Als der alte, kampferprobte Mann die Zusammenhänge erfuhr, war er sofort mißtrauisch. Dschingis Khan ließ sich von ihm zur Umkehr bewegen. Der Mord war den Verschwörern nicht gelungen, doch sie verfolgten Dschingis Khan und schnitten ihn von seinem Lager ab.

Er flüchtete weiter, sammelte aber dann im Gebiet des Flusses Kerulen seine versprengten Getreuen – Männer der Uru'ut, der Mangqut, tapfere Krieger, die standhaft zu ihm hielten. Hier an dieser Stelle, deren Lage uns nicht mehr bekannt ist, doch deren Name, Khalalhaldschit, überliefert wurde, scharten sie sich um den Khan, militärisch geordnet und diszipliniert, um das weitaus größere Heer Sanggums und Dschamukhas zu erwarten.

Mit den Dschurkin als Vorhut griff ihn die gegnerische Truppe an, einen Berghang hinabgaloppierend. Pfeile schwirrten, Spieße wurden durch die Luft geschleudert; Schwerter und Äxte blitzten im Nahkampf. Khuyildar, der Anführer der Mangqut, riß sein Pferd herum und stürzte verwundet zu Boden, da er seinen Schild zu spät erhoben hatte. Um ihn herum schlossen seine Männer einen Verteidigungsring. Sie schlugen die Dschurkin zurück und brachten ihren verwundeten Anführer in Sicherheit. Jetzt stießen die Uru'ut vor; sie trieben einen Keil in die Schlachtordnung ihrer Gegner. Als Sanggum versuchte, seine zurückweichenden Männer neu zu formieren, traf ihn ein Pfeil in die Wange. Nun waren es die Kereit, die um ihren Anführer bangten.

Bei Einbruch der Nacht zog sich Dschingis Khan zurück, in geordneter Formation, wie immer. Doch die Verfolgung am nächsten Tage blieb aus, denn Ong Khan hatte das Interesse am Sieg verloren, nachdem sein Sohn verwundet worden war. Trotzdem blieb Dschingis Khans Lage prekär; den ausgesandten Boten gelang es nicht,

Hilfstruppen zur Unterstützung heranzuziehen. Die Steppenkrieger, gewohnt, sich auf die Seite des Erfolgreichen zu schlagen, hatten ihr Vertrauen in den Anführer der Mongolen verloren. Nur noch dreitausend Menschen verblieben im Lager Dschingis Khans.

An den Ufern des Baldschuna-Sees ließ er seine Pferde weiden. Er versorgte seine Verwundeten und wartete auf bessere Zeiten. Die Onggirat waren zu ihm gestoßen, doch Vorschläge, die er seinen neuen Gegnern unterbreiten ließ, wurden abgewiesen. Er brauchte eine Gelegenheit, um wieder aktiv werden zu können, und eines Tages ergab sie sich, als sein Bruder Kasar staubbedeckt im Lager eintraf. Kasar war Ong Khan ausgewichen, doch es war ihm erst nach einer beschwerlichen Suchaktion gelungen, die Spur seines Bruders zu finden. Ohne zu zögern, startete Dschingis Khan sein Täuschungsmanöver. Er schickte zwei Männer zu Ong Khan zurück, die diesem berichteten, daß Kasar seinen Bruder nicht finden könne und den Wunsch hege, sich mit Ong Khan zu vereinigen. Der alte Stammesfürst, der gerade seinen Erfolg in einem goldenen Zelt mit einem Festmahl feierte, willigte gern ein. Er entsandte seinen Günstling Iturgen zur Gewährleistung für sicheres Geleit zu der Stelle am Fluß Kerulen, die Kasar als Treffpunkt vorgeschlagen hatte. Für Iturgen bedeutete dies das Todesurteil; Kasar persönlich schlug ihm den Kopf ab. Er unterrichtete nun seinen Bruder über Ong Khans Sorglosigkeit als vermeintlicher Sieger.

Wie ein Wirbelwind stürmten die Mongolen aus den Bergen und der Steppe vor, dem halbmondförmig in einer Schlucht gelegenen Lager Ong Khans entgegen. Dschingis Khan wußte, daß sein Erfolg oder Mißerfolg über seine Zukunft entscheiden würde: Wenn er diesen Kampf verlor, dann würden ihn alle Anhänger im Stich lassen; gewann er, dann wären die Bande der Treue zu seinem alten Verbündeten für immer zerrissen. Nach drei Tagen und Nächten war der Krieg entschieden. Ong Khan und sein Sohn waren zwar entkommen, doch die Kereit erlitten eine schwere Niederlage. Der Khan »nahm ihnen ihre Habe und machte sie zu Sklaven ... Nachdem er auf diese Weise das Volk der Kereit aufgelöst hatte, verbrachte er den Winter in den Bergen.«

Ong Khan wurde an der Grenze der Naimanen-Gebiete getötet; sein Sohn, den einer der wenigen verbliebenen Gefolgsleute verriet – Dschingis Khan ließ den Verräter enthaupten –, wurde Bandit. Er starb als noch junger Mann, entehrt und ohne Hoffnung. Die Mongolen erkannten nun klar die Tendenz, die die Geschichte nahm, und ein Stamm nach dem anderen unterstellte sich dem Sieger. Nur die nördlichen Naimanen wagten noch einmal den Krieg. Dschingis Khan, dem die Onggut davon Kunde gaben, zog aus, um dieser letzten Bedrohung entgegenzutreten.

Im Verlauf dieses Feldzugs gründete er eine Einheit, die eine der gefürchtetsten Streitkräfte der Geschichte werden sollte. Diese Leibwache stand ihm fast so nahe wie seine eigenen Brüder; sie umgab ihn wie eine Mauer und gab ihm Sicherheit und Stärke. Siebzig Mann waren am Tage, achtzig nachtsüber im Dienst, zumindest in der Anfangszeit; später schwoll die Mannschaftsstärke auf tausend Bewacher an. Dieser *guran* stand unter dem Befehl seines ›Pfeils‹ Dschebei. Um sich hielt er zur Sicherung seines Hauptquartiers eine Elitetruppe, einen aus den Söhnen von Anführern bestehenden *touman*, als Ergebnis der zahllosen Einzelbeweise der Bündnistreue und als Ausdruck seiner Machtvollkommenheit.

Der Stammesfürst der Naimanen, Tayang Khan, wie die Chinesen ihn nannten, oder Bai Bukha, zauderte zunächst, marschierte aber dann doch am Fluß Tamir entlang bis zu dessen Mündung in den Orchon. Nach der Stromüberschreitung stieß er vorsichtig nach Osten vor, dem Berg Nakhu entgegen. Über den feindlichen Vormarsch unterrichtet, führte Dschingis Khan seine Truppen in den Kampf. Er gab seine Befehle nach einem militärischen Code aus, den er zur Perfektion gebracht hatte: ›Marschbefehl‹ verschlüsselte er mit ›dichtes Gras‹, ›Schlachtordnung‹ mit ›See‹, ›Kampfmethode‹ mit ›Bohrer‹ – die Ausdrucksweise erinnert mehr an das chinesische *I-Ching* als an Clausewitz.

Tayang Khan stellte seine Krieger an den Berghängen auf. Die Mongolen befanden sich in tieferem Gelände; hätte Tayang angegriffen, wäre seine Position vorteilhaft gewesen, und auch wenn er sich verschanzt hätte, wäre ihm vielleicht der Sieg zuteil geworden. So aber, halbherzig bis zum letzten, ließ er sich nach rückwärts drängen, von Dschingis Khans schwerer Kavallerie verwirren und schließlich von den entschlossenen Mongolen unter Kasar, den Vier Jägern und seinem jungen Bruder Otchigin weiter die Hänge hinauftreiben. Nahe der höchsten Bergspitze hielt Tayang Khan endlich inne und stellte sich zum Kampf. Und wie so häufig in seinem Leben kam sein Bemühen zu spät – als er sich zu einem Entschluß durchgerungen hatte, war der günstige Augenblick verstrichen. Er wurde verwundet, gefangengenommen, und wenig später starb er. Sein Sohn Guchuluk ergriff die Flucht, um schließlich beim Khan der Kara-Kitai Zuflucht zu finden – den er später mit Verrat und Usurpation belohnen sollte. Auch Dschamukha, der allgegenwärtige Rivale, flüchtete. Wieder einmal hatte er versucht, bei der Vernichtung seines Blutsbruders behilflich zu sein, und wieder hatte er einen Fehlschlag hinnehmen müssen.

Die Merkit blieben das einzige Volk der Region, das mit den Mongolen um die Vormacht rivalisierte. Dschingis Khan wandte sich nach Norden, und auf den Steppen von Saari vernichtete er ihre Machtstellung. Tokhotoa, Stammesfürst der Merkit, flüchtete mit seinen Söhnen. Dschingis Khan verfolgte ihn unerbittlich bis zu den Vorhöhen des Altai. Im Frühling des darauffolgenden Jahres, 1205, stieß er endlich auf die Gegner; jenseits des Gebirges hatten sich die Reste der Truppen der Merkit mit den Naimanen vereinigt, um ihm Einhalt zu gebieten. Wie vorauszusehen war, wurden sie überrannt. Guchuluk, der seine Flucht für kurze Zeit unterbrochen hatte, zog sich weiter nach Westen zurück. Tokhotoa kam ums Leben, und seine Söhne flüchteten weiter. Der sattelfeste Subatei nahm die Verfolgung auf, während Dschingis Khan heimkehrte. Ein ganzes Jahr sollte vergehen, bis auch Subatei zurückkehrte, nachdem er die Prinzen der Merkit am Fluß Chui getötet hatte.

Nun gab es nur noch einen Rivalen, der Dschingis Khans Ruhm im Wege stand. Dschamukha stellte auch als Flüchtling eine latente Gefahr dar, wenn auch seine Anhängerschaft bei weitem nicht so fanatisch zu ihm hielt wie die Gefolgsleute des Mongolenherrschers. Eines Tages fielen die letzten fünf Männer, die noch zu ihm gehalten hatten, über ihn her; sie fesselten ihn und führten ihn vor Dschingis Khan. Allerdings täuschten sie sich in der Haltung ihres neuen Herrn, denn statt einer Belohnung ließ er sie enthaupten. Dschingis erwies sich wiederum als ein Herrscher, der gelegentlich auch großmütig sein konnte: Er bot Dschamukha die Erneuerung ihrer alten Freundschaft an. Der stolze und eigenwillige Dschamukha wies die Gnade zurück. Die beiden waren nicht mehr gleichrangig: »Wenn dir die ganze Welt dient – welchen Wert hätte ich dann als Gefährte? ... Ich wäre wie eine Laus in deinem Halsband, eine Mücke in deinen Beinwickeln ...« Er verglich sich mit Dschingis Khan – ihm waren weder die Vorteile noch die Erfolge seines Freundes und Rivalen beschieden gewesen: »Deshalb bin ich meinem *anda* unterlegen, der vom Himmel so begünstigt wurde.« Aber er hatte noch einen letzten Wunsch, nämlich ohne Blutvergießen getötet zu werden, denn nach mongolischem Glauben wohnte die Seele im Blut. Mit Bedauern, doch verständlicherweise mit einer gewissen Erleichterung willigte Dschingis Khan ein. Dschamukha wurde in einen großen Teppich gewickelt und, auf diese Weise geschützt, zu Tode gequetscht. An einer hochgelegenen Stelle kam er in die Erde – eine Ehre, die nur den Großen und den Helden erwiesen wurde. Mit Dschamukha war das letzte Hindernis ausgeräumt, das dem Aufstieg Dschingis Khans im Wege lag.

Im nächsten Jahr, 1206, dem Jahr des Tigers, zogen alle Stämme der Steppe in endlosen Kolonnen zur Wasserscheide Delugan Boldock, wo der Fluß Onon entspringt. In weiter Runde standen die Filzzelte, eine riesige Lagerstatt. Dies war der *kuriltai* des Volkes der Filzzelte – alle Menschen der Region waren gekommen, um dem Mann, der ihnen Sicherheit bieten sollte, ihr Treueversprechen zu leisten. Sie waren gekommen, um der Wahl Dschingis Khans zum Khaqan beizuwohnen, zum König der Könige und Herrscher der Steppe. Ein neues Machtzentrum war geschaffen, das sich auf den scharfen Verstand eines großen Pragmatikers gründete. Ein solches Ereignis war dazu angetan, die Welt aufhorchen zu lassen – und tatsächlich, weit im Osten, im Kaiserpalast der Chin, trug man es in die Annalen ein. Das Kaiserreich schlief nicht. Doch es träumte, und dieses Aufhorchen war nur eine kleine Zuckung des dahindämmernden Riesen. Es sollte eine Zeit kommen, in der das Reich bereute, die Gefahr mit Gleichmut übergangen zu haben.

1.3 TRIUMPH UND REICHSGRÜNDUNG

Wer war er, dieser Khan, der an der Schwelle der Geschichte saß, in seinem großen, weißen Zelt mit vergoldeten Stangen und der neunschwänzigen Standarte? Der Überlieferung nach war er hochgewachsen; er trug einen imposanten Bart und hatte Augen, die wie die einer Katze leuchteten. Zweifellos war er ein Mann von großen

Fähigkeiten und schneller Entschlußkraft. Er fürchtete sich nicht vor Entbehrungen und erwartete auch von den anderen Ausdauer. Wenn es ihm diplomatisch geraten schien, konnte er grausam, aber auch großmütig sein, wenn er sich davon Vorteile versprach. Er hatte die Kereit vernichtet, da deren Verrat ihm fluchwürdig erschien; den Naimanen hatte er dagegen verziehen. Er gab ihnen ihre Waffen zurück, heiratete die Witwe ihres Anführers, nahm eine ihrer Prinzessinnen als Frau für seinen Sohn Tuli und schuf sich dadurch Freunde an seiner westlichen Grenze. Er war ein Mann, der weder lesen noch schreiben konnte. Als seine Männer jedoch den Schreiber der Uiguren gefangennahmen – Tatatungo, den Sekretär Tayang Khans –, lernte er von ihm die Bedeutung eines königlichen Siegels und der Schreibkunst.

Tatatungo wurde dann sein Siegelbewahrer und Lehrer seiner Kinder und der Kinder seiner *orloks*. Durch ihn wurde die Uiguren-Schrift auch die Schrift der Mongolen. Dschingis war ein Mann, der die städtische Zivilisation der chinesischen Nachbarn und den Handel der islamischen Länder des Westens verachtete; dennoch scheute er sich nicht, den Rat erfahrener Männer aus diesen Gebieten nutzbar zu machen, und er bewies eine religiöse Toleranz, wie sie im zeitgenössischen christlichen Europa unbekannt war. Aber er war auch ein rücksichtsloser Gewaltherrscher: Die Vernichtung von Städten, ja ganzer Gebiete und Völker ordnete er vermutlich ohne irgendwelche Skrupel an. Rückhaltlos hielt er jenen, die sich als Freunde und Bundesgenossen erwiesen, die Treue; seine Rache war aber furchtbar, wenn sie den Treueschwur brachen.

Er war ein Mann, der aus ärmlichen Verhältnissen hervorgegangen war, ein Steppenkrieger ohne Bildung, dessen Machtaufstieg durch das zur richtigen Zeit dargebrachte Geschenk eines Zobelpelzes begonnen hatte. Dennoch besaß er weltumfassenden Weitblick.

Aus dem Taktiker, der von improvisierten Schachzügen lebte, wurde der Stratege eines riesigen Reiches. Und doch bleibt eine Frage offen: War er bereits eroberungssüchtig, als sich die Steppenbewohner um sein Zelt scharten, um ihm Treue zu schwören? Waren seine Eroberungen Teilstücke eines zusammenhängenden Plans? Für den Augenblick wenigstens schien er zufriedengestellt zu sein, als Gokchu der Schamane, der ›Vertraute des Himmels‹, ihn zum Khan aller Völker proklamierte, und als die Fürsten dieser Völker ihn auf einem schwarzen Filztuch zu seinem Thron trugen. Er war der ›Gottesgesandte‹, dem fast eine halbe Million Menschen untertan und weitere anderthalb Millionen dienstbar waren. Er beherrschte die Steppe vom Altai bis zum Khingan, und zum Zeichen seiner neuen Würde überhäuften ihn die Stammesfürsten mit Geschenken – Gold, Pelze, Seide und Brokat. Aus hundert Kesseln stieg der Dampf des Festessens zum Himmel, dessen Namen seinem Willen nach sein Volk fortan führte: die Koko-Mongolen, die Mongolen des Blauen Himmels. Doch denkbar ist durchaus, daß er trotz seiner vierzig Lebensjahre noch manchen begehrlichen Blick auf die Frauen warf, in deren Mitte der einzige Mensch saß, den er offenbar fürchtete – Yulun, seine Mutter.

Während die Leute noch immer das große Fest begingen, nahm Dschingis seine Arbeiten zur Organisation seines Machtbereichs auf. Er erteilte Tatatungo, seinem uigurischen Ratgeber, den Auftrag zur Niederschrift der *Yassa*, jenes Gesetzbuchs, das den Mongolen künftig als Leitfaden dienen sollte. »Gleichheit für jedermann« verkündet es, »jeder Mann arbeitet so viel wie der andere …« Diese Gesetze sind zwar nur fragmentarisch überliefert, doch erfassen sie sowohl Einzelvorschriften, wie das Verbot des Waschens in einem Bach oder des Viehtränkens aus einer Quelle – offenbar Maßnahmen für die öffentliche Hygiene –, als auch moralische Grundsätze, wie die Ermahnung, daß sich Männer nicht öfter als dreimal im Monat betrinken sollen. Die *Yassa* enthält auch staatliche Schutzvorschriften, beispielsweise sieht sie die Todesstrafe für einen Fürsten oder *orlok* vor, der Verbindungen zu einem feindlichen Monarchen unterhält. Weiterhin sind allgemeine Gebote erfaßt, wie das Dekret zur Gleichbehandlung aller Religionen. Die Gesetze schränkten aber auch die Macht des Herrschers ein – er sollte keine stolzen Titel annehmen, sondern sich nur Khan nennen; er sollte nicht den Besitz eines ohne Erben Verstorbenen an sich reißen, sondern die Habe dessen Angehörigen zukommen lassen; seine Krieger sollten nicht unter zwanzig Jahre alt sein. Andererseits sollte das Volk für die Bedürfnisse des Khans sorgen: Jeder Stamm wurde verpflichtet, Pferde, Schafe, Milch, Wolle und Wollwaren zu liefern. Jeder Krieger, der seine militärische Einheit im Stich ließ, sollte hingerichtet werden. Die *Yassa* schloß die Mongolen zu einer beaufsichtigten Einheit zusammen, indem sie alle Funktionen und Pflichten regelte.

Von großer historischer Bedeutung war das Gesetz, das die Nachfolge des Khaqans festlegte, eines Titels, den Dschingis natürlich nicht führte, wenn er von sich selbst sprach. Alle Prinzen der Familie sollten in einem *kuriltai* den Nachfolger bestimmen. Diese Vorschrift sollte zu einem politischen Kernsatz werden, der sich nicht nur auf die Mongolen, sondern auch auf entlegene Völkerschaften auswirkte.

Zur Durchsetzung dieser Gesetze benötigte man einen Richter, einen Mann, dem alle vertrauen konnten und dessen Rechtschaffenheit und Unabhängigkeit für jeden ersichtlich war. Dschingis Khan bestimmte hierfür Schigikutuku, das einstige Waisenkind, das er aus den Zelten der besiegten Tataren mitgenommen hatte. Inzwischen zum Mann herangewachsen, wurde er unter dem Khaqan verantwortlicher Minister für die Durchsetzung der Ideale von Ehre und disziplinierter Haltung, die sich nun in erstaunlicher Weise bei den ungebildeten und oberflächlich unzivilisierten Stämmen ausbreiteten. Fälle von Handgreiflichkeiten, Raub und Diebstahl kamen immer seltener vor. Auch der Ehebruch, merkwürdigerweise bei diesen Patriarchen mit vielen Frauen ein Delikt wie andere Verfehlungen, kam aus der Mode. Dies war zum Teil auf die Art zurückzuführen, wie die neuen Rechtsvorschriften gehandhabt wurden: Nur diejenigen galten als schuldig, die auf frischer Tat ertappt wurden oder die freiwillig ein Geständnis ablegten. Vielleicht ging die absolute Zahl der Verbrechen nicht zurück, sondern nur die Zahl der ertappten und verurteilten Verbrecher. Unstreitig ist jedoch, daß ein neuer Friede eingekehrt war und jedermann relativ sicher mit Karren, Zelt, Familie und Vieh in der endlosen Steppe umherziehen konnte.

Es gab keine Kleinkriege mehr, auch keine plötzlichen Überfälle auf die Nachbarn. Wenn es Streitigkeiten gab, so wurden sie nicht mehr durch Waffengewalt entschieden; statt dessen verhandelte man oder wandte das Gesetz an. Dies war teilweise dadurch begründet, daß der Khaqan als Oberherr riesiger Landgebiete nunmehr über die endgültige Aufteilung der Weidegründe Entscheidungen traf. Um gerecht zu verfahren, ordnete er zunächst eine Zählung der Zelte seiner Völker an. In dieser Zeit vervollkommnete er auch sein Nachrichtensystem, um ständige Kenntnis von den Vorkommnissen in seinem Herrschaftsbereich zu gewinnen. Diese reitenden Boten, die ›Pfeilreiter‹, überbrachten Nachrichten auch aus den entlegensten Gebieten. Sie waren Tag und Nacht unterwegs und ritten bis zur völligen Erschöpfung.

Um seine Männer für den Kriegsdienst frei zu machen – Dschingis Khan wußte, wo seine Stärke lag –, übertrug er den Frauen neue und weitreichende Vollmachten über den gesamten Familienbesitz. Ihre Körper gehörten jedoch nach wie vor ihren Ehemännern: einen Liebhaber zu nehmen, war ein todeswürdiges Vergehen. Die Männer hatten jederzeit für den Krieg einsatzbereit zu sein. In friedlichen Zeiten wurden sie von ihren Anführern bei der Jagd im Schießen geübt und zu ausdauernder Leistung angeleitet. Jeder war dafür verantwortlich, daß seine Waffen in gutem Zustand, besonders daß der Schießbogen in Ordnung und die Köcher mit Pfeilen gefüllt waren. Die Frauen mußten dafür sorgen, daß die restliche Kriegsausrüstung vollständig beisammen war – die Schaffellmäntel, die Reitstiefel mit Filz-Überschuhen, auch die Satteltaschen, die Lebensmittel wie getrocknete Milch, Quark und *koumiss* enthielten. Der *touman* jedes Stammes vereinigte sich dann mit dem benachbarten Stammesführer zu einer Heeresgruppe, der der Khaqan einen *orlok* als Befehlshaber voranstellte. Da sich diese Gruppen gegenseitig kannten und gemeinsam ausgebildet wurden, konnten sie die erhaltenen Befehle schnell ausführen. Diese Befehle ergingen von einer dauernd einsatzbereiten Anführergruppe – man könnte sie auch als eine Art Generalstab bezeichnen – zur Durchführung mit Hilfe von untergeordneten Offizieren. Eine Art Polizeitruppe sorgte für die Einhaltung der Gesetze. Sie sorgte für die Sicherheit der Verbindungswege und für die Rückführung gestohlenen Viehs an die Eigentümer – aber auch dafür, daß Diebe, die Schafe, Rinder, Kamele und, was das Schlimmste war, Pferde in ihren Besitz gebracht hatten, ergriffen und, wie es das Gesetz befahl, mit dem Tode bestraft wurden.

Noch einen weiteren Aspekt der militärischen Organisation verstand Dschingis Khan schon früh zu handhaben, vielleicht auf vollkommenere Weise als andere große Heerführer der Geschichte. Er erkannte, daß er nur bei vollständiger Kenntnis der Tatsachen nutzbringende Entscheidungen treffen konnte. Ebenso wichtig wie einsatzbereite Männer waren ihm darum alle verfügbaren Hintergrundinformationen, und er verwertete alle Nachrichten, die er von

Reisenden, Bundesgenossen und Gefangenen erfuhr. Ergänzende Informationen erhielt er mit Hilfe eines weitgespannten Spionagenetzes. Dieses Spinnennetz seiner Spione konnte weder die Wüste Gobi noch die Große Mauer abwehren. Seine Informanten waren überall – im Westen im Land Kara-Kitai, im Tangutenstaat Hsi-Hsia im Süden und in der großen Bürokratie Chinas im Südosten. Sie beobachteten, machten sich Notizen und übersandten ihm von Zeit zu Zeit ihre Berichte.

Während in der Steppe der Landfriede herrschte, vergrößerte sich seine Macht. Sein Lager wurde zu einem Mittelpunkt von Handelskarawanen. Die Khane der Uiguren machten ihn zu ihrem Schutzherrn und trennten sich von der drückenden Herrschaft der Kara-Kitai. Dschingis Khan hätte jetzt zur Ruhe kommen und zufrieden sein können. Aber er war sich dessen bewußt, daß die gewaltige, uralte und grenzenlos machtvolle Kultur des chinesischen Reiches jederzeit ihren Einflußbereich über die Große Mauer ausdehnen und ihn bedrohen konnte. Die Berichte sagten ihm, daß die Herrscher der Chin früher oder später vordringen und die Mongolen wie Wüstensand in alle Winde verstreuen würden. Er konnte ihnen nicht entgegentreten – oder war noch nicht genügend einsatzbereit. Seine Truppen übten sich im Kriegsspiel; sie besaßen aber noch nicht ausreichend Erfahrung und Selbstvertrauen. Wo konnten sie sich die Kriegstechnik aneignen? Seine Überlegungen konzentrierten sich auf den Süden.

Die Tanguten waren ursprünglich ein halbnomadisches Volk, das im Laufe der Jahre viele tibetische, aber auch chinesische und sogar tatarische Einflüsse in sich aufgenommen hatte. Ihre Kriege mit den Chinesen und den Kitanen – jenen Vettern der Mongolen, deren frühere Erfolge dahin waren und nur noch im Despotismus der Kara-Kitai Ausdruck fanden – hatten zur Gründung eines eigenen Landes westlich der Chin geführt.

Dort entwickelten sie eine komplizierte, aus dem Chinesischen abgeleitete Schrift. Sie übersetzten die Werke des Buddhismus, des Taoismus und des Konfuzianismus. Sie wurden gebildet, gründeten Städte, ein System von Befestigungen und eine Bürokratie – sie waren in Wirklichkeit ein Anhängsel der chinesischen Zivilisation, von der sie sich nur durch eine, verglichen mit jener Hochkultur, einfache Lebensweise unterschieden.

Zwei Jahrhunderte einer Entwicklung konnten zwei Jahrtausende des Bestands Chinas nicht wettmachen. Die Gleichartigkeit der beiden Länder stellte für Dschingis Khan jedoch eine Versuchung dar – Hsi-Hsia sollte ein Manövergebiet werden, in dem seine Truppen lernten, der Macht Chin gegenüberzutreten, wenn er die Zeit für gekommen hielt.

Ein weiterer Anlaß für den Entschluß des Mongolenherrschers, seine Nachbarn anzugreifen, war die Notwendigkeit, seine Anhänger zufrieden zu stimmen. Erfolg war das Bindemittel, das sein Reich zusammenschweißte. Seine Erhebung zum Herrscher war nur der langen Reihe seiner Siege zu verdanken. Und jeder Sieg hatte seinen Gefolgsleuten reiche Beute gebracht und ihnen das Gefühl vermittelt, unter dem Schutz eines erfolgreichen, starken Anführers zu stehen. Solche Gefühle sind jedoch vorübergehende Stimmungen und müssen ständig durch neue Erfolge bekräftigt werden.

Dschingis Khan, der alle Gegner unter den rivalisierenden Nomadenstämmen besiegt hatte, war auf der Suche nach neuen Feinden unter den seßhaften Völkern. Nur bei diesen konnte er sich die Beute holen, die sich seine besitzgierigen Anhänger erhofften. Er mußte feststellen, was andere Eroberer vor ihm erfahren hatten und was spätere, damals noch nicht geborene Heerführer verspüren sollten –, daß die Bereitschaft der Beherrschten, ihrem Herrscher zu dienen, vom Grad der Zufriedenheit abhängt und immer größere Belohnungen erfordert. Hier liegt das Dilemma, in das sich alle Eroberer verwickeln.

Im Jahre 1207 führte Dschingis Khan eine Streitmacht nach Süden durch die Wüste Gobi, in der er provisorische Brunnen ausheben ließ, um seine Männer und Pferde mit Wasser zu versorgen. Er traf an den Grenzen des Tanguten-Staates ein, schlug dort ein gegnerisches Heer und nahm eine Anzahl kleinerer Ortschaften ein. Dann erschien er vor dem befestigten Wolohai. Zum ersten Mal in der Geschichte stand ein Mongolenheer den Problemen einer Belagerung gegenüber, die sich als unüberwindbar erwiesen. Die Steppenkrieger, an Überfälle und Überraschungsangriffe auf offenem Schlachtfeld gewöhnt, mußten feststellen, daß die geduldige Taktik des Stellungskampfes ihnen fremd war, an ihren Kräften zehrte und die Moral aushöhlte. Bei dieser Truppe, traditionsgemäß einer freiwilligen Vereinigung gleichgestellter, an schnelle Kampfentschei-

dungen gewohnter Reiter, begann ein Stimmungsumschwung gegen
den Khaqan.

Dschingis Khan war jedoch kein Mann, der nur mit Gewalt seine
Ziele durchsetzte; er war auch ein verschlagener Unterhändler. Er
ließ dem Kommandanten der befestigten Stadt mitteilen, daß er
seine Truppen heimführen würde, wenn er Tribut erhielte – tausend Katzen und zehntausend Schwalben. Man kann sich die Überraschung der Belagerten vorstellen, aber auch das Resultat ist
bekannt, denn die seltsame Zahlung wurde abgewickelt. Jetzt ließ
der Khan seine Mongolen schnell arbeiten: Er ließ Wattebäusche an
die Schwänze der Tiere binden und anzünden. Wie ein gewaltiger
Fackelzug und Feuerflug rasten die gequälten Tiere über Land und
durch die Luft, auf der Suche nach ihrer Heimstätte. Innerhalb des
Mauerrings stieg Rauch auf, zuerst hier, dann dort, bald an hundert
Stellen – die ganze Stadt stand in Flammen. Und während die Garnison die Brände bekämpfte, nahmen die Mongolen die Burg ein.

Doch trotz der Siegesstimmung seiner Krieger wußte der Khan,
daß er die Grenze des ihm Möglichen erreicht hatte. Es gab nicht
viele Tricks, die zur Eroberung fester Städte führen konnten; es
blieb noch viel zu lernen, was Belagerungsmethoden anging.

Dschingis forderte vom König von Hsi-Hsia einen jährlichen Tribut. Nach einigem Zögern willigte der Monarch ein, wenigstens die
erste Rate zu zahlen. Zweifellos nahm er sich vor, sich den Tribut
später mit Waffengewalt zurückzuholen. Fürs erste konnte Dschingis Khan einen Sieg verzeichnen. Er zog sich zurück.

In der Folgezeit gestalteten die Mongolen ihre militärischen Fertigkeiten in erstaunlicher Weise aus. Die wilden Steppenreiter machten sich nun daran, die Belagerungskünste zu erlernen. Nicht nur
ihr Anführer hatte gelernt, flexibel und anpassungsfähig zu verfahren; auch jeder einzelne Krieger mußte bereit sein, die Lehren zu
beherzigen, die eine erfolgversprechende Kriegführung verhießen.
Was hatten Sandsäcke und riesige Weidenschilde, Steigleitern und
Rammböcke mit früheren Reitergefechten zu tun? Dennoch machte
sich auf Anordnung Dschingis Khans jeder Stamm an die Aufgabe,
einen Belagerungszug zusammenzustellen und die Verwendung des
Geräts zu erlernen.

In diesem Zeitraum begründete sich auch der eigentliche Kern
der mongolischen Militärorganisation: ein Stamm von Offizieren,

der ständig aktiv war, sei es im Felde oder in der Ausbildung von Truppen, ein regelrechter Berufsstand, der sich fast ausschließlich militärischen Aufgaben widmete. Dieser professionelle Kern der mongolischen Truppe unterschied sich wesentlich von den Offiziers-korps benachbarter Staaten, die kaum Berufssoldaten enthielten, sondern mehr oder weniger aus ›Amateuren‹ zusammengesetzt wa-ren. Die Idee einer solchen militärischen Akademie war dem Geist Dschingis Khans entsprungen, und seine Autorität setzte die Idee in die Tat um.

Bei all dem Interesse, das die Mongolen nunmehr der Belage-rungskunst entgegenbrachten, büßten sie jedoch niemals ihre tradi-tionellen Fähigkeiten ein. Unter Führung seines ältesten Sohnes, Dschotschi, sandte Dschingis Khan ein Heer westwärts. Obwohl er selbst nicht mitritt, vertraute er auf den Sieg seiner Truppen, denn seine Feldherren Subatei und Dschebei unterstützten Dschotschi bei seinem Kriegszug gegen Naimanen, Kirgisen und Merkit. Der sieg-reich heimgekehrte Dschotschi wurde von seinem dankbaren Vater zum Oberhaupt der ›Waldbewohner‹ bestimmt. Auf diese Weise wurde im Königreich der Kiptschaken, nördlich des Aral-Sees, eine Dynastie gegründet, die später die Geschichte Europas erschüttern sollte.

Zwei Jahre lang zahlte Hsi-Hsia Tribut an die Mongolen; die Zah-lung für das dritte Jahr traf nicht ein, ein Zeichen, daß die Tanguten den Zorn der Mongolen nicht mehr fürchteten. Sie täuschten sich jedoch in ihrer Zuversicht, denn ihr Heer, das sie Dschingis Khan entgegensandten, wurde geschlagen. Sie verließen sich nun auf ihre befestigten Städte. Doch diesmal fiel Wolohai schnell, und nicht ein-mal die Große Mauer, die sich bis in das Gebiet der Tanguten er-streckte, konnte den mongolischen Vormarsch aufhalten. Das Heer der Tanguten konnte sich nicht sammeln und floh in die Hauptstadt Hoang-hsing-fu am Gelben Fluß. Dschingis Khan bediente sich einer Taktik der Chinesen und begann, den Fluß einzudämmen, in der Hoffnung, daß der Durst die Garnison zur Kapitulation zwingen würde. Die Männer aus der Steppe hatten in Pionierarbeiten jedoch keine Erfahrungen; der Damm brach, und Wasser überflutete das Lager der Mongolen. Das Ergebnis war ein Patt: Der Herrscher von Hsi-Hsia war zwar in seinen Mauern eingeschlossen, doch Dschin-gis Khan war nicht in der Lage, ihn zu schlagen. Das Land ließ

sich nicht besiegen, so schlug der Khaqan Frieden vor. Nachdem
sein Gegner die Bedingungen akzeptiert hatte, trafen sich die beiden Herrscher zum offiziellen Friedensschluß. Der König der Tanguten wurde zur Besiegelung der Vasallenschaft Dschingis Khans
neuester Schwiegervater.

Auf dem Heimweg begegnete Dschingis einer Delegation aus Peking, die ihn aufsuchen wollte. Sie überbrachte ihm die Nachricht,
daß es einen neuen Kaiser der Chin gab, Wei-Shao.

Statt sich zu verbeugen, wie es bei der Nennung des Kaiser-
namens üblich war, spie Dschingis Khan aus. »Wenn ein Idiot Kaiser
werden kann, dann lohnt es nicht, vor dem Boten seinen Kotau zu
machen«, sagte er. Die chinesischen Gesandten meldeten dies dem
wutentbrannten Wei-Shao. Ein Heer wurde ausgesandt; es kam in
der riesigen Steppe jedoch nicht weit voran. Statt dessen griffen die
Chinesen an, wurden aber durch einen mongolischen Gegenangriff
unter Dschebei zurückgeschlagen. Der ›Sohn des Himmels‹ hatte
inzwischen die Lust verloren, die widerspenstigen Barbaren weiterhin bekämpfen zu lassen. Nach seinem Herrscherwillen sollte nun
an der Nordwestgrenze Ruhe einkehren, und er ließ Meldungen
seines Befehlshabers an der Großen Mauer über mongolische
Kriegsvorbereitungen nicht gelten, sondern warf ihn ins Gefängnis.
Tatsachen galten nichts, wenn der Kaiser es anders wollte.

Um so größer muß der Schock gewesen sein, als die rauhe Wirklichkeit zuschlug. Dschingis Khan rückte mit einem Heer von zweihunderttausend Mann im Jahre 1211 in die Nähe von Peking vor. Er
war gut auf diesen Feldzug vorbereitet. Jeder kampffähige Mann
seines Machtbereichs war zu den Waffen gerufen; alle Bundesgenossen hatten mobilisiert, jedes verfügbare Pferd und alle einsatz-
fähigen Wagen waren unterwegs. Zur Bewachung seines eigenen
Territoriums hatte er nur zwei *toumans* zurückgelassen; die zwanzig Zehntausendschaften, die mit ihm marschierten, hatte er in drei
Heeresgruppen unter den *orloks* Mukhali, Subatei und Dschebei
aufgeteilt. Sie bildeten die beiden Flügel und das Zentrum seiner
Hauptstreitmacht. Vor dem Gros seines Heeres ritt die Vorhut,
schnelle Kundschafter, die Lagerplätze aussuchten und jeden Verdächtigen hinrichteten. Diese gewaltige Armee marschierte vom
Fluß Kerulen eine Strecke von siebenhundert Kilometern und
pochte unangefochten an die Tore Chinas.

Die schwerfälligen Heere der Chin setzten sich in Bewegung, denn der mongolische Vormarsch zielte direkt auf die Hauptstadt. Dann verschwanden die Eindringlinge abrupt. Tage vergingen, ohne daß sie zurückkehrten. Plötzlich kamen Nachrichten aus der Provinz Shansi: Die Mongolen hatten, insgeheim von Söldnern der Onggut unterstützt, die Große Mauer überschritten und verwüsteten die fruchtbaren Gebiete der Region. Zur gleichen Zeit begann Dschebei einen Störungsfeldzug gegen die zur Verteidigung Pekings eingesetzten Heere. Dennoch verließen diese bedrängten Truppen die befestigten Verteidigungslinien in der Ebene von Peking und marschierten nach Westen und in die höher gelegenen Gebiete von Shansi. Als die riesigen Marschkolonnen – manche schätzten die Stärke der Chinesen auf eine halbe Million Mann – durch die Pässe in das flache Land vorstießen, schlug Dschingis Khan zu. Dschebei, der beweglicher als seine Gegner war, griff gleichzeitig die Nachhut an. Ein endloser Regen von Pfeilen, abgeschossen von den Sehnen der kurzen mongolischen Bögen, überschüttete die Chinesen. Die Fußsoldaten des Sohnes des Himmels wichen zurück. Die massiert eingesetzten Reitertruppen des Khaqan drangen auf sie ein, schlugen sie vernichtend. Die Länder der Chin büßten ihren militärischen Schutz ein.

Nunmehr konnte Dschingis Khan gefahrlos seine Streitkräfte aufteilen. Er und sein Sohn Tuli belagerten Tatung, während jeder seiner anderen drei Söhne, Dschotschi, Tschaghatai und Ogedei mit einem Heer die Eroberungen in Shansi fortsetzten. Dschebei zog inzwischen mit einer Heeresgruppe nach Osten, um einen geeigneten Vormarschweg nach Peking auszukundschaften. Doch die Mauern der belagerten Stadt trotzten Dschingis wochenlang. Seine Söhne zogen von Shansi über die Berge in die Provinz Chili, wo sie jedoch die gut befestigten Städte nicht einnehmen konnten.

Trotz aller Bemühungen, die Belagerungskunst zu erlernen, blieben die Mongolen noch immer Steppenkrieger. Nachdem Dschebei einen Paß auf dem Wege nach Peking bezwungen hatte, brach Dschingis Khan die Belagerung Tatungs ab. Er sandte ›Pfeilreiter‹ zu seinen Söhnen mit dem Befehl, zu ihm zu stoßen. Dann führte er seine vereinigten Truppen, beladen mit reicher Beute und Sklaven, den Mauern der Hauptstadt der Chin entgegen. Trotz der allem Anschein nach festgefügten Dynastie, die in Peking herrschte, waren die Kaiser kaum mehr im Recht als Dschingis Khan, den Thron des Reiches zu beanspruchen. Erst hundert Jahre zuvor hatten die Dschurdschen, ein Volk aus dem hohen Norden, die Kitan-Kaiser der Liao-Dynastie abgesetzt und die Herrschaft in diesen nördlichen Provinzen angetreten. Ihre Versuche, das von den Sung beherrschte südliche China zu erobern, waren fehlgeschlagen. Am Yangtse, wo zum ersten Mal Schießpulver zum Einsatz gelangte, kamen sie zum Stehen.

In der Folgezeit wurde das Herrscherhaus der Chin durch kulturelle und verwaltungstechnische Infiltration immer mehr eine chinesische Dynastie. Trotz der Bemühungen der Dschurdschen, ihre eigene, weniger ausgebildete Kultur beizubehalten, fügten sie sich allmählich in die Religion, die Philosophie, das bürokratische System, die wissenschaftlichen Anschauungen und – in nachhaltigster Weise – in die Vorliebe ein, die ihre Vasallen für das Theater hegten. So war es nach außen hin ein chinesischer Monarch, der hinter den Mauern Pekings den mongolischen Horden gegenüberstand.

Stark und unbezwingbar waren sie, diese Mauern der Hauptstadt Chinas. Dschingis Khan ritt an den Wallanlagen entlang, voller Bewunderung für die Leistung seiner Gegner. Dreißig Kilometer lang, zwölf Meter hoch, am Fuß fünfzehn Meter breit und an den Zinnen auf eine Breite von zwölf Metern schmaler zulaufend, erstreckten sie sich um die Stadt. Vor der Hauptmauer waren tiefe Gräben ausgehoben; neunhundert Türme hielten Wacht. Die vier Hauptzugänge zur Stadt waren durch festungsartige Anlagen geschützt. Dschingis mußte einsehen, daß sein vorhandenes Belagerungsgerät für eine derartige Aufgabe völlig unzureichend war. Einen Monat später, als die Ebene von Peking unter den Hufen fast einer Million mongolischer Pferde aufgewühlt war, entschloß er sich, ein Winterlager zu beziehen.

Während er noch überlegte, ob er bleiben oder abziehen sollte, traf zu seiner Überraschung eine von Wei-Shao ausgesandte Abordnung ein. Wenn sie zur Auskundschaftung des Zustandes der mongolischen Streitkräfte hätte dienen sollen, so spielte sie ihre Rolle mit einer unorientalischen Unbeholfenheit. Jedenfalls plauderte der Anführer mehr aus, als er von Dschingis erfuhr. Vielleicht machte ihm das Sorge, was er hören mußte. Und was ihm Sorge machte, mußte er erörtern – und sei es mit dem Feind. Er betonte jedenfalls, daß die Dschurdschen-Kaiser vom Volk gehaßt würden und daß die eigentliche chinesische Dynastie, die Sung, nur auf eine Chance zum

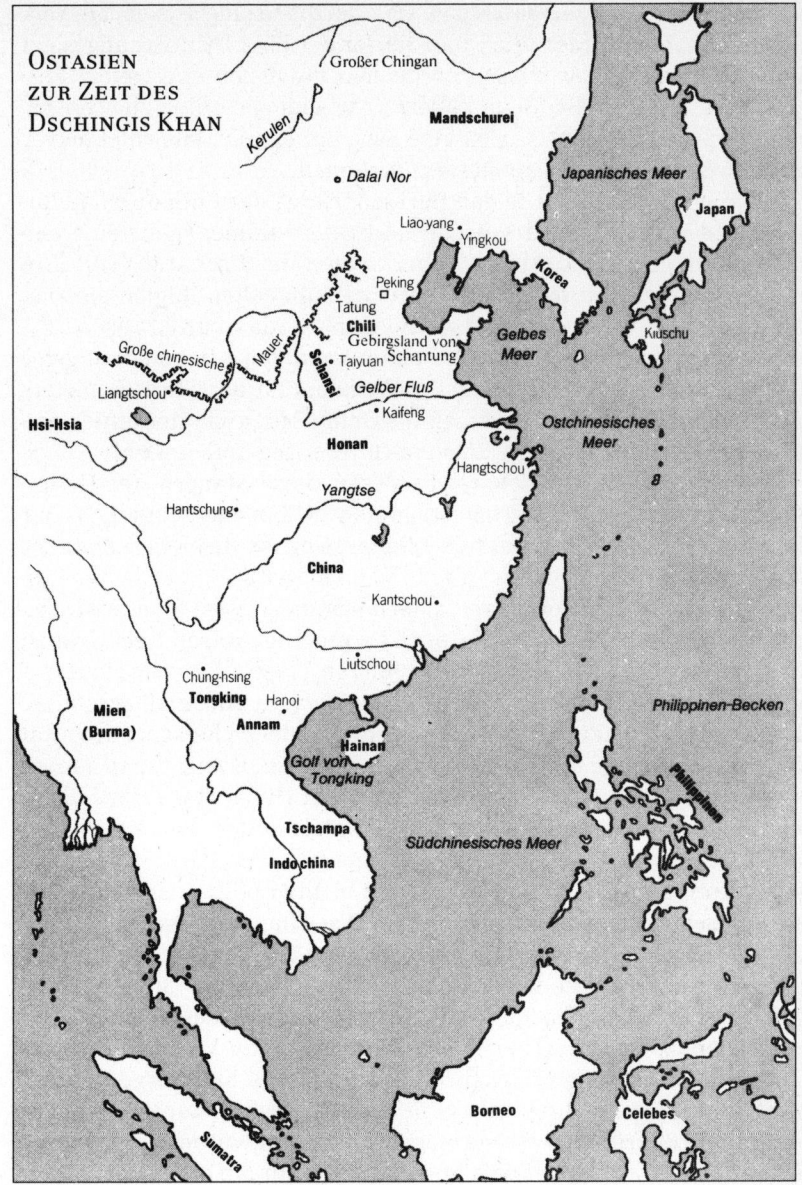

OSTASIEN
ZUR ZEIT DES
DSCHINGIS KHAN

Großer Chingan

Kerulen

Mandschurei

Dalai Nor

Japanisches Meer

Japan

Liao-yang

Yingkou

Peking

Korea

Tatung

Chili

Kiuschu

Gebirgsland von

*Gelbes
Meer*

Große chinesische

Mauer

Schansi

Taiyuan

Schantung

Liangtschou

Gelber Fluß

Hsi-Hsia

Kaifeng

*Ostchinesisches
Meer*

Honan

Hangtschou

Yangtse

Hantschung

China

Kantschou

Liutschou

Chung-hsing

Tongking

Hanoi

Philippinen-Becken

Mien
(Burma)

Annam

Hainan

*Golf von
Tongking*

Philippinen

Tschampa

Südchinesisches Meer

Indochina

Borneo

Celebes

Sumatra

Angriff von Süden her wartete. Auf der anderen Seite suchte der letzte der Kitan-Fürsten nach Möglichkeiten zur Wiedereinsetzung seiner Liao-Dynastie. Der Kaiser war in Bedrängnis, seine Stellung erschüttert, und – man kann sich noch heute vorstellen, wie er den Tonfall in seiner Stimme verhielt und vielsagende Seitenblicke auf seine Verhandlungspartner warf – er selbst, der Leiter der Abordnung, ein Sproß der Liao-Familie, wäre bereit, den Mongolen zu helfen, wenn dabei eine Wiederherstellung der Kitan-Herrschaft herauskommen würde.

Dschingis Khan, gestützt auf die von ihm so geschätzten Hintergrundinformationen, marschierte nach Norden und schlug sein Lager zwischen den Chin und den Kitan auf. Diese Stellung hatte ihre besonderen Vorteile, denn bei der Überschreitung der doppelten Barriere der Großen Mauer trieb er den großen Bestand an Fohlen aus dem kaiserlichen Gestüt zusammen. Diese Jungpferde füllten nun den Bestand seiner eigenen Reiterei auf, während die Heere Pekings durch diesen Verlust an Nachschub immer unbeweglicher wurden. In diesem Winter 1211/1212 bereitete der Khaqan seine kommenden Schachzüge vor. Er entsandte seine Boten, wertete deren Berichte aus und sparte nicht mit Versprechungen und Lob – die Waffen der Diplomatie konnte er ebenso vollendet handhaben wie Schwert und Bogen.

Im Frühling erhoben sich die Kitan. Dschingis Khan marschierte wiederum durch das verwüstete Shangli, wo er feststellen mußte, daß die beharrlichen Chinesen die Befestigungen wiederhergestellt hatten. Wiederum belagerte er Tatung, während er Dschebei nach Norden entsandte, um den Aufstand der Kitan zu unterstützen. In Shangli konnten die Mongolen jedoch den Widerstand der Chin nicht brechen; die behelfsmäßigen Belagerungsmaschinen der Angreifer blieben gegenüber den ausgeklügelten Verteidigungsanlagen wirkungslos. Verzweifelt stürzte sich Dschingis Khan selbst in den Kampf. Doch der geballte Siegeswille des Mongolen half nicht weiter; zurückgeschlagen und von einem Pfeil verwundet, wandte er sich wieder nach Norden.

Eine solche Niederlage hätte für die Mongolen früherer Zeiten das Ende des Krieges bedeutet. Die Horden Dschingis Khans hingegen waren disziplinierte und für die Sache ihres Fürsten begeisterte Truppen; für sie war ein Rückschlag nur ein Anlaß zur Besinnung.

Jenseits der Großen Mauer blieben sie im Einsatz. Sie lernten von ihren chinesischen Gefangenen neue und bessere Methoden des Belagerungskrieges.

Inzwischen sah sich Dschebei im Gebiet der Kitan ähnlichen Problemen gegenüber. Im Felde konnten seine *toumans* den Chinesen die Stirn bieten. Doch Mauern – in diesem Falle die Befestigungen ihrer östlichen Hauptstadt Liao-yang – erwiesen sich als unbezwingbar. Auch er kampierte außerhalb der Städte und mußte zusehen, wie Kampfkraft und Moral seiner Truppen immer schlechter wurden. Doch Dschebei hatte seine eigenen Methoden, mongolische Methoden. Er täuschte Kampfüberdruß vor, zog sich plötzlich von der Stadt zurück und ließ sein Lager im Stich. Zwei Tage lang blieb er auf dem Rückmarsch, doch dann, am zweiten Abend, stürmte er mit seinen Reitern zu den Mauern der Stadt vor. Die Garnison, die inzwischen das verlassene Lager der Belagerer geplündert hatte, wurde von dem Gegenangriff völlig überrascht. Bevor sich die Chinesen hinter die schützenden Mauern zurückziehen konnten, wurden sie vernichtend geschlagen. Der Liao-Fürst rief daraufhin die Unabhängigkeit der Kitan aus und erklärte sich zum Vasallen Dschingis Khans.

Im Frühling brachen neue Kämpfe aus. Die Mongolen waren jetzt zum Sieg entschlossen. Die Mauern der festen Städte konnten ihnen nicht mehr trotzen; im Norden fiel nun eine Stadt nach der anderen ihrem Ansturm zum Opfer.

Der Druck auf den Kaiser verstärkte sich, denn noch weitere Befehlshaber der Kitan schlugen sich auf die Seite Dschingis Khans, der auch politisch immer mehr an Boden gewann. Wie morsch die Herrschaft der Chin inzwischen geworden war, zeigte sich im Zentrum des Reiches, im Kaiserpalast von Peking. Hu-sha-hu, ein Eunuche und kaiserlicher General, erhob sich gegen seinen Herrn, bemächtigte sich der Hauptstadt und ermordete den Kaiser. Doch Dschingis Khan standen die Tore der gewaltigen Stadtmauer nun nicht etwa offen, wie er vielleicht insgeheim gehofft hatte: Der tatkräftige Eunuche setzte einen neuen Herrscher, Hsuan-tsung, auf den Thron, und ging zum Gegenangriff auf die Mongolen über. Gelähmt und in einem Rollstuhl von Ort zu Ort gefahren, wollte Hu-sha-hu persönlich die Flankenattacke leiten, die die Mongolen vernichten sollte. Es kam aber nicht dazu; die zaudernde Haltung

des Befehlshabers, Kao-chi, rettete Dschingis Khan. Ein zweites Mal
war den Soldaten der Chin keine Chance zum Sieg beschieden.
Vergeblich versuchte Kao-chi, seinen früheren Fehler wiedergutzumachen. Immer weiter zurückgedrängt, kämpfte seine Truppe
schließlich schon in den Außenbezirken Pekings. Da wandte er sich
in seiner Verzweiflung gegen den Mann, von dem er wußte, daß er
in seinen Augen kein zweites Mal Gnade finden würde. Seine Soldaten überfielen das Haus Hu-sha-hus, nahmen den General gefangen
und töteten ihn. Dann umzingelten sie den Palast. Hsuan-tsung fügte
sich in das Unvermeidliche und machte Kao-chi zum neuen Oberbefehlshaber – kein beneidenswerter Posten, da Dschingis Khan
wiederum vor den Mauern der Stadt stand.

Der Mongolenfürst entschloß sich jedoch noch nicht zum direkten Angriff. Statt dessen teilte er seine Streitkräfte in drei große
Heeresgruppen, die das Reich der Chin durchzogen. Die Mongolen
hatten keinen Belagerungstroß; wenn sie auf eine befestigte Stadt
stießen, die fast immer von Bauern aus der Umgebung verteidigt
wurde, dann trieben sie Frauen, Kinder und Greise aus den Dörfern
vor sich her und auf die Stadt zu. In einem Land, das Familienbande
seit jeher als eines der höchsten Güter betrachtete, erhob sich keine
Hand zum Kampf, in den die nächsten Angehörigen verwickelt
werden konnten. Der Terror war eine wichtige Waffe der mongolischen Kriegstaktik. Alle Städte, die sich sofort ergaben, blieben
von Mord und Plünderung verschont; verteidigten sie sich jedoch,
wurden sie rücksichtslos zerstört. Neunzig Orte fielen Dschingis
Khan zum Opfer, und nur elf Städte hielten hartnäckig der Belagerung stand.

Sechs Monate lang dauerte dieser Verwüstungsfeldzug. Im Frühling sammelten sich die Truppen wiederum vor Peking, und wieder
erschienen die starken Befestigungswerke unüberwindlich. Die *orloks* drängten auf einen schnellen Sieg; doch der Khan ahnte, daß
seine Krieger hier in eine Falle geraten könnten. Wie die Mongolen
von vielen Begegnungen her wußten, verfügten die Chinesen zudem
über Verteidigungsmittel wie Feuer und Sprengstoff, Katapulte und
Maschinen, denen die Angreifer nichts entgegensetzen konnten. Auf
das Drängen seiner Truppen erteilte der Khan jedoch seine Einwilligung zu einem Angriff, der verlustreich zurückgeschlagen wurde.
Ein Außenfort wurde von den Mongolen eingenommen, ging dann

aber wieder verloren. Stoßtrupps gelang es, bis an die Mauern heranzukommen; doch die chinesischen Verteidiger drohten, sie von ihren rückwärtigen Verbindungen abzuschneiden. Dschingis Khan fand sich in seiner Einschätzung der Lage bestätigt. Er schlug dem Kaiser einen Friedensschluß vor, und Hsuan-tsung willigte ein, da er einsah, daß er keine militärischen Machtmittel zur Vertreibung der Mongolen besaß.

Drei Jahre nach seiner Durchquerung der Wüste Gobi konnte Dschingis Khan nunmehr China verlassen, nicht als Triumphator, doch als Fürst der Steppenvölker, der die Beziehungen zwischen Peking und seinem Herrschaftsbereich gänzlich verändert hatte.

Diese Veränderung war gekennzeichnet durch eine neue Braut, die er heimführte, die Tochter des früheren, glücklosen Kaisers Wei-Shao. Hinter seinen verschmutzten, aber mit reicher Beute beladenen Marschkolonnen schleppten sich Tausende von Gefangenen. Bevor er sich zur Neudurchquerung der Wüste anschickte, sonderte er die Männer aus, die ihm als Handwerker oder Lehrer von Nutzen sein konnten. Den Rest der Gefangenen ließ er umbringen.

Während er die Sommerhitze abwartete, um danach die Wüste Gobi zu passieren, erfuhr Dschingis Khan, daß der Kaiser Hsuan-tsung seinen Wohnsitz von Peking nach Kaifeng, jenseits des Gelben Flusses, verlegt hatte. Bis dorthin waren die Mongolen bisher nicht vorgedrungen. Der Khaqan war empört, daß der Kaiser seinem Wort offensichtlich nicht Glauben schenkte, denn die Mongolen waren nach Zahlung eines Tributs aus Nordchina abgezogen. Jetzt hatte der Kaiser seine Hauptstadt nach dem Süden verlegt und durch die Barriere des Gelben Flusses geschützt; nun war er in der Lage, im nächsten Jahr vielleicht einen Gegenvorstoß zu organisieren.

Um den Kitan, die durch die Streitkräfte der vertragsbrüchigen Chin erneut bedrängt waren, wirksame Hilfe zu leisten, entsandte Dschingis Khan ein Heer unter Mukhali nach Nordosten. Ein weiteres Heer unter Subatei marschierte nach Osten in Richtung auf die Mandschurei und Korea. Eine Kolonne wurde nach Süden entsandt, um einer Abteilung der kaiserlichen Garde zu helfen – Kitan-Kriegern, die aus Furcht vor Gefangennahme und Hinrichtung gemeutert hatten. Vor Peking sollte sich dann dieses Südheer mit der Armee Mukhalis, des neuen Oberbefehlshabers, vereinigen.

Unter dem Druck dieses zweiten Mongolenfeldzuges fiel Nordchina auseinander. Provinzen und Städte erklärten ihre Unabhängigkeit. Achthundert Gemeinden wurden von den Kolonnen
Mukhalis überrannt; manche zerstörten die Mongolen bis auf die
Grundmauern, während sie andere schonten und von Chinesen
unter mongolischem Oberbefehl verwalten ließen. Es gab jetzt viele
Chinesen, die bereit waren, den machtvollen Eroberern zu dienen;
sogar Krieger der Dschurdschen stießen zu den Kitan und Chinesen,
die bereits in den Reihen der Mongolen kämpften.

Unter dem Prinzen Wan-yen hielt Peking jedoch noch immer
stand. Hinter den hohen Mauern wüteten aber Hungersnöte und
Krankheiten. Während der kurzen Friedenszeit zwischen den beiden Einfällen der Mongolen hatte man kaum Gelegenheit für die
Auffüllung der Vorräte gefunden. Ein Entsatzheer nach dem anderen wurde im Süden von den Mongolen abgefangen und besiegt. Die
Kampfmoral der Verteidiger sank; manche führten sogar kanni-
balische Sitten ein. Wan-yen schlug vor, den Einschließungsring der
Mongolen zu durchbrechen. Als sein Plan abgewiesen wurde, nahm er
sich das Leben. Die Garnison erhob sich gegen ihre Herren und plünderte in ihrer eigenen Stadt. Wan-yens Nachfolger flüchtete; er war
wenigstens galant genug, seine Mätresse mitzunehmen. Im Mai 1215
marschierten schließlich fünftausend Krieger unter Mukhali friedlich
und unter der Leitung eines Offiziers der Chin durch die Tore. Endlich
waren sie in der Stadt, in die Dschingis Khan selbst nie gelangen
konnte und in die er auch später nie seinen Fuß setzen sollte.

Er hatte schon lange diese Stadtbewohner verachtet. Sie erschienen ihm zu sehr dem Wohlleben zugeneigt, und sie waren ihm zu
verschlagen und einem ehrbaren Leben entwöhnt. Doch ihre
Schläue ließ sich erlernen; wenn dies nicht gelang, ließen sich die
Künste auch zum Vorteil der Mongolen, wie einst für die Chin, nutzbar machen. In seinen Augen besaßen sie weder die vornehme
Haltung noch die Zähigkeit, um sie mit seinen Mongolen auf die
gleiche Stufe zu setzen. Und deshalb sollten sie auch nicht, wie die
Völker der Steppe, seine Bundesgenossen werden. Doch ein Zusam-
mentreffen von großer Bedeutung ergab sich durch die Einnahme
Pekings. Wochenlang dauerte der Zug der Karawanen, beladen mit
Stoffen und Gold, mit Brokat und Schmuck, die nach Nordwesten
strebten, den Zelten Dschingis Khans entgegen. Mit diesen zogen

auch die Klugen, Begabten und Kultivierten aus Peking fort, und unter ihnen befand sich Yelui Ch'u ts'ai. Dieser fünfundzwanzigjährige gebürtige Kitan war ein Verwaltungsfachmann; in der von den Mongolen geführten Gefangenenliste galt er als Weiser und Astrologe. Trotz seiner Jugend war er ein besonnener und würdevoller Aristokrat. Dschingis Khan brachte zum Ausdruck, daß mit Hilfe der Mongolen das Haus der Liao, dem Yelui entstammte, gerächt worden sei. Doch dieser antwortete gelassen: »Ich wäre ein Lügner und Betrüger, wenn ich jetzt ein Feind meines Vaters und meines Kaisers werden würde.« Dschingis, der eine treue Haltung überaus hoch einschätzte, belohnte die Ehrbarkeit seines Gefangenen und bot dem chinesischen Weisen die Stellung seines persönlichen Astrologen an. Bald darauf wurde Yelui Ch'u ts'ai sein Ratgeber und sogar leitender Minister.

In ihm vereinigten sich nomadisches Blut und chinesische Kultur: Er besaß den Weitblick eines Mannes der Steppe, aber auch eines Städters. Er tat den Ausspruch: »Das Mongolenreich wurde vom Sattel aus errichtet – es kann aber nicht aus dem Sattel regiert werden.« An der Seite des Khaqan und seines Sohnes sprach sich Yelui Ch'u ts'ai stets gegen Verwüstungen aus und plädierte für eine langfristige Sicht der Dinge – eine zerstörte Stadt kann keine Steuern zahlen, ein entvölkertes Land kann keinen Handel treiben, ein dezimierter Stamm keine Krieger stellen. Und Großmut bringt auf die Dauer Vorteile. Dschingis Khan ist zugute zu halten, daß er – trotz aller Gerüchte, die von persönlicher Bereicherung seines Ratgebers handelten – stets zu ihm gehalten hat und daß er dessen weitschauende Vorschläge oftmals befolgte.

Der Herrscher der Chin hoffte auf einen Friedensschluß, und die Mongolen boten ihm an, als König von Honan und damit als Vasall des Khaqan weiter zu regieren. Die Zurückweisung dieser Vorschläge zog Gefechte nach sich; schließlich wandte Dschingis China den Rücken und kehrte zu seiner Ausgangsbasis am Fluß Onon zurück. Er beließ Mukhali den Oberbefehl über vierzigtausend Mann als Besatzung der weiten Länder zwischen der Mandschurei und dem Gelben Fluß. Unruhe im Westen schien das Eingreifen mongolischer Waffen und diplomatische Schritte zu erfordern.

Als die Naimanen niedergeworfen worden waren, hatte ihr Prinz Guchuluk, der Sohn Tayang Khans, Zuflucht bei den Kara-Kitai gefunden. Er heiratete die Enkelin ihres Gur-Khan, vergalt dann aber die Gastfreundschaft mit Verrat: Im Jahre 1211 stürzte er seinen Wohltäter vom Thron. Er war nicht nur ein Usurpator, sondern auch ein Tyrann, denn er verfolgte die unter seiner Herrschaft stehenden Moslems. Die islamischen Anführer riefen die Mongolen zur Hilfe auf. Guchuluk, für den Dschingis Khan nichts weiter als der verhaßte Mörder seines Vaters war, erwiderte den Hilferuf mit Marterungen und Hinrichtungen. Für Dschingis Khan, dessen größte Tugend seine Loyalität war, bedeutete der Appell einen Befehl. Er rief Dschebei aus Korea ab und entsandte ihn mit hunderttausend Mann nach Westen. Er sollte dort die Moscheen wiedereröffnen und religiöse Toleranz für alle durchsetzen.

In einer Welt, die – unter Tengris, dem Beherrscher des Alls – von einer Vielzahl von Göttern und Geistern regiert wurde, bedeutete eine Gottheit mehr oder weniger kaum etwas. Die Mongolen duldeten stets die Glaubensbekenntnisse anderer Völker, und sie sahen keine Bedrohung ihres Schamanenglaubens in der Tolerierung anderer Bekenntnisse, wie der Nestorianer, Moslems, Buddhisten, tibetischen Lamaisten, Taoisten und Konfuzianer. Die Zusage der Religionsfreiheit war deshalb kein leeres Versprechen, und die Naimanen hielten sich daran. Die Moslems waren in der Mehrheit; in jeder Stadt, die Dschebei auf seinem Zug berührte, überwältigte die Bevölkerung die Garnison und öffnete ihm die Tore. Auf persönlichen Befehl des Khaqan stahlen die Mongolen nichts, vergewaltigten niemand und trieben auch kein Vieh weg.

Guchuluk verlor wiederum den Krieg und flüchtete. Auf den Höhen des Pamir, von Schnee und Schluchten umgeben, versuchte er, die von Dschebei ausgesandten Verfolger abzuschütteln. Vergebens – im Tal Sary-kol in die Enge getrieben, kam er um. Sein Haupt wurde nach Osten an den Onon gebracht, zusammen mit tausend weißmäuligen Pferden der Region, der einzigen Beute dieses Feldzugs. Wieder hatte sich der Horizont im Reiche Dschingis Khans erweitert, und überall war er Sieger geblieben.

Dennoch gab es auf der Welt noch Rivalen, und der mongolische Erfolg in Kara-Kitai brachte Dschingis Khan in Kontakt mit einem machtvollen Herrscher. Nach Westen hin erstreckten sich die Länder des Chwaresm-Schahs Muhammad II., des türkischen Herrschers des choresmischen Reiches. Seit dem Beginn des dreizehnten

Jahrhunderts hatte es seine Grenzen erweitert; viele Gebiete der heutigen Staaten Persien, Afghanistan und Pakistan gehörten zum Herrschaftsbereich des Schahs. An den Strudeln und Windungen des Jaxartes, des dem Aral-See zufließenden Syr-Darja, stand er nun der mongolischen Macht gegenüber. Dschingis, der sich der Größe und des Reichtums seines neuen Nachbarn bewußt war, nahm ihm gegenüber keine kriegerische Haltung ein. Im Gegenteil, er entsandte eine Abordnung mit einer Freundschaftsbotschaft und vielen Geschenken an den Schah.

Über die nachfolgenden Ereignisse gibt es unterschiedliche Auffassungen. War Muhammad verärgert über die Anmaßung, die in Dschingis Khans Botschaft enthalten war: »Ich betrachte Dich als meinen verehrten Sohn«? Söhne waren Vasallen ihrer Väter – und Muhammad, ein hochfahrender Herrscher, blickte zu niemandem auf. War Schah Muhammad dafür verantwortlich, daß Ukhana, der die zweite Freundschaftskarawane Dschingis Khans anführte, von Wegelagerern umgebracht wurde? Oder war es das Werk Inalschiks, eines Provinzgouverneurs, der den Mongolen mißtraute? Jedenfalls antwortete Dschingis im Jahre 1218, als der Kalif Nasir von Bagdad zusammen mit dem nestorianischen Patriarchen dieser Stadt um Unterstützung gegen die einrückenden Heere Muhammads ersuchte: »Ich befinde mich mit Schah Muhammad nicht im Krieg.« Er sandte jedoch eine Abordnung in die Hauptstadt des Schah, Samarkand, und forderte die Auslieferung Inalschiks zur Bestrafung. Muhammad weigerte sich; er ließ den choresmischen Boten, der Dschingis Khans Abordnung geleitet hatte, hinrichten und seinen beiden mongolischen Begleitern die Haare abschneiden, bevor er sie zurückschickte. »Du hast den Krieg gewählt«, bemerkte Dschingis Khan; im Herbst 1219 marschierten die mongolischen Heere nach Westen, dem Jaxartes entgegen.

Die fünfzehn Zehntausendschaften seiner Truppe waren gut auf den Kampf vorbereitet. Unter den Kriegern befanden sich Abteilungen zwangsweise eingezogener chinesischer Pioniere. Nachdem die Siegesjahre vorübergegangen waren, verfügten die Mongolen nicht nur über viele neuartige Waffen und Kriegsmaschinen, sondern auch über eine überlegene Taktik, die ihren Kampfgeist beflügelte. Der Überlieferung nach schleuderten sie nicht nur Feuer und Felsblöcke von ihren riesigen Katapulten, sondern verwendeten auch

Flammenwerfer und sogar Sprengstoffe. Mit Sicherheit kann man voraussetzen, daß sie die so schwer erlernte Belagerungskunst der Chinesen nunmehr überall dort anwendeten, wo Festungen sich ihnen in den Weg stellten.

Zu den Kriegskünsten der Mongolen gehörten jetzt auch Unterminierungen, Turmbauten, das Vorrücken unter Schilddächern, das Schleudern brennender Naphtas, das Zuschütten von Sperrgräben und das donnernde Aufbrechen von Toren. Doch ihre ursprünglichen Fertigkeiten gerieten nie in Vergessenheit: Pferd und bewaffneter Reiter blieben die Basis ihrer Streitmacht, und Pfeil und Bogen blieben die Waffe, der sie sich immer wieder erfolgreich bedienten. Zuerst verschossen sie leichte Pfeile, die wie ein Bienenschwarm über weite Entfernungen trafen, dann die schweren, die Rüstungen ihrer berittenen Gegner durchbohrenden Pfeile, und wenn es zum Nahkampf kam, griffen sie zum Krummschwert, mit dem sie die Feinde niederhieben.

In dieser Zeit vervollkommneten die Mongolen auch ihre Taktiken in der offenen Feldschlacht: Zwei Reihen auseinandergezogener schwerer Reiter rückten als Vorhut vor, drei Reihen berittener Bogenschützen folgten, bereit, ihren Pfeilhagel dem Feind entgegenzujagen. Nach erfolgtem Abschuß zogen sie sich zurück, noch immer über den Hals ihrer Pferde geduckt weiterschießend, und ließen dabei die nächste Schützenwelle vorrücken. Wenn die bogenförmig anrückenden Pfeilschützen schlimme Verheerungen angerichtet hatten, griffen die schweren Reiter an. War der Sieg dann noch nicht errungen, griffen Reservetruppen in den Kampf ein. Signalflaggen übermittelten taktische Nachrichten; Dschingis Khan wußte, daß genaue Befehlsübermittlungen unerläßlich für den Erfolg waren. Nachts übernahmen Lampen oder brennende Pfeile diese Aufgaben. Auf der anderen Seite sorgte der Khan dafür, daß dem Feind Falschinformationen zugespielt wurden: Vorgetäuschte Rückzüge, menschliche Puppen, die an Lagerfeuern saßen oder an Pferde gebunden waren und falsche Vorstellungen von der Stärke der Mongolen vermittelten, Rauchschwaden, hinter denen eigene Truppen lauerten und Überraschungsvorstöße vorbereiteten – all dies waren Kriegslisten, die Feinde verwirrten und zu ihrer Vernichtung beitrugen. Und wenn deren Verteidigungskraft gebrochen war und sie sich zur Flucht wandten, war die Verfolgung durch die Mongolen gnadenlos und wütend. Wenn Dschingis Khan seinen Gegnern eine Lektion erteilen wollte, dann sorgte er dafür, daß bei geringstem Widerstand grausam durchgegriffen wurde. Das Überleben hing von sofortiger, bedingungsloser. Kapitulation ab. Dann konnte er sich auch großmütig zeigen.

So war das Heer beschaffen, das sich jetzt, im Spätsommer 1219, zum ersten Mal zu einem großen Vorstoß nach Westen anschickte. Eine Kolonne mongolischer Reiter drang im Bogen nach Süden vor, brandschatzte und plünderte am Unterlauf des Jaxartes. Nachdem sie so die Flanke des Hauptheeres entlastet hatte, zog sie sich wieder nach Norden zurück. Muhammad, der sich den geographischen Gegebenheiten anpaßte, stellte seine Streitkräfte entlang des Flusses auf und hielt eine Linie zwischen dem Pamir und dem Aral-See. Doch Dschebei hatte eine andere Route ausfindig gemacht. In diesem Winter machten sich etwa dreißigtausend Mann unter seiner und Dschotschis Führung auf den beschwerlichen Weg über schneebedeckte Höhen, in bitterer Kälte und dem Hunger trotzend, den grünen Gefilden und Plantagen des Fergana-Tals entgegen. Sie hatten einen Paß entdeckt, an der Stelle, wo der Tien-Schan an den Pamir grenzt, über den sie in die bewässerten Ebenen Transoxianiens gelangen und auf diese Weise an Samarkand und Buchara heran kommen konnten.

Einer der großen Heroen des islamischen Mittelalters trat nunmehr in die Geschichte ein. Dschalal-ad-din, der Sohn Schah Muhammads, befehligte das Heer, das sich den Mongolen entgegenstellte. Der *orlok* Dschebei wollte einen offenen Kampf vermeiden, doch Dschotschi mißbilligte einen Rückzug aus politischen Gründen. Die Mongolen machten eine Schwenkung und versuchten, das choresmische Heer aus der Höhe zu umzingeln. Trotz aller Anstrengungen blieb der Kampf unentschieden, und die Mongolen zogen sich in der Nacht in die Berge zurück.

Dschingis Khan erteilte daraufhin neue Befehle. Die Streitkräfte Schah Muhammads, die sich in Samarkand konzentrierten, sollten von Dschebei umgangen werden. Der mongolische Feldherr sollte vom Pamir zum Quellgebiet des Amu-Darja – des Oxus im Altertum – hinabsteigen. Nochmals machten sich Dschebeis Truppen auf den strapazenreichen Weg über die Berge. Inzwischen wurde Dschotschis Heer durch fünftausend Mann verstärkt und rückte nach Norden vor, Khodschend am Syr-Darja – dem Jaxartes der Antike – entgegen. Der Gouverneur, Timur Melik, zog sich auf eine Inselfestung im Fluß zurück. Fast zur gleichen Zeit erschienen Tschaghatai und Ogedei, Dschotschis Brüder, mit einer großen Horde vor den Toren von Otrar, einer Stadt, die sich unter dem Befehl Inalschiks zum verzweifelten Widerstand bereit machte. Dieser Inalschik konnte nicht hoffen, von den Mongolen großmütig behandelt zu werden.

Während der Belagerung dieser beiden Städte schlug Dschebei im Westen zu. Verzweifelt entsandte Muhammad Verstärkungen in das Tal des Amu-Darja. Jenseits der Berge ließ er weitere Truppen in Afghanistan und Khorasan ausheben. Wenn es Dschebei gelang, die Talprovinzen einzunehmen, dann wäre Muhammad von seinem Nachschub abgeschnitten.

Zur Zeit dieser Entscheidungskämpfe erhielt Muhammad eine Nachricht, die ihm unglaubhaft erscheinen mußte. Weit im Westen, wie aus dem Himmel gekommen, nach dem er sein Volk benannt hatte, war Dschingis Khan selbst an der Spitze einer alles verwüstenden Horde erschienen. Wie war er dorthin gelangt? Wo war er hergekommen? Die Antwort war immer die gleiche – die Mongolen schreckten vor keinem unpassierbaren Gelände zurück. Sie hatten die Kysyl-Kum-Wüste durchquert, einen unwegsamen Landstrich südlich des Aral-Sees, angeführt von bestochenen türkischen Kundschaftern – »die rein von unrein nicht unterschieden«, wie der moslemische Historiker Dschuwaini betont –, und strömten jetzt von dieser unerwarteten Ausgangsbasis Buchara entgegen.

In Schlachten ließ der Anführer der Mongolen seinen Feinden gern einen Fluchtweg offen, um sie dann um so erfolgreicher bekämpfen zu können. Auch bei Buchara hielt er sich an diese Regel: Die Garnison flüchtete durch die Stadttore, und auf freiem Feld wurde sie von den mongolischen Berittenen geschlagen. Fast zwanzigtausend Mann, die zur Verteidigung dieser großen Handelsstadt bestimmt waren, gingen weit entfernt von den schützenden Mauern zugrunde.

Dschawaini beschrieb dies so: »Als diese Truppe die Ufer des Oxus erreichte, fielen die Vorhuten der Mongolenhorde über sie her und ließen keine Spur von ihr übrig ...« Die Bevölkerung, nunmehr ohne Schutz, ergab sich. Bald darauf wandte sich der Khaqan persönlich an sie: Sie hätten große Sünden begangen, sagte er ihnen, die sich auf dem großen Gebetsplatz vor der Stadt versammelt hatten. Weiter übersetzte der Dolmetscher die Worte des Siegers: »Wenn ihr mich fragt, welchen Beweis ich für diese Worte habe, dann sage ich euch, dies geschieht, weil ich die Strafe Gottes bin.« Nachdem er seine Ansprache beendet hatte, beorderte er Steuereintreiber, an die Arbeit zu gehen, die dann »Geld oder Leben« forderten.

Sein Hauptaugenmerk galt jedoch dem Krieg, nicht der Beute. Er eroberte die letzte Zitadelle, die noch Widerstand leistete, durch Feuer und ließ es geschehen, daß auch der Rest dieser schönen Handelsstadt voller Gärten und Anlagen in Flammen aufging. Die Bevölkerung zwang er, die Festungsanlagen zu schleifen. Danach war Buchara kein Hindernis mehr, das sich dem Vormarsch entgegenstellen konnte.

Dschingis marschierte nach Süden auf Samarkand. In Khorasan antwortete ein Flüchtling auf die Frage, was in Buchara geschehen sei, mit den knappen Worten: »Sie kamen, gruben, legten Feuer, mordeten, plünderten und gingen.« Dies war das Zeugnis eines Mannes, der seine Erfahrungen mit den Mongolen gemacht hatte.

In welche Richtung Schah Muhammad von Samarkand aus blickte – überall standen ihm Feinde gegenüber: Dschotschi im Osten, Tschaghatai und Ogedei im Norden, irgendwo im Süden die Horden Dschebeis und nun auch noch, von Westen her vorstoßend, Dschingis Khan. Die Außenforts fielen, eines nach dem anderen. In Khodschend baute Dschotschi einen Damm zu der Festung, die Timur Melik noch immer hielt. Seine Ausfälle zu Schiff halfen nichts; er mußte flüchten. Die Mongolen hatten eine Kette über den Strom gespannt, doch eine verzweifelte Flottille durchbrach die Sperre und entkam. Timur Melik wandte sich nach Süden, um sich mit Dschalal-ad-din zu vereinigen. Inzwischen brach die Verteidigung von Otrar nach fünf Monaten zusammen. Alle Männer wurden, sofern man sie nicht umbrachte, zu Sklaven gemacht. Inalschik kämpfte bis zum bitteren Ende. Als die Burg von den Eindringlingen genommen wurde, zog er sich auf das Dach zurück, und als der letzte Pfeil verschossen war, warf er Ziegel auf seine Verfolger. Doch er wurde gefangen und vor Dschingis Khan geführt; geschmolzenes Silber wurde in seine Augen und Ohren geträufelt, und er starb unter Qualen.

Muhammad flüchtete, und Dschingis Khan ließ ihn von Dschebei, Subatei und seinem Schwiegersohn Toguschar mit je einem *touman* verfolgen. Er selbst begann die Belagerung Samarkands, dessen Befestigungen er so einschätzte: »Mauern sind so stark wie der Mut ihrer Verteidiger.« Eine halbe Million Menschen war in der Stadt zusammengedrängt, vertrauend auf die Entschlossenheit ihrer hunderttausend Mann starken türkischen Garnison. Es dauerte aber nicht lange, bis die vereinigten Heere der Mongolen die Befestigungen durchbrochen hatten. Verzweifelte Ausfälle der Garnison schlugen fehl. Die Bürger wandten sich daraufhin gegen ihre eigenen Truppen – sie hatten nicht vergessen, daß Schah Muhammad sieben Jahre zuvor den Khan Samarkands, Osman, verraten und getötet hatte. Dreißigtausend türkische Soldaten ergaben sich den Mongolen; eine Fortsetzung des Widerstandes erschien ihnen sinnlos. Dschingis Khan, der sie als Überläufer betrachtete und Verräter unnachsichtig bestrafte, ließ sie bis zum letzten Mann hinrichten. Die restlichen Verteidiger zogen sich in die Zitadelle zurück, während die Bürger unter ihrem Anführer, dem Scheik-ul-Islam, die Stadttore öffneten. Hatten die Mongolen nicht den Moslems von Kara-Kitai geholfen? Weshalb sollten sie sich nicht wiederum großherzig erweisen? Der Khaqan, der Furcht und Dankbarkeit als persönliche Waffen zu handhaben verstand, ließ fünfzigtausend Moslem-Familien ihre Freiheit. Den Rest der Bevölkerung, der ihm Widerstand geleistet hatte, ließ er aus der Stadt vertreiben. Er sonderte Künstler, Handwerker und Krieger aus, die willens und in der Lage waren, unter ihm zu dienen; alle übrigen wurden umgebracht. Die Zitadelle ging in Flammen auf. So wurde Samarkand eingenommen, eine große, stark befestigte Stadt, von der das ganze Land erwartet hatte, daß sie ein Jahr lang standhalten würde. Dschingis Khan war es gelungen, diese Aufgabe durch geschickte Anwendung von Terror, Diplomatie, Energie und Disziplin in drei Tagen zu bewältigen.

Fern im Süden spielten Muhammad und seine Verfolger ein tödliches Versteckspiel. Der Schah flüchtete nach Balch, dann nach Merw. Ihm muß dies vorgekommen sein, als ob er sich auf immer höhere Bergspitzen zurückzöge; als er Merw verließ, mußte er erfahren, daß sich Balch fast ohne Widerstand ergeben hatte. Dschingis Khans Diplomatie trug ihre Früchte. Die Menschen im Land hatten erfahren, daß die Moslems von Samarkand glimpflich davongekommen waren und daß die Bevölkerung zwar streng, aber nicht ungerecht behandelt wurde. In diesen Gebieten, die von Menschen der verschiedensten Glaubensrichtungen bewohnt wurden, herrschte religiöse Toleranz. Das Volk, das unter der Herrschaft des mitunter launenhaften und immer schwachen Schah gelitten hatte, empfand nach langen Jahren zum ersten Mal das Gefühl der Sicherheit.

Die angemessene Behandlung, die Dschingis Khan seinen neuen Untertanen widerfahren ließ, beruhte zum großen Teil auf den Ratschlägen seines weisen Gehilfen Yelui Ch'u ts'ai. Die eigentlichen Anordnungen erließ jedoch der Khaqan selbst, und sie galten für jedermann. Um die Bevölkerung gegen den Schah einzunehmen, verfügte Dschingis, daß die Muhammad verfolgenden Truppen weder morden noch plündern durften. Alle, die sich ergaben, sollten großmütig behandelt werden, und nur die Widerspenstigen sollten die Wut der mongolischen Vergeltung spüren. Alle gehorchten – bis auf seinen Schwiegersohn, der eine Stadt plündern ließ, die sich schon Dschebei ergeben hatte. Ein einfacher Soldat überbrachte das strenge Urteil des Khaqan: Degradierung und Übergabe seines *touman* an Dschebei. Als einfacher Berittener kam Toguschar vor den Mauern von Nischapur ums Leben.

Sein Tod war vergebens; die Stadt hielt stand, und zudem war Muhammad bereits drei Wochen zuvor aus ihr geflüchtet. Er wandte sich nach Westen und bot seinen Verfolgern nur noch geringen Widerstand. Endlich stellten sich dreißigtausend persische Krieger nahe der Stadt Rai – bei der heutigen Hauptstadt Teheran – den mongolischen Feldherren Dschebei und Subatei zur Schlacht. Doch sie unterlagen der überlegenen Kampftaktik der geübten Bogenschützen; die Bevölkerung von Rai bekam die Rache der Sieger zu spüren. Weiter ging die Jagd nach Westen, nach Hamadan, wo die Verfolger wieder auf die Flüchtenden stießen. Ein kurzes Reitergefecht – schwirrende Pfeile, ein weißes Pferd auf der Flucht, der Reiter tief auf den Sattel geduckt, am Arm blutend: Der Schah war verwundet, beinahe gefangen, doch wiederum entkommen.

Sein Fluchtweg ging jetzt nach Norden, dem Kaspischen Meer entgegen. Seine letzte Zuflucht fand er auf einer kleinen Insel; sein Reich war zu einem Nichts zusammengeschmolzen. Sein Tod löste eine Woge von Gerüchten in Europa aus: Sollten die Kreuzfahrer doch noch Unterstützung durch den legendären Herrscher des Ostens erfahren, durch den Priesterkönig Johannes? Auferstanden aus den Weiten

Asiens, war er ausgezogen, um den Kriegern des wahren Glaubens gegen die Heiden zu helfen. Die Halleluja-Rufe der bedrängten Christen kamen von Herzen; es sollte noch eine ganze Zeit vergehen, bis Europa einsehen mußte, daß es zu früh gejubelt hatte.

*

Der Januar 1221 war herangekommen. Dschingis Khan hatte beim Angriff auf Termes, eine Stadt am Amu-Darja, seine Truppen in der Verwendung neuartiger, von seinem Sohn Ogedei vervollkommneter Belagerungsmaschinen geübt. Schon nach elf Tagen ergab sich die Garnison, eingeschüchtert durch Felsbrocken und brennende Naphtabehälter, die über die Mauern geschleudert wurden. Doch der Khaqan beschäftigte sich nicht nur mit Kriegsplänen – er hörte sich übellaunig auch die Lehren der mohammedanischen Mullas an, kehrte aber dann doch zu seinen Ansichten der religiösen Toleranz zurück. »Unter meiner Herrschaft kann jeder zu seinem Gott beten«, verfügte er – er setzte aber hinzu, daß nur seine eigenen weltlichen Gesetze befolgt werden dürften. Auf Veranlassung Yelui Ch'u ts'ais ließ er sich den taoistischen Weisen Ch'ang-Ch'un kommen; dieser ältere Eremit mußte unwillig die weite Reise vom östlichen China bis zu den Ebenen Persiens antreten. Das Interesse Dschingis Khans an dem Weisen war jedoch nicht nur philosophischer Natur. Ch'ang-Ch'un galt nämlich als einer der angesehensten Sucher des *tan*, des Steins der Philosophen, der nicht nur das Geheimnis der Verwandlung der Metalle, sondern auch der Unsterblichkeit enthalten sollte. Zufällig starben die beiden Weisen im gleichen Monat, und es erscheint unwahrscheinlich, daß die Besorgnis des Khaqan über die Zukunft seiner Familie und seines Volkes, die ihn zur Berufung des Eremiten bewogen hatte, im wesentlichen verringert worden ist.

Aus dem Ton, in dem die Einladung abgefaßt wurde, läßt sich jedoch über die Jahrhunderte hinweg manches entnehmen, was auf Dschingis Khans großen Charme, sein persönliches Maß an Stolz und Demut und sein Bewußtsein der ihm gesteckten Grenzen hinweist:

Ich hasse den Luxus und übe mich in Mäßigung. Ich habe nur einen Überrock und ein Essen. Ich esse das gleiche und trage die gleichen Lumpen wie meine bescheidenen Hirten ... Im Laufe von sieben Jahren habe ich ein großes Werk vollendet, indem ich die ganze Welt in einem Reich vereinigte. Ich selbst habe keine besonderen Fähigkeiten ... Doch da meine Berufung hoch ist, sind auch die mir oblie-

genden Verpflichtungen schwerwiegend, und ich befürchte, daß es bei meiner Herrschaft an irgend etwas fehlt. Um einen Fluß zu über-queren, brauchen wir Boote und Ruder. So laden wir auch Weise ein und wählen Gehilfen, um\das Reich in Ordnung zu halten ... Ich bitte dich inständig, deine Schritte hierher zu wenden. Denke nicht an die Ausdehnung der Sandwüste. Erbarme dich der Menschen in ihrer jetzigen Lage oder habe Mitleid mit mir und verrate mir die Mittel, um das Leben zu erhalten ...

So schrieb der Khan der Khane, der Herrscher der Steppe und Er-oberer aller Länder zwischen dem Gelben Fluß und dem Oxus, an einen alten Einsiedlermönch.

Dies bedeutete allerdings nicht, daß Dschingis etwa die Kriegfüh-rung vernachlässigte. Er hatte seine drei ältesten Söhne nach Westen in das choresmische Kernland entsandt, südlich des Aral-Sees und ostwärts des Amu-Darja; um deren Verhalten und Erfolge zu beob-achten, setzte er Bogurtschi als ihren Stabschef ein. Es war offen-sichtlich, daß er sich über seine Nachfolge Gedanken machte. Dabei beherzigte er auch einen seiner Wahlsprüche: »Wenn kein Krieg zu führen ist, sollen Jagden stattfinden; die Jungen sollen sich im Erle-gen wilder Tiere üben, damit sie sich an den Kampf gewöhnen ...« Er organisierte eine große Jagd, und persische Beobachter staunten über diese gewaltige Veranstaltung, bei der sich das mongolische Heer vier Monate lang übte.

Die Methode war von der Idee her einfach, doch unerhört schwie-rig in der Praxis. Ein weiter Außenring, der *nerkeh*, wurde abgesteckt. Hier begann die Treibjagd; nach und nach wurde jedes Tier nach innen gedrängt, ohne Rücksicht auf das Gelände und ohne Waffengebrauch. Nur wenn sich sehr viel Wild im Innenring, dem *gerkeh*, zusammen-drängte, war ein Schuß gestattet. Die Tiger, Eber, Leoparden und Bären gerieten in immer größere Erregung und Verzweiflung und stell-ten so eine ständige Gefahr für die Jäger dar, vergleichbar mit der Gefährdung im Kriegseinsatz. Diese Treibjagden über unwegsames Gelände, wie Wälder, Gewässer und Schluchten, bedeuteten wertvolle Friedensmanöver für die Truppe.

Im Westen gerieten Dschotschi und Tschaghatai in Streit. Dschin-gis Khan zögerte nicht, den vornehmeren Ogedei als Oberbefehls-haber zu bestimmen, einen Trinker und geselligen Mann, dessen Ver-mittlungsbemühungen es dann auch zu danken war, daß bald wieder

Eintracht im mongolischen Lager einkehrte. Inzwischen beorderte
Dschingis Khan Subatei zurück, seinen fähigsten Feldherrn. Er benötigte einen persönlichen Lagebericht, den nur ein *orlok* abgeben kann.
Subatei berichtete ihm, daß in dem im westlichen Persien gelegenen
Staat Khorasan keine feindlichen Truppenbewegungen zu beobachten
waren. Auch von dem neu ausgehobenen Heer Dschalal-ad-dins, das
weit entfernt in Afghanistan stand, war noch nichts zu bemerken. Im
reichen und stark bevölkerten Irak war ebenfalls alles ruhig; selbst
wenn dort ein neues Heer des Schahs ausgehoben würde, dann wäre
es nur im Frühling und Herbst in der Lage, nach Khorasan zu gelangen – der Winter war zu kalt und der Sommer zu trocken.

Doch der *orlok* überbrachte noch weitere Neuigkeiten: Bei Vor-
stößen über das Gebiet des Kaspischen Meeres hinaus hatten seine
Krieger eine völlig andersartige Menschenrasse angetroffen, ein Volk
mit schmalen Gesichtern, hellem Haar und runden blauen Augen. Um
diese Menschen näher kennenzulernen und die Länder zu erkunden,
die westlich der Kiptschaken-Gebiete lagen, schlug Subatei die Rückkehr nach der Mongolei auf dem Umweg um das Kaspische Meer
herum vor. Diese Landschaften westlich des Flusses Irtysch, die
Dschingis schon lange Dschotschi überlassen hatte, wollte auch der
Khan selbst gern erkunden lassen. Er stimmte Subateis Plan zu, unter
der Maßgabe, daß die Expedition nicht länger als drei Jahre dauern
dürfte. Da sich den Mongolen nirgendwo in Persien Feinde entgegen-
stellten, hatte Dschingis freie Hand für seine Streitkräfte – auch für
Erkundungen in Europa.

In Chwaresm hielt die Stadt Urgentsch noch immer den Angriffen
der Mongolen stand. Ogedei konnte seine Belagerungskünste nicht zur
Entfaltung bringen, da das Land im Deltagebiet des Amu flach war und
es nur wenig geeignete Felsblöcke für die Schleudermaschinen gab.
Sturmangriffe wurden verlustreich abgewiesen, und bei einem Ausfall
der Belagerten gerieten dreitausend Mongolen in eine Falle, und
keiner kam mit dem Leben davon. Ogedei ließ den Fluß ableiten, doch
die Bevölkerung grub Brunnen aus und hielt ihre Wasserversorgung
aufrecht. Schließlich gelang es den Angreifern, den Kampf zu entscheiden: Brennende Naphtabehälter ließen die Stadt in Flammen
aufgehen, und nach siebentägigen Straßenkämpfen war der Sieg
errungen. Die meisten Einwohner wurden umgebracht, und wer
noch am Leben war, mußte ertrinken: Die Eroberer leiteten den Fluß

ein weiteres Mal um, und die Wassermassen ergossen sich nun auf die unterirdischen Verstecke der Überlebenden. Anderenorts, und besonders in Khorasan, brachte die Engherzigkeit des menschlichen Wesens den Khaqan in neue Schwierigkeiten. Die von ihrer Religion überzeugten Moslems lehnten sich bezeichnenderweise gegen die staatlich garantierte Glaubensfreiheit auf. Die ihnen zugestandene freie Religionstätigkeit hielten sie für selbstverständlich; daß aber auch andere Richtungen toleriert wurden, verstanden sie als eine Sünde gegen Gott. Überall erhoben sie sich gegen ihre mongolischen Herren. Dschingis Khan entsandte daraufhin seinen Sohn Tuli zu einem Vernichtungskrieg. Blühende Städte wurden erstürmt, in Brand gesetzt und zerstört. Frauen wurden zu Sklavinnen gemacht und wehrfähige Männer zum Militärdienst gepreßt: Die Mongolen gliederten sie in Stoßtrupps ein, die als erste fielen. In Tulis Belagerungstroß gab es dreihundert schwere Katapulte, siebenhundert Schleudermaschinen für Napthabehälter und dreitausend mobile Abschußgeräte für Brandpfeile. Merw hielt drei Wochen, Nischapur nur drei Tage lang dem Beschuß stand. In Herat verschonte er gegen alle Regeln die Bevölkerung; als sie sich aber nach dem Truppenabzug erhob, entsandte Dschingis ein neues Heer, zu dessen Befehlshaber er eisig bemerkte: »Da die Toten zum Leben erwacht sind, befehle ich, ihnen die Köpfe abzuschlagen.« Nur vierzig Menschen blieben am Leben; die Garnison allein hatte eine Mannschaftsstärke von hunderttausend Soldaten.

Als Dschingis Khan vor der Festung Bamian, die er im Verlauf seines Feldzuges am Fuße des Hindukusch belagerte, vom Tode seines Lieblingsenkels Moatugan erfuhr, war seine Rache so furchtbar, daß noch ein Jahrhundert danach in jenem fruchtbaren Tal nichts wuchs und niemand am Leben war. Als dann Tschaghatai, der Vater Moatugans, von seinem Feldzug heimkehrte, fragte ihn der Khaqan, ob er jeglichen Befehl befolgen würde. Tschaghatai leistete das Eidesversprechen, woraufhin Dschingis ihm eröffnete: »Dein Sohn ist tot. Ich untersage dir, zu weinen und zu klagen.« Tschaghatai gehorchte.

Dschotschi, der noch immer wegen der Ernennung Ogedeis zum Oberbefehlshaber grollte, zog sich nach dem Norden zurück. Doch die schlechtesten Nachrichten kamen aus dem Süden. Dschalal-ad-din erschien mit einem Heer bei Ghasni in Afghanistan und schlug dort eine größere mongolische Abteilung. Dschingis entsandte daraufhin

den treuen Schigikutuku gegen ihn. Doch diesmal sahen sich die
Mongolen einem entschlossenen und befähigten Feind gegenüber.
Ihre geringere Mannschaftsstärke brachte sie in Bedrängnis, denn
der Trick, Puppen auf die Pferde zu setzen, verfing bei dem gewitzten Gegner nicht.

Zum ersten Mal in diesem Feldzug mußte ein Mongolenheer flüchten. Vielleicht hätte diesmal der Feind gesiegt, und die Geschichte
wäre anders verlaufen – doch Dschalal-ad-din war nur ein guter Taktiker, kein Stratege. Er vergeudete Zeit durch seine Siegesfeier – bei der
auch mongolische Gefangene gemartert wurden –, und als dann
Dschingis Khan mit seinen drei Söhnen über die Berge ihm entgegen-
zog, begann er den Rückmarsch.

Dschalal, schließlich in die Enge getrieben mit den Mongolen vor
sich und dem Indus im Rücken, mußte sich dem Kampf stellen – den er
auch fast gewann, obwohl die Mongolen zahlenmäßig stärker waren.
Er drang mit wilder Entschlossenheit auf das feindliche Zentrum ein.
Als seine Krieger allmählich zurückwichen, griff Dschingis Khan zu
einer jener Listen, die bei all ihrer Unglaubhaftigkeit sein Genie als
Feldherr unter Beweis stellten. Er entsandte zehntausend Mann über
einen Gebirgszug, der dem choresmischen Heer sicheren Flanken-
schutz zu bieten schien. Unter dem unerwarteten Angriff gerieten
Dschalals Truppen ins Schwanken, während das mongolische Zentrum zum Gegenangriff vorging. Allem zum Trotz hielt sich Dschalal
mit den letzten siebenhundert Mann seiner Garde und entriß den Mongolen die erbeuteten Feldzeichen. Dschingis Khan hatte befohlen, daß
er lebend ergriffen werden sollte. Doch Helden lassen sich nicht fan-
gen. Er riß sein Pferd herum und sprengte auf die Felsen am Ufer des
Stromes zu. Ohne zu zögern sprang er in die Luft. Wie hoch war dieser
berühmte Sprung, den jahrhundertelang Dichter und Erzähler besan-
gen? Fünf, zehn, ja sogar fünfzehn Meter – es spielt kaum eine Rolle; er
war jedenfalls hoch genug, und die Tapferkeit des Flüchtenden wurde
von allen Zeugen bewundert. Der Khaqan persönlich befahl, die Verfolgung einzustellen. Dschalal-ad-din konnte sich in Sicherheit bringen.
»Man kann kaum glauben«, bemerkte Dschingis, »daß solch ein Vater
einen solchen Sohn gezeugt hat!«

Dschalal flüchtete nach Indien; er kehrte dem zusammengebroche-
nen Reich seines Vaters den Rücken. Widerwillig fügte sich das Volk
in die neue Herrschaft, wohl auch infolge der Blutbäder von Ghasni,

Herat, Merw und Balch, die es lehrten, daß Widerstand sinnlos war. Eine mongolische Heeresgruppe marschierte nach Indien und nahm Multan und Lahore ein. Doch dann zog sie sich in die Berge des Nordens zurück, von der Hitze der Pandschab-Ebene verscheucht. Inzwischen war der Sommer des Jahres 1222 herangekommen, und Dschingis Khan hatte andere Dinge im Sinn. Er erwartete seinen Besucher aus China, Ch'ang-Ch'un, auf dessen Ratschläge er begierig war. Nachdem er dem Philosophen für die Annahme seiner Einladung gedankt hatte – Besuchsaufforderungen der Kaiser der Chin und der Sung hatte der Weise zuvor abgelehnt –, lud er ihn zum Mahl ein. Kaum hatte sein Gast abgegessen, als Dschingis auch schon seine erste und wichtigste Frage stellte: »Hast Du ein Mittel zur Gewinnung der Unsterblichkeit?«

Li Chi ch'ang, der Schüler des taoistischen Eremiten, hat uns Ch'ang-Ch'uns Antwort überliefert: »Es gibt Mittel zur Erhaltung des Lebens, aber keine für die Unsterblichkeit.« Der Philosoph scheint dem Monarchen gegenüber nicht sehr willfährig gewesen zu sein – vielleicht war er ihm gleichgültig, oder Dschingis Khans Ungeduld erschien ihm unweise; vielleicht wollte er aber auch seinen Unwillen wegen der erzwungenen Reise quer durch Asien ausdrücken. Jedenfalls nahm er erst zu einem viel späteren Zeitpunkt, als er in Samarkand wohnte, die Beratung des herrschsüchtigen und doch seltsam bescheidenen Monarchen wieder auf. Als Dschingis ihn nach Möglichkeiten zur Erhaltung seines Reiches fragte, verglich er es mit der Vergänglichkeit von Wirbelwinden, dem An- und Abschwellen von Stürmen. »Wenn weder Himmel noch Erde von Dauer sind, wie kann es dann der Mensch sein?« Die Regierungsweise müsse einfühlsam und ausgleichend sein, »wie das Braten von kleinen Fischen … Nur der gegen alle seine Untertanen Gerechte ist ein guter Herrscher.« Bei aller Würdigung der Ratschläge des Weisen läßt sich jedoch vermuten, daß der in religiösen Dingen tolerante und im Philosophischen offenherzige Dschingis Khan den leisen Spott gespürt haben muß.

Er hatte Ch'ang-Ch'un eingeladen, um die Weisheiten des Taoismus zu erfahren, die Techniken, um den Tod zu überspielen. Er faßte dies als eine Art Medizin auf; in Wahrheit handelte es sich natürlich um eine umfassende geistige und körperliche Selbstdisziplin. Nur in der Kontemplation konnte der Eingeweihte die Einheit des Universums erkennen, konnte er das Tao erfassen. Daher gestatten die Weisen und

Glücklichen dem Tao ein freies Spiel, indem sie Handlungen vermeiden – die besten Regenten sind kurz gesagt diejenigen, die das direkte Regieren ablehnen. Man kann kaum unterstellen, daß Dschingis Khan bei der Einsetzung seiner Verwalter und Steuereintreiber derartigen Lehren praktischen Wert beigemessen hat.

Ch'ang-Ch'un wollte zwar in seine Heimat zurückkehren, doch der Khaqan bestand darauf, daß er seine Weisheiten den Mongolenprinzen vermittelte. Er berief einen *kuriltai* ein – den ersten ohne unmittelbare militärische Bedeutung – und erwartete am Syr-Darja seine Söhne in einem Prunkzelt. Die Prachtentfaltung liebte er nicht, denn er hatte wenig Sinn für die Darstellung der Macht. Doch Yelui Ch'u ts'ai verstand es, der Versammlung den Rahmen zu geben: Für einfache Leute muß sich die Macht des Herrschers deutlich manifestieren, und so ließ er Schah Muhammads goldenen Thron in einem goldverzierten Pavillon aus Seide und Brokat aufstellen. Für den Khaqan dagegen waren andere Dinge bedeutsam: Ogedei und Tschaghatai trafen ein, während Dschotschi, wohl aus Eigensinn, in seinen nördlichen Gebieten blieb; er hatte eine Erkrankung für sein Fernbleiben vorgeschoben. Als Geschenk schickte er seinem Vater zwanzigtausend gescheckte Pferde aus Kiptschak, doch Dschingis erwartete keine Gaben, sondern ihn selbst, seinen ältesten Sohn.

Subatei kam aus dem Westen zurück, mit Nachrichten über Expeditionen, Kämpfe und Siege – und mit der traurigen Botschaft vom Tode Dschebeis, des ›Pfeils‹. Der treue und erfolgreiche Feldherr war nicht im Kampf gefallen, sondern irgendwo im Westen Turkestans am Fieber gestorben. Es kamen aber noch schlimmere Neuigkeiten: Als Dschingis Khan sich anschickte, Dschotschi mit Waffengewalt zum Gehorsam zu zwingen, traf eine neue Botschaft ein. Dschotschi war tot. Die Krankheit hatte ihn niedergeworfen.

Zwei Tage lang wollte der Khaqan niemanden sehen. Vielleicht hätte ihn Ch'ang-Ch'un trösten können, doch der chinesische Weise war schon auf dem Weg in die Heimat. Der Gram des Khaqan war um so tiefer, als er seinem Sohn noch kurz vorher gegrollt hatte; nunmehr erinnerte er sich mit Stolz an die Haltung seines Ältesten.

Zweifellos hat er in dieser Zeit wieder über das Problem der Unsterblichkeit und über seine Nachfolge nachgedacht. Verdrossen zog er nach Osten, heimwärts, und die einzige erfreuliche Unterbrechung der Reise war die Begegnung mit seinen beiden jüngsten Enkeln an der

Grenze der Mongolei: Hier traf er den neunjährigen Kublai und den elfjährigen Hulagu, zwei Jungen, deren Namen einst die Annalen der Geschichte Asiens füllen sollten.

Im Osten dauerten die Feldzüge der Mongolen an. Mukhali war 1223 gestorben, doch sein Sohn Buru blieb Befehlshaber seiner *toumans*. Bevor Mukhali starb, bedauerte er noch, daß er die südliche Hauptstadt des Kaisers der Chin nicht eingenommen hatte. »Dies überlasse ich dir«, sprach er zu seinem Sohn. Dschingis Khan sah sich hingegen einer Aufgabe gegenüber, die er für weitaus bedeutsamer hielt. Lange zuvor, als er seine Verbündeten und Vasallen um Unterstützung in seinem Feldzug gegen Schah Muhammad ersucht hatte, verweigerte der König von Hsi-Hsia als einziger jegliche Hilfe. Seine Antwort war: Wenn das Heer des Khaqan selbst nicht stark genug sei, um den Krieg zu führen, dann wäre es sicher besser, den Kampf erst gar nicht zu beginnen. Doch jetzt, als der König gestorben war und ein neuer Herrscher auf dem Thron saß, hielt Dschingis den Zeitpunkt für gekommen, auf diese treulose Botschaft die gebührende Antwort zu geben. Der Zeitpunkt war auch der richtige – auch die Chin hatten einen neuen Kaiser, Shu-hsu, unter dem sich der Widerstand versteifte; Dschingis argwöhnte, daß er sich bald mit dem unzufriedenen König von Hsi-Hsia verbünden könnte.

Nur ein Friedensjahr war vergangen, als der nun über sechzigjährige Dschingis mit einer Streitmacht von einhundertachtzigtausend Mann von neuem auszog. bei seinem letzten Feldzug in Hsi-Hsia hatte er den Fehler begangen, den Kampf zu beenden, bevor seine Feinde völlig niedergeworfen waren; nunmehr wollte er diese Unterlassungssünde wiedergutmachen. Vielleicht bei einem Gefecht, wahrscheinlich jedoch bei einem Sturz, wurde er verletzt. Unermüdlich ritt er weiter. Kein Drängen zur Rückkehr konnte ihn umstimmen. Während seines Feldzuges gegen Schah Muhammad hatte er immer wieder an den Verrat Hsi-Hsias denken müssen. Nichts konnte ihn hindern, seinen Rachekrieg zu führen.

Dieses Mal stieß er auf anderem Wege durch die Wüste Gobi vor, was die Tanguten in Verwirrung brachte. Im März 1226 nahm er Etsina ein; wenige Wochen danach waren seine Truppen in Kantschou, dann in San-tschou; innerhalb von Monaten hatten sie die fruchtbaren Gebiete des Landes überrannt und waren in Liu-tschou, im Osten von Hsi-hsia. Der Herbst war inzwischen eingezogen, und die Winde wurden kälter. Die Mongolen näherten sich der Hauptstadt der Tanguten, Chung-hsing. Ying-li wurde eingenommen, und als die Belagerung von Liang-tschou begann, übernahm Dschingis Khan, der mit einigen seiner Truppen eine Ruhepause eingelegt hatte, wieder das Oberkommando.

Der Winter ließ die Landschaft erstarren. Die Flüsse trugen eine Eisschicht. Schneestürme tobten um die Berge. Der König von Hsi-Hsia entsandte ein Heer von hunderttausend Mann nach Süden, um Liang-tschou zu entsetzen. Als die Mongolen sich zum Schein zurückzogen, stießen die Tanguten vor, um endlich den Sieg über die Eindringlinge zu erringen. Sie rückten auf das Eisfeld vor, das im Winter den Gelben Strom bedeckte. Doch ihre Verwegenheit half nichts: Die beschlagenen Hufe ihrer Pferde fanden auf dem Eis keinen Halt, und der Angriff der Tanguten kam zum Stehen. Während sie noch unentschlossen verharrten, sprengten die Ponys der Mongolen auf ihren unbeschlagenen Hufen auf die Eisfläche.

Die Tanguten zogen sich aufs eigene Ufer zurück – doch zu langsam und zu spät. Ein neuer Wirbelsturm brach los: Mongolische Kavallerie stieß in die Flanke der Tanguten vor. Welle auf Welle der Berittenen drang auf die Reihen der zusammengedrängt Kämpfenden ein; die Verwirrung steigerte sich bis zum Chaos von Menschenleibern und gestürzten Pferden. Nirgends war ein Ausweg, und von allen Seiten zermalmt, löste sich das Heer der Tanguten in Nichts auf.

Der König von Hsi-Hsia flüchtete in die Berge; aus den Dörfern und Städten der Ebenen und der Täler stieg Rauch auf. Die Mongolen übten Vergeltung. Ganze Ortschaften wurden dem Erdboden gleichgemacht; die Menschen suchten Zuflucht in der Wildnis und im Steppenland. Dann mußten sie sich in immer höhere Gebiete zurückziehen, in Höhlen und Schluchten ihrer Gebirge. Wenn die Verfolger sie erreichten, wurden sie niedergemacht. Die Reiterscharen der Sieger galoppierten rücksichtslos über Äcker und Gärten. In einem Fort im Hochland in die Falle geraten, kam der Tangutenkönig um. Sein Tod symbolisierte das Ende seines Reiches.

Schidurgo, der neue Herrscher, hielt sich noch in seiner Hauptstadt. Inzwischen operierte Ogedei im Süden gegen die Chin; eine weitere mongolische Heeresgruppe unterwarf den Westen Hsi-Hsias, während der Khaqan selbst ein Lager in den Bergen ostwärts von Chung-hsing bezog, um von hier aus die Bewegungen der Sung und der Chin zu beobachten und eine mögliche Vereinigung der Tanguten mit ihren chinesischen Nachbarn zu verhindern. Doch das Ende Schidurgos kam bald; wie der arabische Historiker Raschid ad-din berichtet, bat er nur noch um einen Monat Aufschub »um die Übergabe vorzubereiten und die Bevölkerung der Stadt auszusiedeln«. Dann unterwarf er sich.

Aber noch ein weiteres Ende rückte heran. Dschingis Khan, der noch immer an den Nachwirkungen seiner Verwundung litt, erkannte, daß er bald sterben mußte. Was ihn so viele Jahre beschäftigt hatte, wurde nun ein dringendes Problem. Einen seiner Söhne mußte er zur Nachfolge nominieren oder zumindest vorschlagen. Sein großes Reich hatte er bereits unter ihnen aufgeteilt. Tschaghatai sollte den Westen regieren – Kara-Kitai, das ehemalige choresmische Reich südlich des Aral-Sees und das Gebiet der Uiguren; nach Nordwesten hin erstreckte sich der Herrschaftsbereich Batus, des Sohnes Dschotschis; der Osten sollte Ogedei gehören – Hsi-Hsia, die noch nicht eroberten Länder der Chin, und alle anderen unterworfenen Gebiete Ostasiens. Der mongolischen Tradition gemäß war Tuli, der Jüngste, zum Nachfolger im Kernland bestimmt: er sollte Khan der Mongolei werden, Befehlshaber des schlagkräftigen Heeres. Und doch – ein solcher Teilungsplan ließ vermissen, daß ein Oberhaupt bestimmt wurde. Das vereinigende Band fehlte, und kein neuer Khaqan war vorgesehen. Dschingis verdeutlichte seine Besorgnis durch eine Parabel, die Geschichte von zwei Schlangen. Die eine hatte viele Köpfe und einen Körper, die andere einen Kopf und viele Körper. Als der Winter kam, konnte die Schlange mit vielen Köpfen keinen Unterschlupf finden, mit dem alle Köpfe einverstanden waren; sie stritten sich, bis jeder Kopf seine eigene Höhle fand – und der ungeschützte Körper erfror in der Kälte. Die andere Schlange zog ihre mehrfachen Körper unter ihren einen Kopf, richtete sich auf den Winter ein und durchstand ihn. Die Moral war offenkundig – das Reich konnte nur von Dauer sein, wenn es von einem Mann regiert wurde. Doch wer sollte es sein?

Alle seine Söhne hatten Tugenden, alle hatten Schwächen; keiner war ein zweiter Dschingis. Alle waren tatkräftig und mutig, besser als die fähigsten Unterbefehlshaber. Der schwächste von ihnen war Ogedei. Er trank zuviel, doch er hatte ein verbindliches Wesen und war ein Anführer, auf dessen Wort man hörte, und fähig, seine

Männer erfolgreich einzusetzen. Er war, kurz gesagt, ein geborener Präsident. Dschingis Khans Söhne und Enkel waren, wenn sie zusammenkamen, ein Gremium von Magnaten; um in einer solchen Versammlung zu Entscheidungen zu gelangen, war eine Persönlichkeit von Rang erforderlich, die den Vorsitz zu führen verstand. So war es auch Ogedei, der nach dem Wunsch des sterbenden Khaqan die Herrschaft über die eroberte Welt antreten sollte. Doch Dschingis wußte nur zu gut, daß der nächste Großkhan auf einem *kuriltai* zu bestimmen war. Bis es soweit war, sollte Tuli Regent werden.

Er verfiel körperlich, doch sein Verstand blieb klar. Nochmals ermahnte er seine Familie, einig zu bleiben. Er ließ jeden einen Pfeil zerbrechen und sah dann zu, wie einer nach dem anderen vergeblich versuchte, einen Köcher voller Pfeile auf einmal zu zerbrechen. »Ihr werdet so stark wie dieses Bündel sein, wenn ihr zusammenhaltet. Glaubt niemandem, traut keinem Feind, helft euch gegenseitig im Leben, gehorcht meinen Gesetzen, meiner *Yassa*, und führt alles, was ihr begonnen habt, zu Ende.« Die Erfahrung eines ganzen Lebens hatte er in diesen Worten zusammengefaßt; und nun sandte er alle bis auf Tuli wieder an die ihnen gebührenden Plätze zurück – sie hatten noch Heere zu befehligen und ihren Pflichten nachzukommen. Tuli erklärte er die Strategie des Feldzuges, der nach seinem Willen das Reich der Chin vernichten sollte. Dazu gehörten die Erforschung der Haltung der Sung gegenüber ihren nördlichen Nachbarn, die Feststellung, ob die Chin ihre neue Hauptstadt Kaifeng zu halten beabsichtigten, und schließlich die Verbesserung der rückwärtigen Verbindungen.

Am 18. August 1227 – nach der mongolischen Zeitrechnung am fünfzehnten Tag des Mittelmonats des Herbstes im Jahr des Schweins – »verließ Dschingis Khan die vergängliche Welt und überließ Thron, Habe und Herrschaft seiner berühmten Familie«, wie Raschid ad-din berichtet. Er hatte wenige Stunden zuvor seine letzten Anordnungen erteilt: »Gebt meinen Tod nicht bekannt, weint und klagt nicht, damit der Feind nichts davon erfährt. Doch wenn der König der Tanguten und die Bevölkerung zur vorgesehenen Zeit die Stadt verlassen, dann vernichtet sie!« Sogar über seinen Tod hinaus wollte er dafür sorgen, daß das von ihm begonnene Werk zur furchtbaren Vollendung gelangte. Und wie im Leben gehorchte ihm sein Volk auch im Tode: Als die Einwohner von Chung-hsing mit

Schidurgo aus den Toren ihrer Stadt strömten, hieben die Mongolen von allen Seiten auf sie ein. Wie in einer schaurigen Trauerfeier für ihren verstorbenen Khan hoben und senkten sie ihre schwertbewehrten Arme über den wehrlosen Menschen. Schidurgo wurde zum Prunkpavillon des Herrschers gebracht. Doch auf eine Audienz wartete er vergeblich. Zusammen mit allen seinen Bediensteten wurde er erschlagen.

Nun ging es heimwärts; die trauernde Armee brach aus Hsi-Hsia auf – und auf diesem Marsch wurde, wie es die schauerliche Tradition verlangte, kein Lebewesen verschont. Menschen, Wild und Vögel – alles, was den Kriegern begegnete, wurde niedergemacht, denn nichts sollte weiterleben, das von der Verzweiflung der Mongolen Zeugnis ablegen konnte. Die Leiche des Khaqan wurde nahe der Quelle des Onon aufgebahrt, des Flusses, an dessen Ufern der Kampf Dschingis Khans ums Überleben, um Macht, Reichtum und Ruhm begonnen hatte.

Dann brachte man sie ins Bergland, die steilen, bewaldeten Hänge des Burkhan Khaldun hinauf, dessen Spitze über seiner Geburt, seinem Aufstieg und seinem Triumph gethront hatte. Am Gipfel stand ein einsamer Baum. Einmal, auf der Jagd, hatte der Khaqan unter ihm gerastet. »Hier ist ein guter Ort, um bestattet zu werden. Denkt daran!« soll er gesagt haben. Hier wurde auch sein Grab ausgehoben, und mit dem Wagen, der ihn überführt hatte, kam er an dieser Stelle in die Erde. Acht weiße Zelte, Stätten des Gebets und der Meditation, säumten die Gruft. Auch Tuli sollte einst hier bestattet werden, und später die Toten einer neuen Generation, Kublai und Möngke.

Dann wuchsen und vermehrten sich die Bäume auf dem Berg. Die Geschichte beugte schließlich den Stolz der Mongolen, die Zelte zerschlissen im kalten Wind, und der einst einsame Baum stand und stürzte dann im großen Bestand der Stämme des Waldes. Wo die Stelle genau liegt, weiß niemand mehr. Für uns ist Dschingis Khan vergangen, und nur die Erinnerung an seinen großen Namen ist geblieben.

2 DIE HISTORIE DES REICHES

2.1 DIE GROSSKHANE

In den zwei Trauerjahren mußten die Mongolen mit ihrem Verlust
fertig werden; danach hatten sie allerdings auch mit ihrer Zukunft
ins reine zu kommen. Die Chin kämpften weiter im Osten, die Moslems schürten den Aufruhr im Westen, die Tanguten im Süden
waren noch nicht befriedet. Und im Osten wie im Westen gab es
weitere Gebiete zu erobern. Die Welt war noch nicht bezähmt; die
Mongolen besaßen die Fähigkeit, die Kriegsstärke und den Ehrgeiz,
sich die Erde untertan zu machen. Die Zeit war gekommen, die
Dinge in Ordnung zu bringen, einen neuen Khaqan zu wählen und
das weitere Geschick zu bestimmen.

Der *kuriltai*, der zu diesem Zweck abgehalten wurde, erwies sich
anfangs als eine schwierige Ratsversammlung. Zum ersten Mal fand
er in Karakorum statt, einer am Ufer des Orchon erbauten Siedlung,
der ersten richtigen Stadt der Mongolen. Dschingis Khans Söhne,
ehrgeizige Herrscher über Gebiete, die ihnen ihr Vater bereits über-
geben hatte, waren sich keineswegs einig, Ogedei zu ihrem Primus
zu küren.

Nach Abschluß des Festessens begannen die Verhandlungen, die
sich über Tage hinzogen. Dschuwaini erklärt dies in seiner *Geschichte des Welteroberers* mit traditionsgemäßen Bescheidenheits-
gesten bei den Mongolen. Die Entscheidung verzögerte sich durch
Ogedeis höfliche Beteuerungen seiner mangelnden Eignung.
Schließlich war es Yelui Ch'u ts'ai, der als Erfüllungsgehilfe Dschingis' den Absichten seines toten Herrn zum Durchbruch verhalf.

Jetzt oder nie, war sein Argument; die Auspizien ständen gut für
die fällige Entscheidung. Tschaghatai, der älteste überlebende
Sohn, warf sich nieder und huldigte dem neuen Khaqan. »Dies«, betonte der alte Kitan, »war der Befehl Dschingis Khans!« Der macht-

volle Name flößte noch immer Ehrfurcht ein. Tschaghatai nahm seine zeremonielle Unterwerfung vor, und alle übrigen, Brüder Ogedeis, Neffen und *orloks*, folgten seinem Beispiel.

Drei *toumans* wurden nach Westen entsandt, um Dschalal-addin im Zaum zu halten, der die Überbleibsel des choresmischen Reiches noch immer zum Widerstand anfachte. Drei weitere Zehntausendschaften marschierten über die Grenzen Asiens hinweg in die Länder, die Subatei und Dschebei erkundet hatten. Der Rest der mongolischen Streitkräfte wandte sich nach Südosten, um die Chin zu unterwerfen. Schon 1234, fünf Jahre nach seiner Wahl zum Khaqan, konnte Ogedei die endgültige Kapitulation der Chin bekanntgeben, die Einnahme ihrer Hauptstadt und das Ende eines vierundzwanzigjährigen Krieges.

In den langen Kriegsjahren, die eine immer größere Ausweitung des Mongolenreiches mit sich brachten, wurde der Khaqan zu einer Gestalt von unerhörter Machtfülle und fast unbegrenzten Reichtums. Seinem Wort gehorchte alle Welt. Es bereitet Schwierigkeiten, den Schleier zu lüften, der diese imperiale Machtvollkommenheit einhüllte, um den eigentlichen Menschen zu erkennen, der die Herrschaft verkörperte. Das, was er war, verschleierte die Persönlichkeit, die er war. Dennoch wissen wir aus den Berichten von Historikern und Reisenden einiges über Ogedei, und das Bld, das von ihnen gezeichnet wurde, ist durchaus nicht ungünstig.

Alle Berichte stimmen darin überein, daß er ein starker Trinker gewesen ist. Nachdem er Yelui Ch'u ts'ai gegenüber reumütig bekundet hatte, daß er künftig nur halb so viele Weinpokale wie bisher leeren wolle, trank er dann aus Gefäßen von doppelter Größe. Dies verdeutlicht vielleicht seine Charakteranlage besser als manche Einzelhandlung. Im Jahre 1234 berief er einen riesigen *kuriltai* ein, um die Siege seiner Armeen zu feiern; Raschid ad-din berichtet, daß Möngke, der später selbst Khaqan werden sollte, Ogedei davon abriet, militärische Operationen zu leiten, um Gelegenheit für ›Schaustellungen und Vergnügungen‹ zu finden. Der junge Mann fuhr fort: »Wozu sind sonst Verwandte, Emire und ein großes Heer da?« Der Gebrauch des Titels ›Emir‹ – der arabischen Version von *orlok* – deutet darauf hin, daß Möngke die Grenzen der Möglichkeiten des Khaqan erkannte. Alle Verwandten des großen Dschingis, wie Ogedei, Tschaghatai, Tuli und Möngke selbst, waren zwar tüchtige

Feldherren, doch sie waren nicht unersetzlich. Als Befehlshaber eig-
neten sich am besten die *orloks*, besonders der mächtige Subatei.
Und es gab jetzt auch eine Hauptstadt, Karakorum, und einen
Thron, den jemand einnehmen mußte.

So kam es, daß Ogedei daheim blieb, als 1236 eine große mongolische Streitmacht nach Westen zog, um Europa zu unterwerfen.

Er beschäftigte sich mit den Errungenschaften des Friedens. Um
die neugewonnene Macht der Mongolen zu unterstreichen, begann
er mit dem Bau eines Palastes. Für seinen Vater waren die Noma-
denzelte stets ausreichend; doch jetzt, als Kaufleute und Gesandte
aus aller Herren Länder vorsprachen, waren sie nicht mehr gut
genug. Wenn man den schmeichelhaften Beschreibungen Glauben
schenken kann, dann war das Gebäude, das er errichten ließ, der
Erhabenheit der Reichsmacht angemessen. Jeder Flügel war so lang
wie die Schußweite eines Pfeils, und das Haus war mit vielen Gemäl-
den und Zierat ausgestaltet. Sein chinesischer Name war Wan-an
kung – Palast der unendlichen Gelassenheit –, doch die Mongolen
nannten ihn einfach Qarschi, den Palast.

Ogedei ließ seine Brüder, Söhne und Neffen Pavillons in der Nähe
bauen, und dieser von Mauern umgebene Häuserkomplex verlieh
der Stadt bald die imperiale Würde, die er anstrebte.

Als sein Palast eingerichtet war, begann Ogedeis Alltag, der allem
Anschein nach ein Wohlleben gewesen sein muß. Seine Heere
kämpften in fernen Ländern und zogen von Sieg zu Sieg, während
der Khaqan in Karakorum weilte oder seinen Herrschersitz, wenn
es die Jahreszeit erforderte, an andere, angenehmere Orte verlegte.
Raschid hat dies so beschrieben: »Er beschäftigte sich mit Lustbarkeiten, reiste unbeschwert von Sommer- zu Winter-Residenzen und
umgekehrt, ständig auf der Suche nach Befriedigung seiner Wün-
sche, in Begleitung von schönen Damen und Mätressen mit Voll-
mondgesichtern ...«

Etwa eine Tagesreise von seiner Hauptstadt entfernt ließ sich
Ogedei von tüchtigen Moslem-Handwerkern einen Pavillon bauen.
Das Haus stand inmitten von Teichen, und Ogedei vergnügte sich
bei Ausritten mit einem Jagdfalken auf der Faust – oder auf der
Faust eines Falkners – und bei der Beobachtung seiner Vogel-
schwärme. Im Sommer zog er nach Südosten in die Nähe des
Orchon. Dort ließ er sein Prunkzelt aufstellen, einen tragbaren

Palast mit goldenen Pfosten außen und schimmernden Brokatbezügen an den Innenseiten.

Ende August pflegte er noch weiter nach Süden zu ziehen und von dort in sein Winterquartier am Fluß Ongin. Hier, im Schutz des Khangai-Gebirges, verbrachte er die Zeit mit der Jagd. Bei Frühlingsbeginn ging es dann zuerst zurück nach Karakorum, dann wieder zu seinem Pavillon inmitten der Teiche von Dschengen-Tschaghan.

Es gab aber noch einen Wesenszug in Ogedei, der ihn, nach den Worten Raschids, »bewog, bei allen Gelegenheiten seinen erhabenen Geist der Ausbreitung von Gerechtigkeit und Wohltätigkeit zuzuwenden, der Abschaffung von Tyrannei und Unterdrückung ...« Er war, wie der Historiker berichtet, »erfüllt von den edelsten Anlagen und Fähigkeiten ... großmütig und freigebig gegen jedermann«. Allerdings hatte Raschid den Auftrag zur Geschichtsschreibung vom Ilkhan Ghasan erhalten, einem mongolischen Fürsten, der fünf Generationen nach Dschingis regierte.

Diese Tatsache hat sich auf den Tenor seiner Berichte ausgewirkt; dennoch kann man davon ausgehen, daß Ogedei ein Herrscher von besonderer Scharfsinnigkeit und besonderem Großmut gewesen ist.

So gab es einmal einen armen Mann; vielleicht war er nicht nur bedürftig, sondern auch ungeschickt. Er fertigte einen Haufen primitiver Nadeln durch einfaches Anspitzen ungeeigneter Eisenstäbchen an, die er dann dem Khaqan schenken wollte, als dieser an ihm vorüberging. Der Diener, dem er sie übergab, hielt die Nadeln für zu schlecht, um sie dem Herrscher der Welt auszuhändigen. Ogedei befahl ihm jedoch, zurückzugehen und sie in Empfang zu nehmen. »Sie genügen für die Schäfer zum Ausbessern ihrer *koumiss*-Beutel«, sagte er und belohnte den Mann mit einem *balisch*, einem »Kissen« oder Barren aus Edelmetall.

Einmal geschah es auch, daß ein Türke heimlich einem Moslem folgte, der ein Schaf gekauft hatte. Der Türke erklomm das Hausdach des Moslem und beobachtete, wie dieser das Schaf durch einen Halsschnitt schlachtete. Diese vom Islam vorgeschriebene Schlachtmethode war nach der *Yassa* Dschingis Khans verboten. Der Türke sprang vom Dach, drang in das Haus ein und schleppte den unglücklichen Moslem vor Gericht. Ogedei gefiel der Sachverhalt nicht; er ließ ihn näher untersuchen. Schließlich behielt der Moslem seine Freiheit; der Türke hingegen wurde hingerichtet, denn er hatte die *Yassa* verletzt, indem er auf das Dach eines anderen geklettert war.

Und dann gab es die Geschichte von dem fanatischen Anti-Moslem, einem Mann, der von seinem Glauben abgefallen war. Er kam zu Ogedei und berichtete, daß ihm Dschingis Khan im Traum erschienen sei. Der große Vater des regierenden Fürsten habe ihm befohlen, seinem Sohn zu sagen, er solle so viele Moslems wie möglich töten, denn sie seien böse Menschen. Ogedei überlegte einen Augenblick; dann fragte er den Mann, ob er im Traum Dschingis Khan mit eigener Stimme oder durch einen anderen sprechen gehört habe. »Mit eigener Stimme!« bestätigte dieser, ohne zu zögern. Ogedei ließ ihn hinrichten. Der Mann sprach nicht mongolisch; Dschingis Khan hatte nie eine andere Sprache beherrscht.

Ogedei scheint seine Freigebigkeit in etwas berechnender Weise ausgeübt zu haben, wobei er die Vorteile einer freundlichen Haltung abwog. Als er einmal einen etwas leichtsinnigen Kaufmann unterstützte, dessen Funktion als *ortaq* es war, das Geld eines Fürsten zu investieren, drängten ihn seine Ratgeber, den Kredit des Mannes zu stoppen. Sie meinten, daß die *balisch* – Barren aus Edelmetall –, die er erhielt, von ihm verschleudert würden. Ogedei betonte jedoch, daß die Barren noch immer vorhanden seien, und daß sie für ihn ihren Wert behalten hätten, da sie in seinem Reich im Umlauf waren.

Als die Stadt T'ai-Yuan an ihn das Bittgesuch richtete, ihr bei der Abtragung einer Schuldenlast von achttausend Barren zu helfen, sagte er: »Wenn man die Gläubiger zwingt, mit diesen Leuten glimpflich zu verfahren, dann erleiden sie einen Verlust; wenn man aber nichts unternimmt, kommen die Leute in Not.« Er ordnete die Zahlung aus der Staatskasse an. Raschid bemerkt hierzu mürrisch: »Es gab viele, die behaupteten, Schuldner und Gläubiger zu sein ... und sie erhielten das Doppelte ...« Die mit großen Schulden Belasteten schienen bei Ogedei immer auf Mitgefühl gestoßen zu sein, obwohl er ihre Behauptungen sicherlich oftmals genau überprüfen ließ. Doch als er einmal in seinen Schatzkammern fast zwanzigtausend Barren Edelmetall entdeckte, soll er gesagt haben: »Was haben wir von der Lagerung für Vorteile, wenn wir dies immer bewachen müssen?« Er ordnete an, daß jeder, der etwas davon benötigte, einfach kommen und es abholen solle.

Er verstand sehr wohl, welche Wirkung solche Freigebigkeit auf das Volk als Ganzes erzielte, denn er machte seinen Ratgebern Vorwürfe, wenn sie den Versuch unternahmen, Geschenke oder Zahlungen zu verringern, zu denen er sich entschlossen hatte. Einmal, als er betrunken war, unterschrieb er eine Anweisung auf zweihundert Barren, die ein Fremder erhalten sollte, der ihm eine persische Mütze geschenkt hatte. Beamte hielten die Zahlung zurück; er erhöhte den Betrag. Wiederum zögerten die Zahlmeister, und wieder steigerte er die Summe. Als dann die dreifache Anzahl der *balisch* erreicht war, ließ er sie rufen und fragte sie:»Gibt es etwas auf der Welt, das ewig dauert?« Als sie verneinten, antwortete er:»Ihr irrt; Anstand und guter Ruf dauern ewig.« Er befahl, sie wegen ihrer Halsstarrigkeit zu bestrafen. Ein anderes Mal gab er einem seiner Diener einen *balisch* zum Kauf von Süßigkeiten an einem kleinen Stand, an dem sie vorüberkamen. Der Mann bezahlte mit einem Viertel des Barrens, doppelt so viel, wie die Ware wert war. Der Khaqan war ärgerlich.»Hat je ein Verkäufer einen solchen Kunden gehabt?« Doch er ordnete an, daß der Händler den Rest des *balisch* – und noch zehn weitere erhielt.

Für seinen Hof muß es offensichtlich gewesen sein, daß er häufig übervorteilt wurde. Doch er wußte sehr wohl, woran er war. Dies kam einmal zum Ausdruck, als ein Falkner zu ihm kam. Er brachte einen Falken mit, der angeblich krank war und nur mit dem Fleisch von Vögeln kuriert werden könnte, die der Falkner nicht kaufen konnte. Ogedei befahl, daß der Mann einen *balisch* bekommen solle; seine Zahlmeister sorgten jedoch dafür, daß der Betrag nur für den Kauf von Geflügel verwendet werden konnte. Der Khaqan war wütend, als er davon erfuhr.»Dieser Falkner wollte kein Geflügel; er nahm dies nur als Vorwand, um etwas für sich selbst zu erhalten. Ich weiß, daß jeder, der zu uns kommt, etwas für sich erreichen will. Und ich will, daß jeder das Seine bekommt und seinen Anteil an unserem Reichtum hat.«

Obwohl er immer darauf bedacht war, die Vorschriften seines Vaters Dschingis einzuhalten, ließ er es zu, daß seine Großmut auch in seine Urteile Eingang fand. Eine der bekanntesten Anekdoten über Ogedei handelt von seiner Komplizenschaft bei einer Rechtsbeugung. Zusammen mit seinem Bruder Tschaghatai beobachtete er einmal einen Mann, der sich in einem Bach wusch. Nach dem

Gesetz war dies verboten, wahrscheinlich aus hygienischen Gründen; doch Dschuwaini und Raschid meinen, die Mongolen hätten geglaubt, daß dies Gewitter hervorrufe. Tschaghatai, der sich als Gesetzeshüter fühlte, wollte den Mann festnehmen und bestrafen lassen. Ogedei dagegen meinte, es sei zu spät, um Gericht zu halten; der nächste Morgen sei besser geeignet. Der Missetäter wurde eingesperrt; Ogedei ließ ihm heimlich ausrichten, was er aussagen solle – daß seine Habe zufällig ins Wasser gefallen sei und daß er sie gerade holen wollte, als er festgenommen wurde. Gleichzeitig ordnete der Khaqan an, daß an dieser Stelle ein Silberbarren ins Wasser geworfen werden sollte. Als die Verhandlung abgehalten wurde, entsandte man Prüfer an den Bach, und sie kehrten natürlich mit dem *balisch* zurück.

»Der arme Mann hat sich also wegen eines so erbärmlichen Betrages geopfert«, erklärte der Khaqan in gespielter Wut. Er ließ ihn frei und gab ihm, zusätzlich zu dem auf so geheimnisvolle Weise erworbenen, zehn weitere Barren mit auf den Weg.

Während all dieser Zeit blieb Yelui Ch'u ts'ai an Ogedeis Seite. Er schuf Ordnung in der Vielfalt der Reichsverwaltung und durchsetzte die mongolische Habgier und den gelegentlichen Hang zur Grausamkeit mit seiner eigenen weltmännischen Mischung von Gewitztheit und Stetigkeit. Die fiskalischen und bürokratischen Strukturen des Reiches gingen darauf zurück, daß er der Besteuerung gegenüber der Ausplünderung den Vorzug gab.

Einmal jedoch, nach dem *kuriltai* von 1234, machte die Freigebigkeit seines Herrn seine Mühen fast zunichte. Ogedei war gerade im Begriff, die Gebiete der Chin an den Adel zurückzugeben, als sein Ratgeber dazwischentrat. Es war nicht leicht, den Herrscher bei seiner Gebelaune zurückzuhalten, aber Yelui blieb standhaft; schließlich einigten sich die beiden auf einen Kompromiß. Dem Adel blieb es untersagt, mehr aus den eroberten Gebieten herauszuziehen, als bei normaler Besteuerung herauskam. Yelui Ch'u ts'ai hatte begriffen, was hinter Dschingis Khans Methode steckte, je nach den Erfordernissen grausam durchzugreifen oder aber das Schwert in der Scheide zu lassen. Als Kaifeng fiel und die fast zwei Millionen Bewohner umgebracht werden sollten, war er es, der Ogedei zur Schonung der Menschen überredete. Wie recht er hatte, erwies sich, als sich daraufhin kein Widerstand im Lande mehr zeigte.

Solange Ogedei regierte, hielt er auch an seinem Lebenswandel fest – er vergnügte sich mit den mondgesichtigen Damen in Palästen und Pavillons; er kaufte Seiden und Kunstgegenstände zu hohem Preis, um sie dann wieder zu verschenken; er vertrieb sich die Zeit mit Jagden und Gelagen. Die Mongolenheere drangen inzwischen immer weiter vor; Osteuropa und die Gebiete östlich des Mittelmeers lebten in Angst und Schrecken, und sie pochten bereits begierig an die Pforten des Sung-Reiches. Es war, als ob Ogedei eine Maschine in Gang gesetzt hätte und nun gelassen ihren Rhythmus verfolgen konnte. Doch im Jahre 1241 blieb sie plötzlich stehen. Die Hauptfeder war gerissen – Ogedei war gestorben.

Mit seinem Tod kam ans Tageslicht, was die lodernde Kraft Dschingis Khans zwei Generationen lang unterdrücken konnte – Zwietracht in der Herrscherfamilie und ehrgeiziges Machtstreben der Mittelmäßigen und Gewissenlosen. Im Westen waren die Rivalitäten bereits ausgebrochen: Kuyuk, der Sohn Ogedeis, wollte den Oberbefehl Batus, des Sohnes Dschotschis, nicht anerkennen. Ogedei mußte ihn zurückbeordern, da seine Haltung den Erfolg des Feldzuges an der Wolga gefährdete. Als er von seinen Pflichten entbunden war, zeigten sich bei ihm die ererbten Wesenszüge seines Vaters. Kuyuk hielt sich monatelang tatenlos im Lager auf, und erst als er vom Tode Ogedeis erfuhr, kehrte er nach Karakorum zurück. Die Nachricht kam von Turakina, seiner Mutter, einer willensstarken und gescheiten Frau, die Ogedei auf seinem Totenbett zur Regentin ernannt hatte. Nach ihrem Willen sollte Kuyuk, nicht Batu, der neue Khaqan werden.

Unter ihrem Einfluß änderte sich die Atmosphäre bei Hofe fast augenblicklich. Ihr Günstling Abd-al-Rahman übernahm einen Großteil der Funktionen Yelui Ch'u ts'ais. Eigentlich war es nur der alte Kitan selbst, der sich weigerte, die Anordnungen Abd-al-Rahmans zu befolgen. Turakina wagte zwar nicht, den verdienten Gefolgsmann Dschingis Khans verhaften zu lassen; doch sein Tod war für sie ein Anlaß, ihn über das Grab hinaus der Bestechlichkeit zu verdächtigen. Auf ihren Befehl wurden seine Gemächer durchsucht. Doch keine Schätze waren zu finden – nur seine Musikinstrumente, seine Gemäldesammlung, seine Bücher und Schriften. Nach Yeluis Hinscheiden war das letzte Hindernis beseitigt; Zug um Zug arbeitete sie daran, Kuyuk in die Herrscherstellung zu manövrieren.

Als Batu davon erfuhr, wußte er, daß seine Chancen geschwunden waren, der neue Khaqan zu werden. Doch er wollte nicht bei der Wahl seines Rivalen zugegen sein. So blieb er im Westen und führte sein Heer von Sieg zu Sieg, bis zur Donau und durch die Weiten Rußlands.

Inzwischen zeigte sich Turakina in Karakorum von ihrer freigebigsten Seite. Sie zog sich von den unpopulären Pflichten einer Regentin zurück – schließlich wollte sie sich keine Feinde machen, bevor der neue *kuriltai* stattfand. Batu entschloß sich, seinen Bruder an seiner Stelle zur Stimmabgabe zu entsenden.

Bei der großen Ratsversammlung spielte die Erinnerung an den machtvollen Dschingis eine dominante Rolle. Inmitten des Festplatzes hingen Bilder des Khan und seiner großen Taten. An einem Tor prüften Wachen die Passanten, denn nur die etwa zweitausend Abkömmlinge des ersten Großkhans durften abstimmen. Das andere Tor blieb unbewacht – durch dieses sollte der neue Khaqan die Welt betreten.

Und tatsächlich: Die Welt wartete auf das Wahlergebnis. Auf dem *kuriltai* hatten sich Fürsten aus aller Herren Länder versammelt, Gesandte aus den entferntesten und halb legendären Gebieten. Die Abgesandten des Kalifen waren von Bagdad gekommen, das Oberhaupt der ismailischen Assassinen hatte eine Gesandtschaft geschickt, prachtvoll gekleidete Fürsten aus China und Korea gaben der Runde ein farbiges Aussehen, und der stolze Fürst Jaroslaw von Kiew repräsentierte die Waräger, jene Wikinger, die zwei Jahrhunderte zuvor ihre Herrschaft in Osteuropa begründet hatten. Mehr als viertausend Botschafter warteten auf die Entscheidung dieser drahtigen, rundgesichtigen, dünnbärtigen Menschen, den Männern mit rauhem Humor, die vielleicht schon nach wenigen Jahren erneut aus ihren Steppen vorstürmen und die Länder der Nachbarn verwüsten und erobern würden. Und sie warteten, bis schließlich Kuyuk die Erbschaft antrat, die seine Mutter für ihn vorgesehen hatte.

Abd-al-Rahman hatte sich jedoch verrechnet: Statt nun ein reicher und mächtiger Mann zu werden, fiel er in Ungnade und wurde schließlich verurteilt. Kuyuk erwies sich als seinem Vater wenig ähnlich, wenn er auch manchmal als Herrscher großmütig und freigebig sein konnte. Im Grunde zeigte er sich als unnahbarer, hartherziger und humorloser Monarch. Er war, wie Raschid anerkennend berichtet, »erfüllt vom Stolz seiner Größe«, und er spricht auch von »Strenge und Schrecken seiner Rechtsprechung«. Fast unmittelbar nach seinem Regierungsantritt verwarf er die Methoden seiner Mutter; die Sklavin Fatima, die Abd-al-Rahmans Mätresse und Turakinas Vertraute gewesen war, ließ er als Hexe verhaften. »Sie gestand, nachdem sie geschlagen und gemartert worden war«, berichtet Raschid, »ihre oberen und unteren Leibesöffnungen wurden vernäht, und sie wurde in den Fluß geworfen.« Kuyuk nahm den habgierigen Fürsten die Ländereien wieder weg, mit denen seine Mutter sie bestochen hatte, und er setzte die Verordnungen seines Vaters und der weisen Ratgeber wieder in Kraft.

Es war klar, daß er den Khaqan zu einer zentralen Autorität in einem organisierten Staatsaufbau machen wollte. Er setzte dem Despotismus seiner mächtigen Verwandten Grenzen und bestand darauf, daß ein fester Anteil der Eroberungsbeute an die Staatskasse abzuführen war; er brachte Dschingis Khans *Yassa* zu neuer Geltung. Er beschnitt auch die Freibeuterei der *orloks* und Befehlshaber, die es sich angewöhnt hatten, Steuern für ihre eigenen Zwecke zu erheben, als Belohnung für ihre Kriegserfolge.

Der strahlende Abglanz seines Stolzes hüllt auch eine Begegnung ein, die ein seltsamer und tastender Versuch zu einer interkontinentalen Beziehung war. Von Anfang an war sie zum Scheitern verurteilt, denn sie war von Vorurteilen, Unverständnis und Arroganz begleitet. Unter den Ausländern, die zu Kuyuks Wahl zusammengekommen waren, befanden sich auch zwei in einfache braune Kutten gekleidete Männer, die Franziskaner Giovanni Carpini, bekannt als Johann von Plano, und Benedikt von Polen; sie kamen als Abgesandte des Papstes Innozenz IV. und brachten zwei päpstliche Bullen. Die eine stellte den Mönch Giovanni als Missionar vor, dessen Botschaft der Khaqan vernehmen sollte, um »an Jesus Christus zu glauben und seinen hehren Namen zu verehren«; die andere verlangte etwas brüsk eine Beendigung der Verwüstung christlicher Gebiete durch die Mongolen.

Die beiden Mönche waren im Jahre 1245 abgereist; Carpini war schon in den sechziger Jahren und ziemlich beleibt. Sie waren von Land zu Land weitergezogen, und Batu persönlich hatte sie nach Karakorum weitergeschickt. Von dem Augenblick an, als sie mongolisches Herrschaftsgebiet betraten, hatten sie keine Gefahren zu fürchten. Der organisierte Friede der Mongolen hatte Ähnlichkeiten mit dem lange zurückliegenden römischen Reichsfrieden. Innerhalb von vier Monaten hatten sie eine Strecke von fünftausend Kilometern zurückgelegt, durch Gebirge, Ebenen und Wüsten.

Kuyuk empfing seine Besucher in Audienz, über die Carpini Beschreibungen hinterlassen hat. Der Kammerherr des Herrschers, Tschingei – vermutlich Ogedeis großer mongolischer Minister, den Turakina entlassen hatte und den ihr Sohn wiedereinsetzte –, verkündete dem Khaqan mit lauter Stimme die Ankunft seiner Besucher, woraufhin »jeder von uns viermal das linke Knie beugen mußte, und man wies uns an, die Schwelle nicht zu berühren, nachdem man uns sorgfältig nach Messern durchsucht hatte … Wir kamen durch die Tür an der Ostseite, denn niemand außer dem Herrscher darf von der Westseite eintreten … Während wir dort waren, wurden auf einem nahen Hügel mehr als fünfhundert Wagen aufgefahren, alle voll mit Gold und Silber und seidenen Gewändern, die der Herrscher und seine Anführer unter sich aufteilten, und die Anführer gaben von ihren Anteilen ihren Männern, die sie für würdig hielten.« In einem weiteren Zelt, »ganz aus rotem Purpur«, sah Carpini den Thron des Khaqan auf einem hohen Holzsockel, » … und der Thron war aus Ebenholz, wunderbar verziert mit Gold und Edelsteinen, und, wenn ich mich recht erinnere, auch mit Perlen, und man ging auf Stufen zu ihm empor …« Er sagt nur wenig über den mürrischen Mann, der in all diesem Glanz herrschte: »Der Kaiser mag etwa vierzig Jahre oder etwas älter sein; er ist mittelgroß, sehr klug und verschlagen, ernst und gemessen in seinem Verhalten; er hat nie gelächelt oder gescherzt …«

Kuyuk war nicht der Mann, dem man eine Forderung übergab, wie sie ein Papst den weltlichen Herrschern zuzustellen pflegte. Er wußte kaum etwas vom Papst und hielt ihn sicherlich für einen Monarchen, den er in seine Schranken zu verweisen hatte. Seine Antwort war daher auch charakteristisch. Er hielt die Bulle für ein Angebot zur Unterwerfung, das der Papst nach Rücksprache mit seinen Vasallen unterbreitet hatte. »Wenn du nach deinem Wort handeln willst«, antwortete ihm Kuyuk, »dann komm persönlich, großer Papst … und huldige uns. Wir werden dich dann die Gebote der *Yassa* lehren.« Auf die päpstliche Ermahnung, die Taufe zu empfangen, antwortete er ausweichend: »Diese Aufforderung können wir nicht verstehen.« Auf die Forderung, die Mongolen sollten die Verwüstung christlichen Landes einstellen, erwiderte er ebenfalls, daß er dies nicht verstehen könne.

Für ihn war es schließlich klar, daß dies so geschehen mußte – der Himmel hatte befohlen, daß sich die Welt dem mongolischen Willen fügen müsse. Wenn die Welt sich weigerte, dann hatte sie es sich selbst zuzuschreiben, wenn die Horden des Khaqan die Widerspenstigen bestraften. Sie vollzogen dabei nur den Willen Gottes. Der Papst selbst hatte von Gott gesprochen, wobei er sich kraft seiner Stellung auf eine Vertrautheit mit der Gottheit berief. Kuyuk wußte nicht, was diese Stellung zu bedeuten hatte, und war in keiner Weise beeindruckt. »Woher weißt du, wem Gott Gnade erweisen wird? Worauf berufst du dich, wenn du solche Worte verwendest?«

Kuyuk bekräftigte dann seine Ansprüche als Welteroberer. »Durch die Macht des Himmels sind uns alle Länder von Sonnenaufgang bis Sonnenuntergang gegeben worden ... Nunmehr mußt du aufrichtig bekennen: ›Wir wollen eure Untertanen werden, wir werden unsere Macht euch zur Verfügung stellen.‹ Du sollst selbst an der Spitze deiner Fürsten kommen, um uns zu huldigen und eure Dienste anzutragen. Dann werden wir deine Unterwerfung annehmen. Wenn du aber das Gebot des Himmels nicht befolgst und dich unseren Anweisungen widersetzt, dann wissen wir, daß du unser Feind bist.«

Die Botschaft endete mit einer unheilverkündenden Warnung – wenn der Papst nicht täte, was ihm geraten wurde; was würde dann mit ihm geschehen? »Nur der Himmel weiß es«, diktierte Kuyuk. Was dann geschehen würde, wußte der Herrscher aber nur allzu gut.

Die Franziskaner kehrten heim mit ihrer Botschaft, die aus dem Mongolischen mühsam ins Persische und dann ins Lateinische übertragen wurde. Unermeßlich viele neue Eindrücke von den Wundern der mongolischen Organisation, ihrer Macht und ihrer Wildheit brachten sie mit. Zudem hatten sie Gerüchte von neuen Kriegsvorbereitungen im Westen gehört. Europa sah sich einem Sturm aus Asien gegenüber, der es wegzufegen drohte. Carpini tat den prophetischen Ausspruch, daß kein europäisches Land, auf sich allein gestellt, den Horden Widerstand leisten könne. Nur ein verbündeter Kontinent sei in der Lage, die Christenheit zu verteidigen. Um das

Schlimmste zu verhüten, sollte inzwischen alles Wertvolle in Sicherheit gebracht werden.

Noch in den vierziger Jahren des dreizehnten Jahrhunderts brachten weitere christliche Missionen Nachrichten nach Hause, die Carpinis Befürchtungen bestätigten. Ezzelino der Lombarde und André de Longjumeau reisten nach Osten, zunächst bis zur Mughan-Steppe, wo sie sich im Lager Baidschus, des mongolischen Gouverneurs, aufhielten. Ezzelino – man nannte ihn auch Ascelin – scheint eine Art Glaubenseiferer gewesen zu sein; sein christlicher Hochmut machte ihm die Mongolen zu Feinden. Baidschu und seine Umgebung zogen ernstlich in Erwägung, ihn zu töten und seine ausgestopfte Leiche an den Papst zurückzusenden. Doch die Mongolen pflegten Abgesandte nur unter besonderen Umständen umzubringen; schließlich brachte ihn ein Kommando in den Westen zurück.

Der Papst behandelte die mongolische Gesandtschaft gut und beschenkte sie mit Pelzen, Gold und Silber, trotz der drohenden Nachricht von Baidschu, die ihm Ezzelino überbrachte: »Der unabänderliche Wille des Himmels und der *Yassa* des Khan, der die Welt regiert, entscheidet, was wir tun … Wer der *Yassa* nicht gehorcht … wird ausgerottet und vernichtet.«

André de Longjumeau sollte eine der zentralen Gestalten in dem seltsamen Spiel von Diplomatie und Glaubenseifer werden, das durch den unerwarteten Tod Kuyuks noch kompliziert wurde. Der Khaqan war nach Westen gezogen, sei es um einen neuen Feldzug nach Europa zu beginnen oder, was wahrscheinlicher ist, um seinen Rivalen Batu endlich niederzuwerfen. Auch Batu hatte seine Truppen zusammengezogen. Der Bruderzwist, der dem Reich drohte, kam jedoch nicht zum Ausbruch. Andererseits traten nach Kuyuks Tod die Spannungen erneut zutage, die mit der Nachfolgeschaft zusammenhingen.

Während die Mongolen die Entscheidung eines neuen *kuriltai* erwarteten, übernahm Ogul-Gaimisch, die Witwe des Khaqan, die Regentschaft. Sie empfing auch die von André de Longjumeau angeführte Mission. Im Jahre 1248 hatte Iltschikadei, der mongolische Gouverneur von Persien und Armenien, eine Gesandtschaft zu Ludwig IX. von Frankreich entsandt, der sich gerade auf Zypern auf einen Feldzug gegen die Mamelucken in Ägypten vorbereitete. Iltschikadei wollte Bagdad angreifen, und ein gewisses Zusammenwirken zwischen seinen Streitkräften und den Kreuzfahrern hätte strategische Vorteile mit sich gebracht. In seiner Botschaft war von religiöser Toleranz gegenüber allen Christen unter mongolischer Herrschaft die Rede; die nestorianischen Abgesandten, die sie überbrachten, gingen sogar noch weiter und sprachen davon, daß mongolische Fürsten bereit wären, unter bestimmten Voraussetzungen die Taufe zu empfangen. Ludwig sandte voller Freude seinen Dolmetscher André mit einem Geschenk zu Kuyuk – einer tragbaren Kapelle, mit Gold verziert und mit Szenen aus dem Leben Jesu geschmückt. In einer Kassette war ein Fragment des Kreuzes beigefügt. Als André jedoch nach langer Reise in Karakorum eintraf, mußte er erfahren, daß der Empfänger inzwischen verstorben war. Doch es sollte noch schlimmer kommen: Die neue Regentin erblickte in den Geschenken Ludwigs ein Anzeichen für die Unterwerfung des fränkischen Herrschers. Mit Gegengeschenken beladen – unter anderen einem Stück chinesischen Asbest, das in Europa bestaunt und wegen seiner wundersamen Eigenschaften im Vatikan verwahrt wurde – schickte sie den Missionar zu Ludwig zurück. In ihrer Botschaft an den König brachte sie zum Ausdruck, daß sie von ihm regelmäßig Tribute erwarte und seinem Besuch im nächsten Jahr entgegensehe. Man hätte vermuten können, daß ein solches unerwartetes Ergebnis Ludwig von weiteren fernöstlichen Abenteuern abgehalten haben würde; doch der später heiliggesprochene Monarch hielt an seinem christlichen Eifer fest und entsandte noch eine weitere Mission über die Steppe nach Karakorum.

Die Mongolen zeigten sich allerdings kaum an einer Bekehrung interessiert. Viel wichtiger erschien ihnen die Wahl eines neuen Khaqan. Batu hätte vielleicht die Oberherrschaft übernehmen können, doch dieser Sohn Dschotschis zeigte kaum Verlangen, seinem westlichen Einflußbereich noch die andere Reichshälfte anzugliedern. Die alte Rivalität schwelte aber weiter, und Batu bestand darauf, daß niemand aus Ogedeis Familie den Thron erben solle. Dieser Schiedsspruch aus dem Westen öffnete den Weg für Tulis Nachkommen. Hiermit wurden die Grundlagen für die beiden Regentschaften Möngkes und Kublais geschaffen, die Zeiten der größten Ausweitung des mongolischen Zusammenhalts und Erfolgs.

Der unmittelbare Anlaß zu Batus Unterstützung der Sache Möngkes scheint ein Zusammentreffen der beiden in einem Lager an der

Wolga gewesen zu sein. Auf dem darauffolgenden *kuriltai* waren
alle Fürsten anwesend, außer Batu und einigen einflußreichen
Nachkommen Ogedeis und Tschaghatais. Diese Rivalen blieben unter fadenscheinigen Vorwänden der Versammlung fern. Auf Veranlassung des ferngebliebenen, aber machtvollen Batu wurde ihnen
ein Ultimatum gestellt: Wenn sie nicht zur Wahl erscheinen wollten,
dann würde die Abstimmung ohne sie erfolgen. Hieraus ergaben
sich zwar rechtliche Probleme für die Zukunft, doch anders wäre
man nicht weitergekommen. Die Wolken teilten sich, und zur Freude
der Astrologen kam die Sonne heraus.

Wie vorauszusehen war, war das Resultat dieses *kuriltai* eine tiefgreifende Verdrossenheit in der mongolischen Führerschaft. Die enttäuschten Prinzen der älteren Linien verschworen sich, und die allgemeine Trunkenheit, die auf die Wahl des Khaqan folgte, bot die beste
Gelegenheit zum Attentat. Es war reiner Zufall, daß ein Falkner unterwegs auf einen Troß mit Waffen stieß; voller Schreck »legte er eine
Dreitagereise in einem Tag zurück«, wie Raschid berichtet, um den
neuen Khaqan zu warnen. Anfangs wollte ihm niemand glauben,
denn ein solcher Bruch der *Yassa* erschien den Versammelten unwahrscheinlich. Möngke sah sich der Notwendigkeit gegenüber, seine
Herrschaft mit einem Vernichtungsschlag gegen seine Verwandten zu
beginnen. Vielleicht dachte er an Dschingis Khans Gebot, alles Begonnene zu Ende zu führen. Jedenfalls gewann die Logik der dynastischen Sicherheit die Oberhand über seinen Instinkt für Gnaden-
erweise, und er ließ fast alle Prinzen aus Ogedeis Linie ausrotten,
dazu alle *orloks*, die an der Verschwörung teilgenommen hatten.

Überall im Reich fanden Verhaftungen, Prozesse und Hinrichtungen statt. Doch alle, die den Verfolgungen entgingen, und selbst
nachfolgende Generationen standen fest zu ihren blutsmäßigen Verbindungen. Ogul-Gaimisch wurde nackt vor ihre Richter geschleppt.
Hochfahrend wehrte sie sich: »Wie dürfen andere einen Körper sehen, der nur von einem König angesehen werden durfte?« Dennoch
wurde sie verhört, verurteilt, in Filz gewickelt und in den Fluß
geworfen. Nicht besser erging es der Mutter Schiramuns, den Ogedei
einst als Erben vorgesehen hatte. Die Welt war nun gesäubert,
damit Möngke sie regieren konnte.

Möngke war ein Konservativer; Dschingis Khan wäre mit ihm zufrieden gewesen. Wie sein Großvater fand er Gefallen am Krieg und

an der Jagd, bei der kriegsmäßiger Einsatz erforderlich war. Er hatte kaum andere Interessen, denn er mißtraute der Kultur der Städter, ja er betrachtete sie sogar als eine Gefährdung der mongolischen Traditionen. Die Staatskunst fand jedoch seine volle Aufmerksamkeit, und seine persönliche Bescheidenheit hielt ihn nicht davon ab, sich als großmütiger Monarch zu zeigen. Er verhinderte, daß Würdenträger bei der Erfüllung ihrer Obliegenheiten dem Volk zur Last fielen; er widerrief manche Verordnungen, die untergeordnete Khane seit Kuyuks Tod erlassen hatten; er führte nach der Zahlungsfähigkeit der Betroffenen gestaffelte Steuern ein, wobei er die Einnehmer anwies, »nachsichtig und mitleidig« zu verfahren. Er erleichterte auch den Bauern ihre Bürde bei der Entrichtung rückständiger Abgaben. Schließlich zahlte er den Kaufleuten, die Kuyuk Khan, dessen Bediensteten, Söhnen und Neffen Waren geliefert hatten, den vollen Gegenwert, der mehr als eine halbe Million Gold- und Silberbarren betragen haben soll. Beide Historiker, Dschuwaini und Raschid, bestaunten ein solches Verhalten: »Wo gab es in der Geschichte einen Fall, wo ein König die Schulden eines anderen bezahlte?«

Inzwischen drangen die Mongolenheere unter Hulagu, Möngkes Bruder, weiter nach Westen vor. Gleichzeitig sicherte Kublai die Herrschaft über Kaifeng ab und begann, über den Yangtse hinweg in das Reich der Sung vorzustoßen.

Unangefochten beherrschte Möngke das riesige Gebiet von Syrien bis zum chinesischen Meer, vom Fuße des Himalaja bis zur arktischen Tundra. Das Gewicht seiner Autorität erzwang einen inneren Frieden, dem sich die unterschiedlichsten Völkerschaften und widerstreitenden Religionen fügten.

Es gab ein Sprichwort, das besagte, daß eine junge Frau mit einem Gefäß voll Gold auf ihrem Kopf unbehelligt von einem Ende seines Landes zum anderen wandern könnte. Karawanen zogen über die Steppen und verbanden die Zivilisationen des Ostens und des Westens. Europa wurde sich mehr und mehr des Alters und des Wertes der asiatischen Kulturen bewußt, während Asien in zunehmendem Maße den Reichtum und die Handelsmacht Europas kennenlernte.

Insbesondere blickten die geschäftstüchtigen Stadtstaaten Italiens nach Osten; ihre Handelsniederlassungen befanden sich bereits an den Grenzen Asiens. Und von Zeit zu Zeit gelangte auch eine Karawane mit christlichen Missionaren ins Herz Asiens, mitten ins Mongolenreich.

Einer von diesen war Wilhelm von Rubruck (oder, genauer, de Rubruquis), den König Ludwig der Heilige entsandte. Dieser Franziskanermönch war zwar schon viel im Osten umhergereist, doch er hatte sich keineswegs mit der Tatsache abgefunden, daß viele Ungläubige nicht zu bekehren waren. Er verabscheute sie, wie es sich für einen Glaubenseiferer gehörte, und begegnete dem Stolz der Orientalen mitunter mit scheinheiliger Geringschätzung. Dennoch war er ein präziser Beobachter, der sich ausführliche Notizen machte. Er beschrieb den Palast Möngkes in Karakorum so:

... wie eine Kirche, mit einem Mittelschiff und zwei Seitenteilen jenseits zwei Säulenreihen, und mit drei Toren nach Süden ... und der Khan sitzt an erhöhter Stelle nach Norden hin, so daß er von allen gesehen werden kann; zwei Reihen Stufen gehen zu ihm empor – auf einer geht sein Mundschenk zu ihm, auf der anderen steigt er hinab ... An seiner rechten Seite, nach Westen hin, sind die Männer, links die Frauen ...} Nach Süden hin, neben den Säulen an der rechten Seite, sind erhöhte Sitzreihen, auf denen sein Sohn und seine Brüder sitzen. Links ist die Anordnung gleichermaßen, und dort sitzen seine Frauen und Töchter. Nur eine Frau sitzt oben neben ihm, doch nicht auf gleicher Höhe.

Ausgrabungen haben Aufschluß über diesen Palast gegeben. Er stand in einem dreifachen, etwa sechs Meter hohen Mauerring auf einem fast hundert Meter langen Hügel. Viele der Dächer waren aus glasierten Ziegeln in Rot, Blau und Gelb, die in mehreren Stufen übereinander angeordnet und von starken Holzstämmen getragen wurden. Man fand Reste von Tonwaren und gußeisernen Kesseln unter dem einstigen Fußboden, außerdem Tierknochen, die offenbar nach Mahlzeiten weggeworfen wurden. Drei Tore führten in die Eingangshalle, deren Breite von etwa fünfzehn Metern eindrucksvoll gewesen sein muß. An der Decke befanden sich in grünen und gelben Farbtönungen gehaltene Darstellungen geflügelter Drachen, und die Torflügel waren verziert mit Skulpturen von Löwen und Bären in schimmernder Vergoldung. Um den hochgelegenen Palast gruppierten sich Nebengebäude und Pavillons; manche von ihnen erwähnt der aufmerksame Beobachter Wilhelm in seinem Bericht.

Die Anlage der Stadt spiegelt die Selbstsicherheit der Mongolen wider, denn ihre Verteidigungsanlagen waren mehr symbolischer Art, ein kaum zwei Meter tiefer Graben, eine zwei bis drei Meter hohe Mauer, bedeckt von einem Zaun aus Flechtwerk. Die Stadtmauern waren in Nordsüdrichtung etwa zwei Kilometer und in Ostwestrichtung an der breitesten Stelle eineinhalb Kilometer lang. Wie es in einer lebhaften Stadt die Regel war, siedelten die Menschen auch außerhalb der Mauern in Vororten entlang den Hauptstraßen. Als das Osttor ausgegraben wurde, kam ein Ziegelofen zum Vorschein, aus dem Heißluft über Steinrohre in andere Gebäudeteile geleitet wurde. Es gab auch ein langes, niedriges Häuschen, eine Art Paßkontrollstelle für ankommende Reisende; wenn niemand kam, aßen die Wachen und warfen die Fleischknochen weg.

In der Stadt muß es auch Kleinindustrien gegeben haben. Kessel, die man fand, waren aus einem Metall gegossen, das nicht durch Hand-Blasebälge erhitzt sein konnte; Wasserräder müssen die Kraft für das Gebläse erzeugt haben. Es muß auch einen Kanal gegeben haben, der Wasser aus dem Orchon zuführte. Zu den Erzeugnissen dieser Schmieden gehörten Pfeilspitzen, Schwerter und gigantische Achsen, die nicht für gewöhnliche Wagen, sondern als Träger für die großen Prunkzelte der Fürsten oder die Maschinen eines Belagerungstrosses bestimmt waren. Holzstempel zeigen noch immer das Wort *idshi* als Zeichen des Eigentums des Herrschers – es bedeutet ›verfügt‹. Man fand auch Überbleibsel weiterer Handwerkszweige – Brennöfen mit Tonwaren und feinen Glasuren in Hellbraun, dunklem und hellem Blau, Olivgrün und Grau. Pickel, Pflugscharen, Hacken und Sicheln deuten auf das Vorhandensein der Landwirtschaft, Knochenfunde auf Fleischereibetriebe und eine reichhaltige Viehzucht hin.

Nahe am Zentrum Karakorums stand ein zweimal abgebranntes und zweimal wiederaufgebautes Haus, dem die Ausgrabungsfachleute den Namen ›Haus an der Kreuzung‹ gaben. Seine Dächer hatten farbige Ziegel; die Drachen am Torweg waren aus Ton modelliert, und Blumenbilder schmückten die verputzten Wände. Wie die Wachen am Stadttor konnten auch die Bewohner dieses Hauses dem strengen Winter mit Hilfe einer Zentralheizung trotzen.

Vielleicht ist Wilhelm von Rubruck in einem solchen Haus zum ersten Mal mit Möngke zusammengetroffen, denn er schrieb später, daß es »inwendig ganz mit goldverzierten Behängen ausgestattet war, und es brannte ein Feuer von Dornbüschen und Wermutwurzeln ... und von Viehdung in einem Kamin inmitten des Hauses. Er saß auf einem Sofa, angetan mit einem gefleckten und glänzenden Fell, wie ein Seehundsfell.« Und er beschrieb Möngke, einen eher kleinen, flachgesichtigen Mann im Alter von etwa fünfundvierzig Jahren – im Jahre 1254 nach unserer Zeitrechnung.

Bei dieser ersten Begegnung bat der Missionar den Khaqan, in seinem Reich bleiben zu dürfen, um die christliche Religion zu lehren, oder wenigstens so lange, »bis diese Kälte vergangen ist, denn mein Gefährte ist so schwächlich, daß er ohne Lebensgefahr nicht zurückreiten kann«. Möngke gestattete ihnen einen Aufenthalt von zwei Monaten; sie blieben jedoch über ein halbes Jahr bei den Mongolen. Einige Höflinge des Khaqan fragten den Mönch über sein heimatliches Frankreich aus, »ob es dort viele Schafe, Rinder und Pferde gebe, und ob sie nicht nach dort kommen könnten, um sich alles anzueignen. Und ich mußte mich sehr zusammennehmen, um meine Entrüstung zu verbergen ...«

Wilhelm von Rubruck vermied Auseinandersetzungen; er behielt einen klaren Kopf und beobachtete seine Umgebung. Er interessierte sich für die astrologischen Fähigkeiten seiner Rivalen, der Schamanen. In seinem Bericht erwähnte er, daß Ungarn schon lange zuvor überfallen worden wäre, wenn die Wahrsager nicht davon abgeraten hätten. Die Schamanen sagten auch Sonnen- und Mondfinsternisse voraus. Während einer Finsternis scheint sich eine rituelle Furcht in den Mongolenlagern ausgebreitet zu haben, denn die Menschen lagerten Lebensmittel ein und verschlossen den Eingang der Zelte oder Hütten, bis die Dunkelheit vorüber war. Auf diese Weise vom Himmel verborgen, bearbeiteten sie ihre Trommeln und brüllten zum Trotz; wenn dann Sonne oder Mond wieder erschienen, kamen sie aus ihren Verstecken, um zu feiern. Allzu gern hätte Wilhelm, der glaubensstarke Franziskaner, auch Möngke zum Christentum bekehrt: »Hätte ich nur die Kraft eines Moses, um Wunder zu wirken, dann würde ich ihn überzeugt haben.«

Schließlich ritt der Mönch in den unruhigen Westen zurück bis zur Küste des Mittelmeers, wo er dann in Akka seinen Bericht niederschrieb. Bei sich trug er eine Botschaft Möngkes an Ludwig, in der der Franzosenkönig vom Khaqan aufgefordert wurde, zu ihm zu kommen, um ihm zu huldigen. Im Falle einer Weigerung drohte der Mongolenherrscher, daß »wir uns an unseren Befehl erinnern werden«. Eine so deutliche Sprache glaubte der Fürst der Steppe führen zu können, denn er konnte auf siegreiche Jahrzehnte zurückblicken und führte ein Heer von mehr als einer Million Mann, mit dem er jede Drohung in die Realität der verwüsteten Erde umsetzen konnte.

In China verfuhr sein Bruder Kublai großmütig mit der unterworfenen Bevölkerung. Er sagte sich, daß ein verwüstetes Land wertlos sei; blieb sein Reichtum dagegen erhalten, konnte es besteuert werden. Von Karakorum her betrachtet, erschienen die Dinge jedoch in anderem Licht. Möngkes Ratgeber warnten den Herrscher: Sein Bruder beginne, das besiegte Volk gegenüber seinem eigenen zu bevorzugen. Tatsächlich ließ Kublai auch seine chinesischen Gebiete von Einheimischen verwalten, und sein engster Ratgeber war ein alter Chinese, der weise Yao-shi. Seinem Ratschlag verdankte Kublai es auch, daß er wieder die Gunst seines Bruders gewann. Kublai wollte mit Waffengewalt Widerstand leisten, als Möngke ihn zurückbeorderte und einen Statthalter über China einsetzte; doch Yao-shi machte seinem Herrn klar, wie unklug dies wäre. Er riet ihm, sich demütig zu unterwerfen.

Möngke war besänftigt. Er setzte Kublai nicht nur erneut in seine Rechte ein, sondern stellte sich selbst an die Spitze eines Heeres, um seinem Bruder bei der Niederwerfung der Sung zu helfen und damit den mongolischen Machtbereich über den Yangtse auszudehnen. Nachdem er in der Nähe von Dschingis Khans Grab ein Opfer dargebracht hatte, brach er nach Südosten auf. Bei der Belagerung einer feindlichen Festung wurde sein Heer jedoch von der Cholera heimgesucht. Kam auch Möngke durch die Seuche um? Dschuwaini und Raschid vertraten diese Version; anderen Berichten zufolge starb er an einer Pfeilwunde. Nach acht Jahren Herrschaftszeit Möngkes war der Mongolenthron wieder verwaist. Wie seinen toten Großvater, so brachten die Mongolen auch die Leiche des Enkels in die heimischen Berge von Burkhan Kaldun, wo sie den Herrscher neben Dschingis Khan und dessen jüngstem Sohn Tuli in geheiligter Erde begruben.

Allmählich war die Erinnerung an Dschingis Khan dahingeschwunden; die Zeit trug das ihre dazu bei, die Gebote des Gründervaters vergessen zu machen, nämlich an der Einigkeit festzuhalten.

Nach dem Tode Möngkes brach der Kampf um die Herrschaft aus, den Dschingis Khan immer hatte verhindern wollen. In Karakorum war Arik-Buka, der jüngere Bruder Möngkes und Kublais, während des Feldzuges gegen die Sung als Statthalter verblieben. Und bei ihm waren die gleichen Ratgeber, die schon lange Kublai mißtraut hatten, denen der Reichtum Chinas verdächtig erschien und die, dem Traditionsbewußtsein Möngkes entsprechend, die städtische Kultur verachteten. Für sie bedeutete die Bereitschaft Kublais, die chinesische Art anzunehmen, eine Bedrohung. Nun wurden ihre schlimmsten Befürchtungen bestätigt. Ohne Rücksicht auf Dschingis Khans einstiges Gebot, daß alle seine Nachkommen auf einem gemeinsamen *kuriltai* den Nachfolger wählen sollten, ließ sich Kublai auf einer Versammlung seiner Heerführer und Gouverneure, der Männer, die seine chinesischen Gebiete für ihn verwalteten, selbst zum Khaqan proklamieren.

Auf einem anderen Teil-*kuriltai* in Karakorum wählte die konservative Partei den jüngeren Arik-Buka zum Khaqan. Der noch lebende ältere Bruder, Hulagu, hätte vielleicht den Ausbruch des Machtkampfes noch verhindern können. Bagdad und Damaskus hatten sich seinen Truppen ergeben, und Ägypten lag offen vor ihm. Unter Zurücklassung einer kleinen Streitmacht unter Ked-Buka, seinem besten Heerführer, wandte er sich nach Osten, um den Verlauf der Dinge zu beobachten oder um zu versuchen, das Gleichgewicht unter den Parteien wiederherzustellen. Doch die im Mittelmeerraum belassene Truppe war zu schwach. Im Gegenangriff vernichtete ein ägyptisches Aufgebot das Mongolenheer. Ked-Buka wurde gefangen und hingerichtet. Hulagu marschierte wieder zurück. Inzwischen hatten jedoch andere, bedeutendere Ereignisse ihren Verlauf genommen. Kublai wollte sich mit seiner Wahl zum Khaqan allein nicht zufriedengeben. Ihm schwebte noch etwas Größeres vor: Unter dem Jubel der von ihm ernannten chinesischen Fürsten und Verwaltungsoberen ließ er sich zum Kaiser von China krönen, zum Sohn des Himmels, Nachfolger der Dynastien aus drei Jahrtausenden.

Mit einem Schlag hatte er alle Bemühungen seiner Familie, die Erfolge und Erwartungen Dschingis Khans zunichte gemacht. Er übertrug die Macht der Steppenvölker dorthin, wo sie vor dem Mongolensturm konzentriert war – nach Peking. Karakorum, das bis jetzt die Hauptstadt des Herrschers über die halbe Welt gewesen war, wurde zum bedeutungslosen Zentrum eines Randstaates. Zweifel an dieser Konstellation sollten sich bald zerstreuen, denn schnell aufeinanderfolgende Feldzüge erwiesen, daß der Schwerpunkt sich nach Ostasien verlagert hatte. Arik-Buka wehrte sich vergebens; alle seine Bemühungen, die von mongolischen Truppenführern befehligten chinesischen Heere niederzukämpfen, schlugen fehl. Steuern und Tribute, die bisher aus den Gebieten des Ostens reichlich zugeflossen waren, kamen dem mongolischen Kernland nicht mehr zugute. Die Mongolei war zu arm, um auf sich allein gestellt den Bruderzwist durchstehen zu können. Arik-Buka unterwarf sich, brach sein Wort, unterwarf sich wiederum und wurde wieder wortbrüchig, bis er sich dann, nachdem einige seiner Bundesgenossen ihn im Stich gelassen hatten, bedingungslos ergeben mußte.

In der Folgezeit wurde Kaidu, der Enkel Ogedeis, zum Anführer der Opposition gegen Kublai und dessen Rolle als chinesischer Kaiser. Er drang nach China vor; Kublai unternahm Gegenvorstöße ins Steppengebiet. Sobald Kaidu in die Ebenen des Ostens vorgerückt war, umzingelte ihn Kublai, schlug ihn im Kampf und trieb ihn zurück. Die Mongolen blieben tapfere Krieger – doch die Chinesen, nunmehr unter mongolischer Führung, hatten neue Kampftaktiken erlernt. Sie besaßen jetzt eine kriegerische Mobilität und verfügten nicht nur über Reiterverbände wie die Mongolen, sondern auch über schwerbewaffnetes Fußvolk, Männer mit Spießen und Kurzschwertern, die sich vor den mongolischen Reiterattacken nicht fürchteten. Kublai, der nun von Peking aus regierte, brauchte sich wegen der Vorstöße seiner Vettern keine Sorgen mehr zu machen; die Überfälle der Mongolen in der Zeit vor Dschingis Khan hatten ja auch die Herrscher der Chin kaltgelassen.

Doch Kublai war viel bedeutungsvoller als die Chin, ja weitaus größer als es je ein Herrscher Chinas gewesen war. Die Sung wichen schließlich vor ihm zurück, so daß er das Reichsgebiet, das schon immer dem Sohn des Himmels gehorcht hatte, auf seine frühere Größe ausdehnen konnte. Und als Khaqan der Mongolen, nunmehr ohne tatkräftigen Rivalen, beherrschte er nicht nur China, sondern auch weite Gebiete des Westens. Er entsandte Eroberungsheere nach Yünnan in den Südwesten, nach Osten gegen Japan und nach Süden gegen Java. Überall hob er Truppen aus, an den Hängen des

Kaukasus und des Altai, an den Ufern des Dnjepr und des Yangtse, an den Grenzen von Byzanz und Korea, in den Straßen von Kiew und Moskau, Täbris und Isfahan, Peking und Hangtschou. Von der Mündung des Yangtse aus konnte man achttausend Kilometer nach Westen reiten, ohne an die Grenzen des riesigen Reiches zu gelangen, das er regierte.

Kublai rief sich im Jahre 1260 zum Herrscher aus, und ohne Zögern machte er sich an Reformen, die auch Dschingis gutgeheißen hätte. Er ließ Poststationen einrichten und zweihunderttausend schnelle Pferde für die Nachrichtenübermittlung bereitstellen. Er begann mit der Wiederherstellung der im Verlauf der langen Kriege vernachlässigten Wasserstraßen Chinas. Zweihundert Jahre zuvor hatte der Staatsmann und Reformer Wang An-shih Maßnahmen zur Überwindung der Hungersnöte vorgeschlagen; Kublai setzte die Ideen in die Tat um, indem er Kornspeicher einrichten ließ, in denen er Vorräte für Zeiten der Mißernte einlagerte. Er rief ein Versorgungssystem für die Armen ins Leben, nicht nur für Waisen und Kranke, sondern auch für Alte, die kein Einkommen mehr hatten. Auch Krankenhäuser ließ er bauen. Besonders aber förderte er den Ausbau Pekings, seiner Winterhauptstadt. Dieser Wiederaufbau der großen Stadt prägte sich in der Erinnerung seiner Landsleute und der staunenden Welt für immer ein. Die Metropole erglänzte in ihrer neuen Pracht, in prunkvollen Hallen und ausgedehnten Parks mit Pavillons, Rasenflächen und künstlichen Teichen und Hügeln, in Hecken und Obstgärten, Wegen, Arkaden und Alleen, über die Gesandte, Fürstlichkeiten und Großkaufleute aus aller Welt spazierten.

Dabei gingen aber die Feldzüge weiter. Kublais Heere drangen tiefer in den Süden vor. Als dann im Verlauf des zweiten Jahrzehnts seiner Regierungszeit das gesamte Reich der Sung unterworfen und der Erbe dieses Herrscherhauses, ein Kind, in ein buddhistisches Kloster gesteckt worden war, brach auch der letzte Widerstand zusammen. Eine Zeitlang schleppten die letzten Anhänger der Sung ein weiteres kleines Kind, den Bruder jenes Erben, mit sich herum, und die Dschunke, in der es sich befand, wurde zur leichten Beute der Schiffe Kublais an der Südküste Chinas. Die Verfolger schickten sich zum Entern an. Da packte ein Diener das Kind und sprang mit ihm über Bord ins Meer: »Tod statt Entehrung« – dieser trotzige Ruf hallte über dem Ende der Dynastie. Der Ehrgeiz Dschingis Khans hatte im Triumph seines Enkels letztlich seine Erfüllung gefunden. Doch der Preis war hoch – die Länder, von denen seine Eroberungszüge ausgegangen waren, sollten wie in alten Zeiten später bedeutungslos werden.

Dieser Zusammenbruch des alten China, der siebzig Jahre nach dem Beginn der Feldzüge der Mongolen erfolgte, zog aber in gewissem Sinne eine Niederlage der Eroberer nach sich. Denn nach außen hin beherrschte zwar der Mongole Kublai China; seinem Charakter nach aber wurde er selbst Chinese. Er unterwarf sich so bedingungslos der Kultur des Landes, daß sogar der Adel des alten Systems, soweit er die Kriege überdauert hatte, ihn nicht als Barbaren betrachtete, so wie es bei seinen Vorgängern, den Dschurdschen und Kitan, der Fall war. Kunst und Literatur erlebten in den Friedensjahren eine Blütezeit, und der Handel florierte; Karawanen mit Waren zogen über die Steppe, Seidenstoffe und Pelze wurden ausgetauscht, besonders in den großen Städten Persiens, die Tonwaren und handwerkliche Metallerzeugnisse lieferten. Die Handelsstraßen wurden gut bewacht und instandgehalten. Brückenbauten erleichterten den Transport der Güter, und eingeebnete Wege ermöglichten ein schnelles Vorankommen der Karawanen. Die »Pfeilreiter«, Sendboten des Khaqan, galoppierten über diese Reichsstraßen. Sie legten täglich bis zu fünfhundert Kilometer zurück und waren, wenn erforderlich, tagelang unterwegs. Der Wohlstand im Reich nahm zu, denn es herrschte Friede; und doch – in seinem Wesen wurde es umgestaltet, denn das Wesen seines Herrschers war andersartig als das seiner Vorgänger.

Er war zwar noch immer Khaqan und der Enkel seines Großvaters. Dschingis hatte kluge Ratgeber an sich gezogen; jetzt war es Kublai, der Künstler und Philosophen, Gelehrte und Baumeister aus allen Teilen seines Reiches um sich scharte. Er ordnete an, daß ein neues Schriftsystem eingeführt wurde, das ein tibetischer Lama namens Phagspa entwickelt hatte; dieses Interesse an der Vereinheitlichung der Schrift war mit den Bemühungen Dschingis Khans um die Einführung des uigurischen Alphabets vergleichbar. Wie Dschingis war auch Kublai gegenüber anderen Religionen tolerant; unter seiner Herrschaft genossen Buddhisten, Taoisten, Moslems, Christen, Konfuzianer und Juden Glaubensfreiheit und mitunter sogar besonderen Schutz. Von den Religionen machte die buddhistische den größten Eindruck auf Kublai, und er machte Phagspa zum ›Lehrer des Reichs‹. Diese Erzpriesterstellung ermöglichte es dem Lama, den Einfluß seiner Rivalen, der Taoisten, zurückzudrängen. Auf den Spuren der in früheren Zeiten ins Mongolenreich gelangten Mönche kamen weitere Missionare wie Oderich von Pordenone und Johannes von Montecorvino. Auch die nestorianischen Christen entsandten Missionen in den Westen. Rabban Sauma reiste zu mehreren Stadtstaaten in Italien und wurde von Philipp dem Schönen von Frankreich und Englands König Eduard I. empfangen.

Dschingis hätte auch seine Freude an Kublais Vorliebe für die Jagd gehabt; weit weniger hätte dem alten Nomaden gefallen, mit welchem Aufwand sein Enkel die Pirsch betrieb. Er ritt bequem auf dem Rücken seines Elefanten und ließ das Wild von Jagdleoparden zusammentreiben. Von außen schien das Jagdzelt Kublais dem Zelt Dschingis' zu ähneln mit seinen Seiten aus Leopardenfellen. Innen war es jedoch mit kostbaren Hermelin- und Zobelfellen ausgestattet. Seinem Großvater ähnelte Kublai auch in seiner Begehrlichkeit Frauen gegenüber; doch wurden ihm diese nicht mehr als Kriegsbeute gebracht oder als Gewinn diplomatischer Schachzüge zugespielt. Nunmehr fanden zweimal jährlich ›Schönheitskonkurrenzen‹ statt; etwa dreißig wurden ausgewählt, die körperlich als makellos galten, gesittet und gescheit waren. Diejenigen, die von Frauen des Hofes als geeignet angesehen wurden, teilte man in Gruppen zu je fünf ein; drei Tage und Nächte lang stand dann jeweils eine der kleinen Gruppen Kublai zur Verfügung. Sein *koumiss* wurde aus der Milch schneeweißer Stuten hergestellt. Die Diener, die ihm das Getränk reichten, mußten Seidentücher vor dem Mund tragen, damit ihr Atem nicht den Trank des Herrschers verunreinigen konnte. Seine ›Pfeilreiter‹ verringerten Zehntagereisen zu Ritten von nur zwei Tagen, um dem Herrscher frische Früchte aus dem tiefen Süden zu bringen. Die Glöckchen, die sie trugen, klingelten bei der Annäherung an jede Poststation; das frische Pferd stand schon bereit, und der Reiter sprang von einem Sattel in den anderen. Wie ein Wirbelwind stob er dann im Galopp davon, während der Pferdeknecht dem entschwindenden Reiter nachblickte, mit einer Hand das dampfende Pferd haltend und voller Staunen an die ferne Hauptstadt im Norden denkend, wo der fremde Herrscher seinen feudalen Hof hielt.

In all diesen Vorgängen werden die schillernden Konturen jenes Kublai Khan deutlich, dessen Xanadu sich in den Visionen Coleridges verkörperte. Man erkennt die wahre Größe des Kaisers von Kathay, wenn man bedenkt, daß in Italien noch fünf Jahrhunderte später ein Aufschneider und notorischer Schwindler ein ›Marco Polo‹ genannt wurde – in Erinnerung an jenen Mann, der die berühmteste Beschreibung des China unter Kublai verfaßt hatte. Doch es gab in der Tat ein Xanadu – Shang-tuan, auf einem südlichen Ausläufer des Kitan-Gebirges, wo Kublais Marmorpalast gestanden hatte, umgeben von Parkgelände. Hier ließ er in architektonischer Ehrerbietung vor seinen nomadischen Vorfahren ein riesiges Zelt errichten mit vergoldetem Dach und Pfosten und Stricken aus schimmernder Seide – ein Bauwerk, das nur symbolisch ein Zelt darstellte und das nie abgerissen wurde. Der Mönch Oderich von Pordenone beobachtete den stattlichen Zug des Hofes, der sich am Ende des Sommers zurück in die Hauptstadt bewegte, und berichtete von vier Heeren berittener Gardisten, die den Zug auf allen Seiten begleiteten. Er beschrieb Kublais zweirädrige Kutsche, »mit kostbaren und feinen Fellen bedeckt und mit vielen Edelsteinen besetzt«, die von vier Elefanten oder vier Pferden gezogen wurde. Vier Kammerherren standen ihm stets zur Verfügung, und Kublai führte »zwölf Falken« mit sich, »so daß er sie loslassen konnte, wenn er Vögel vorbeifliegen sah«.

So wie Oderich schrieb auch Marco Polo wahrheitsgemäß und als kühler Beobachter; er irrte nur an den Stellen, wo er sich auf Hörensagen statt auf die eigene Erfahrung verließ. Siebzehn Jahre lang zog er kreuz und quer durch Kublais Reich als kaiserlicher Abgesandter ohne besonderen Titel, nur auf das Vertrauen des Herrschers gestützt. Schon sein Vater und sein Onkel hatten für den fremden Monarchen gewirkt. Sie hatten sich die kaiserliche Wertschätzung verdient, aber auch sehr viel Geld. Als der Herrscher im hohen Alter stand, verließen sie trotz seines Widerspruchs das Land, um in ihr heimatliches Genua zurückzukehren. Niemand wollte ihren Berichten Glauben schenken. Dennoch sollte um die Mitte des vierzehnten Jahrhunderts Peking eine katholische Diözese werden, und die Handelsstraßen zwischen Europa und dem Fernen Osten wurden kartographisch erfaßt, so daß der abenteuerlustige Reisende eine Handhabe hatte, um auf

Karawanenpfaden den Reichtümern des Landes Kathay entgegen-
ziehen zu können.

Um diese Zeit war Kublai schon lange tot. Während seiner Herrschaft mußten mongolische Heere in Syrien, vor der Küste Japans
und anderswo zum ersten Mal die herben Enttäuschungen schwerer
Niederlagen einstecken. Nach seinem Tod brach das große Reich,
das Dschingis Khan erträumt hatte und das kurz vor seiner Vollendung stand, unter der Last der weiten Entfernungen und den Be-
drängnissen dynastischer Rivalitäten zusammen. Der Erfolg der
Mongolen hatte seinen Höhepunkt erreicht. Alle Nachfolger Dschingis Khans hatten nach der Weltherrschaft gestrebt. Doch alle waren
durch ihre Schwächen oder durch Kurzsichtigkeit diesem Ziel nicht
nähergekommen. In einem Zeitraum von wenigen glanzerfüllten
Jahren hatte jedoch ein Mann das Ziel seiner Herrscherrolle nahezu
erreicht. In Kublai verkörperte sich ein kosmopolitischer Monarch.
Wenige Jahre hindurch kam seine Humanität, seine Befähigung als
Verwalter, seine Eignung, die besten Ratschläge zu befolgen, seine
Freude an der angenommenen Kultur und sein Ehrgeiz, den mongolischen Triumph auf kulturellen und künstlerischen Gebieten zur
Geltung zu bringen, zu vollem Durchbruch. Stolz und Übereifer waren seine Wesensmängel, und seine Heere mußten darunter leiden,
indem sie aus unbedeutenden Anlässen in Rachekriege geworfen
wurden. Doch er war nach Dschingis der bedeutendste der Kha-
qane, und zweifellos der zivilisierteste. So sollte er auch der letzte in
der Dynastie der Steppenherrscher sein, und es kam ihm zu, daß er
der erste Kaiser eines neuen chinesischen Herrscherhauses wurde.

2.2 Über die Wolga hinaus nach Westen

Unabhängig von Tendenzen zur Großmut oder Tyrannei, zur Einfachheit oder Prachtentfaltung behielt das Mongolenreich, vielleicht
weitaus mehr als jedes andere Staatsgebilde in der Geschichte, sein
Gleichgewicht durch die Triebkraft der Eroberungen. Wenn es auf-
hörte, seine Grenzen auszudehnen, so war es, als hätte es seinen
Daseinszweck verloren. Dschingis Khan hatte seine Nachfolger auf-
gerufen, sich die ganze Erde untertan zu machen. Sein Beispiel war
ihnen Vorbild, und seine Anordnungen hatten sie geleitet. So waren

auch die Ereignisse, bei denen der kämpferische Schwung der Mongolen auf den Widerstand ihrer Nachbarn stieß, dazu angetan, den Ruf zu begründen, den die Reiterhorden in der Geschichte einnehmen. Hat Dschingis tatsächlich den Satz geprägt: »Die Freude des Mannes beruht darauf, daß er seinen Feind niederkämpft, ihn austilgt, ihm alles wegnimmt, was er hat … daß er sein Bett auf dem Leib der Frauen seiner Feinde macht«? Dies wurde ihm nachgesagt, als seine Horden auf ihrem blutigen, erbarmungslosen Vormarsch waren. »Mutig, blutig und grausam« – so nannte ihn Dschuwaini, »einen rechtschaffenen, entschlossenen Schlächter«. In ganz Zentralasien zogen die Leichenhaufen Schakale und Raben an; die Luft war erfüllt von den Jammerrufen der Beraubten, den Schreien der Sterbenden. Ganze Völkerschaften gingen unter, kleine und große Städte verschwanden von der Landkarte, die Gebeine der Toten bleichten im Steppenwind.

Bei Nissa gerieten siebzigtausend Menschen in Gefangenschaft: Sie mußten sich auf Geheiß der Mongolen aneinanderbinden und wurden so um so leichter niedergemetzelt. Bei Merw mordeten die Eroberer über eine Million durch Stahl, Feuer und Wasser. Bei Nischapur sah Dschingis Khans Tochter zu, wie jedes Lebewesen, dessen die Mongolen habhaft werden konnten –, auch kleine Kinder, sogar Ratten – abgeschlachtet wurde. Sie sah zu, wie alle geköpft wurden und wie der Haufen der abgeschlagenen Häupter immer höher anwuchs. Dann zog sie befriedigt ab; ihr Rachedurst war gestillt. Ihr Ehemann war vor den Mauern dieser Stadt gefallen. So kam es zum Niedergang Persiens und seines Reichtums. Übrig blieb eine große Einöde, und ein halbes Jahrtausend sollte vergehen, bis wieder Wohlstand und Zufriedenheit im Lande einkehrten.

Doch Beute und Gebietserwerb konnten den mongolischen Drang nach neuen Erfolgen nicht befriedigen. Sie hatten den Luxus Chinas, den Handel und die handwerkliche Kunst des Islam an sich herangezogen. Die beiden großen Feldzüge nach Osten und nach Westen hatten sie reich gemacht und ihnen die Einkünfte aus riesigen neuen Territorien auch für die Zukunft gesichert. Aber die leitenden Männer im Mongolenreich wußten nur zu gut, daß ein Stillstand bald den Zusammenbruch nach sich ziehen könnte. Sie waren und blieben Nomaden, Steppenkrieger, Freibeuter; sie begriffen die Dynamik des Räubertums und fürchteten die Gefahren der Ruhe.

Die Männer leisteten ihrem Khan so lange Gefolgschaft, wie er für
Ernährung, Schutz und ihre Bereicherung sorgte. Dies konnte er
nur, wenn er anderen etwas wegnahm. Folglich blieb er nur so lange
Khan, wie er Beute beschaffte; und wenn er Welteroberer wurde,
mußte er für immer wiederkehrende Beute sorgen. Was wäre der
Lebenszweck des Anführers, wenn die Expansion zu Ende ginge
und der Zustrom neuer Reichtümer zum Erliegen käme? Dschingis
Khan kannte die Antwort auf diese Frage: Das Leben hätte dann keinen Sinn mehr. Die Mongolen würden nämlich selbstzufrieden und
faul werden, denn sie hätten ihre traditionellen Eigenschaften auf-
gegeben: Beweglichkeit, Zähigkeit und Einfachheit. Dann würden
sie die Reichen sein, und jenseits der Grenzen ihres Reiches könnten
widerstandsfähigere Völkerschaften auferstehen, die den Mongolen
die Früchte ihrer Siege entreißen würden. Dann würden sie auch
unter sich Ränke schmieden, um sich in den Besitz erworbenen
Reichtums zu setzen; sie würden ihn aber nicht vermehren und
schließlich dem Siegeswillen ihrer Feinde zum Opfer fallen, das
Reich würde in sich zusammenschrumpfen. Deshalb war Dschingis
weder mit den fruchtbaren Ländereien Chinas noch mit den wohlhabenden Städten Persiens zufrieden. Er wollte auch noch die Tanguten unterwerfen und der Herrschaft der Chin ein Ende bereiten.
Aber jenseits des Kaspischen Meeres lockte ein weiterer Kontinent,
und schon Dschingis hatte die Absicht, sich ihm zuzuwenden.

Die Feldherren Subatei und Dschebei waren bis an die Grenzen
Asiens vorgedrungen, als sie Muhammad verfolgten, den choresmischen Schah. Im Jahre 1220 war er an einer Rippenfellentzün-
dung gestorben, und so war der Weg frei für die mongolischen
Heere, die aus dem nordwestlichen Iran nach Aserbeidschan vorstießen. Subatei war durch Persien zu Dschingis Khan geritten und
hatte sich bei ihm Anweisungen für künftige Operationen geholt. Bei
ihren Streifzügen in den Gebieten von Aserbeidschan, Kurdistan
und Georgien hatten die Mongolen bereits festgestellt, daß vor ihnen
neue, reiche Länder lagen und daß es möglich war, die Verteidiger
zu besiegen. Im Jahre 1221 unternahmen sie den ersten Feldzug in
dieses Neuland, und zum ersten Male kamen sie auch mit der Ritterschaft des Westens in Berührung.

Dreißigtausend Mann unter Subatei drangen in das Königreich
Georgien ein, einen kleinen Staat, der jedoch militärisch gut gerü-

stet war. Die Ritterschaft wollte gerade einen Kreuzzug unternehmen, als plötzlich die Ungläubigen an den Grenzen auftauchten. Die
Bewohner waren sich zwar nicht sicher, ob sie nicht doch Christen
vor sich hatten – ein weißes Kreuz an ihren Emblemen schien darauf hinzudeuten –, doch sie sollten bald erfahren, daß keine Freunde
ins Land gekommen waren. Schnell sammelten sich die Georgier,
stellten sich in Schlachtlinie auf und begannen vorzurücken. Die
Mongolen schwenkten hin und her und verwickelten sich in
Kämpfe. Dann wandten sie sich plötzlich zur Flucht, von den christlichen Rittern verfolgt. Einen Augenblick lang schien es, als hätte
christliche Tapferkeit die mongolische Verwegenheit besiegt. Subatei, der den Rückzug leitete, vielleicht in einem großen Schlacht-
wagen, wahrscheinlicher aber wie seine Männer zu Pferde, behielt
die Ruhe, zog die Georgier auf seine Truppe und lockte sie in den
Hinterhalt. Plötzlich, wie aus dem Nichts, war auch Dschebei da.
Seine Kolonne drang in die Flanke der Georgier ein, unvermutet und
mit wildem Kampfgeist. Da machte auch Subatei eine Schwenkung;
seine Männer rissen ihre Ponys herum, und der Rückzug verwan-
delte sich in einen Angriff. Von zwei Seiten eingekesselt, schwankten die Reihen der Georgier; sie versuchten zu fliehen, wurden aber
niedergemetzelt Ihre Herrscherin, Königin Russudan, schrieb an
den Papst über das Wesen der Eindringlinge – »Ein wildes Volk,
höllisch anzusehen, reißend wie Wölfe und tapfer wie Löwen« –,
doch sie behauptete, gesiegt zu haben. Dies traf natürlich nicht zu,
denn die Mongolen wollten noch neue Eroberungen machen, und
Dschingis Khan hatte ihnen hierfür nur drei Jahre zugestanden.
Danach sollten sie zurückkehren. Hinter sich ließen sie ein verwüstetes Land, dessen Streitmacht niedergerungen war: »Weh uns«,
schrieb die Königin, »wir können nicht mehr das Kreuz nehmen,
wie wir es Eurer Heiligkeit versprochen haben.«
Nun zogen die Mongolen über die Höhen des Kaukasus – ein
Feldzug, der ähnliche Ausdauer und Verwegenheit erforderte wie
die Überquerung des Pamir einige Jahre zuvor. Sie ließen ihre Bela-
gerungsgeräte zurück; Zugtiere kamen um, und sie selbst kletterten
über unzugängliche Paßwege unter großen Anstrengungen nach
Norden. Als sie endlich wieder auf ebenes Gelände gelangten, sahen
sie eine vertraute Landschaft vor sich – Steppenland, das sich nördlich des Schwarzen Meeres bis weit ins Herz Rußlands ausdehnte.

Wolga

Serai-Berke

Akhtuba

Kaspisches Meer

Georgien

Arguna

Kaukasus

Tiflis

Aserbeidschan

Armenien

Mughan-Steppe

Van-See

Täbris

Kurdistan

Rai

Hamadan

Persien

Russland
und Osteuropa
im Zeitalter
der Mongolen

Doch Gegner stellten sich ihrem Vormarsch in den Weg: Einheimische Steppenkrieger, besonders die nomadisierenden Kiptschaken, machten sich zum Kampf bereit. Aber die Kiptschaken waren ein Turk-Volk und somit Vettern der Mongolen; ihre Lebensverhältnisse waren ähnlich, und so schienen sie geneigt zu sein, den Eindringlingen Freundschaft entgegenzubringen. Einen Tag lang gab es Scharmützel, danach gingen die Mongolen auf andere, diplomatische Weise vor. Subatei bot den Gegnern Geschenke an, und bald gelang es ihm, die Gefahr zu bannen.

Die Kiptschaken hatten sich mit den Völkern der Kaukasus-Region, den Alanen und Tscherkessen, verbündet; und diese, nunmehr auf sich allein gestellt, wurden bald besiegt. Subatei wandte sich nun der Bekämpfung der Kiptschaken zu, die sich wehrten, doch nach und nach niedergerungen wurden. Ein Stamm nach dem anderen fiel dem Angriff der Mongolen zum Opfer. Zuerst langsam, dann immer schneller weiteten sich die Staubwolken der vorrückenden Reiterscharen nach Westen aus. Als die Kiptschaken die Mongolen wegen ihrer Hinterlist anklagten, konterte Subatei mit der Behauptung, sie hätten Verrat begangen. Er sagte, daß diese Ländereien Dschotschi gehörten und diesem vom Herrscher der Welt übertragen wurden – weshalb unterwarfen sich die Kiptschaken nicht gleich den Abgesandten Dschotschis? Somit führten die Mongolen nach seiner Ansicht einen gerechten Krieg. Fast dreißigtausend Mann zogen um das Asowsche Meer herum und überquerten den Dnjepr, dann den Dnjestr.

Die Welt erzitterte. Sudak, eine genuesische Niederlassung auf der Krim, versuchte der mongolischen Belagerung zu widerstehen. Vergebens – nur wenige Überlebende entkamen auf Galeeren übers Schwarze Meer. Im heimischen Italien berichteten sie von den erlebten Greueltaten der Horden aus dem Osten. Auch nach Byzanz drangen Nachrichten von der Niederlage Georgiens, und Flüchtlingsberichte der Kiptschaken vergrößerten die Angst. Der Kaiser gab den Heimatlosen neue Wohnsitze in Kleinasien und wandte sich dann mit verzweifelter Energie der Verteidigung seines Reiches zu. Furchtsam erwarteten die Menschen an den Grenzen des byzantinischen Herrschaftsgebietes den nächsten Ansturm der geheimnisvollen Eindringlinge, und während sie warteten, vermischte sich ihre Angst mit Spekulationen, Gerüchten und Einbildungen.

Die Realität war überwältigend genug. Kotyan, ein Khan der Kiptschaken, trotz seiner Niederlage noch immer ein wohlhabender Fürst, brachte seinem Schwiegersohn Geschenke und bat ihn um Hilfe. Dieser, Mstislaw von Halicz, ein russischer Fürst, begriff, daß dem Land Gefahr drohte. Er machte mobil und zog eine Streitmacht von mehr als achtzigtausend Mann zusammen, um die mongolische Bedrohung ein für allemal auszuschalten. Die Mongolen unternahmen wiederum einen Versuch, durch Diplomatie ihre Gegner zu entzweien; eine zu den Russen entsandte Abordnung behauptete, daß der Krieg nur den Kiptschaken gelte, jenen ungehorsamen Vasallen Dschotschis und des großen Khan. Die Russen töteten die Abgesandten, und den Mongolen blieb nichts anderes übrig, als den Krieg weiterzuführen. Als die Russen vorrückten, unterstützt von Kriegsschiffen auf dem Dnjepr, griffen Subatei und Dschebei zur alten Kampftaktik der Mongolen, doch in zuvor unbekanntem Ausmaß. Sie zogen sich zurück, immer weiter nach Osten, hinter sich die triumphierenden Kolonnen der Verfolger in die Weite lockend.

Am neunten Rückzugstag machten sie endlich halt. Die Vorhut der Gegner, hauptsächlich Kiptschaken, raste ihnen rachedurstig entgegen, siegesgewiß nach der langen Verfolgung. Doch hier, an den Ufern des Flusses Kalka, kam der ganze Kampfesmut der Mongolen wieder zum Durchbruch. Die Kiptschaken wankten, ihre Schlachtlinie zerbrach. In wilder Flucht prallten sie auf das Gros der vorrückenden Truppe. Diese Streitmacht, die sich im Verlauf ihres Vormarsches in einzelne Abteilungen aufgegliedert hatte, war den Mongolen zwar zahlenmäßig überlegen, doch weitaus weniger kriegserfahren. Eine Heeresgruppe nach der anderen unterlag den mongolischen *toumans*. In wilder Panik zurückweichend, fand ein Teil der russischen Truppe erst wieder Halt, als sie sich unter dem Befehl des Fürsten von Kiew im Schutz hoher Flußufer verschanzte. Mstislaw von Halicz flüchtete zu Schiff. Drei Tage lang hielten die Truppen unter dem Fürsten von Kiew stand; er selbst konnte von den Mongolen keine Schonung erhoffen, da er für die Tötung der Abgesandten verantwortlich war. Als dann seine Abteilungen auf den Dnjepr zurückgedrängt wurden und es kein Entrinnen mehr gab, mußte er die Rache der Sieger am eigenen Leibe erfahren: Die Mongolen legten ihn, wie es ihm als Edelmann zukam, in einen großen Teppich, in dem er dann erstickte. Fünf weitere Fürsten kamen um

und siebzig russische Edelleute. Kaum achttausend Mann der geschlagenen Truppe blieben am Leben, die Kiew-Armee ging fast geschlossen zugrunde. Der Überraschungsfeldzug gab ganz Südrußland den Siegern in die Hände.

Nach Norden ging der Zug, dann nach Osten; die Mongolen bereiteten sich auf den Ritt in die Heimat vor. Sie waren nicht mehr dreißigtausend Mann stark, wie zu Beginn, und zur Eroberung ganz
Rußlands reichte die Truppe nicht aus. Aber sie hatten Europas
Schwäche kennengelernt, und sie wußten, daß sie bald zurückkehren würden. Inzwischen war auch das Kriegsziel nahezu erreicht:
Das Volk der Wolgabulgaren, das im fruchtbaren Mündungsgebiet
der Kama in die Wolga siedelte, mußte noch unterworfen werden,
und nach mancherlei kleineren Gefechten waren die Mongolen ihrem Sieg nahe. Lediglich ein Verlust in ihren eigenen Reihen trübte
ihren Triumph. Als der lange Zug der Heimat entgegenstrebte, starb
Dschebei – der ›Pfeil‹, der verdienstvolle Feldherr, ein Mann, der wie
kaum ein anderer die Geschichte des mongolischen Vormarsches
mitgeprägt hatte. Voller Schmerz vernahm Dschingis Khan die
Nachricht vom Tode seines Getreuen.

Doch ihm blieb noch Subatei, der siegreiche Truppenführer.
Wochenlang erstattete der gewitzte, korpulente Kriegsheld seinem
Herrn Bericht über die neuerschlossenen Gebiete, die gemachte
Beute, die errungenen Siege – und die Eroberungen, die noch nicht
vollendet waren. Doch es sollte über ein Jahrzehnt vergehen, bis
sich die Mongolen zu neuen Eroberungszügen entschlossen. Um
diese Zeit war Dschotschi, der Herr der westlichen Gebiete, bereits
tot, und auch Dschingis Khan war verstorben. Ogedei herrschte als
Khaqan über das Reich. Aber er behielt nicht nur Yelui Ch'u ts'ai als
leitenden Minister, sondern auch Subatei als Heerführer bei. Dschotschis Sohn Batu erhielt dem Namen nach den Oberbefehl über das
neue Kriegsunternehmen im Westen, da er als Erbe seines Vaters
Anspruch auf die neuerworbenen Gebiete hatte. Raschid berichtet,
dies sei so gekommen, weil »Dschotschi vorrücken und alle nördlichen Länder in Besitz nehmen sollte … bis hin zum Eisernen Tor.
Dschotschi vernachlässigte diese Aufgabe, und als Ogedei das Khanat übernommen hatte, beauftragte er Batu mit diesem Unternehmen …« Europa hätte keine Existenzgefährdung erfahren, wenn die
Mongolen tatsächlich nur bis zum Eisernen Tor vorgerückt wären,

zu jenem Engpaß, den die Donau auf ihrem Weg von den Ebenen Ungarns zu ihrem Delta am Schwarzen Meer durchschneidet.

Ogedei beging den Fehler, seinen Sohn Kuyuk und andere in die militärische Führung einzubeziehen; Dschingis Khans Nachkommen waren bereits in die dynastischen Zwistigkeiten und Rivalitäten verstrickt, die schließlich den Niedergang des Reiches heraufbeschworen. Von diesem Feldzug berief Ogedei seinen Sohn zurück; Kuyuk blieb in der Folgezeit zwischen Gehorsam und Aufsässigkeit hin- und hergerissen. Dieses Dilemma zeigte aber weitreichende Auswirkungen, als die Streitigkeiten um die Nachfolge begannen. Im Westen nahm inzwischen der Krieg seinen Fortgang, und Heerführer wie Batu, Subatei und andere kümmerte es wenig, was in Karakorum geschah. Sie waren sich nämlich bewußt, daß sie keinen leichten Feldzug vor sich hatten – Subatei schätzte, daß er achtzehn Jahre lang Krieg führen müsse, bis der Sieg errungen war. Er rechnete sich aus, daß Europa erst im Jahre 1255 niedergerungen werden könnte. Bis dahin aber würden aus dem westlichen Kontinent neue Reichtümer den Mongolen zufließen, und nach China und Persien wäre Europa das dritte auswärtige Landgebiet, das die unersättliche Mongolei bereichern könnte.

So zogen wieder die Horden in die Ebenen östlich der Wolga. Die hier ansässigen Turkvölker waren Vettern der Mongolen; waren sie erst einmal besiegt, so konnten sie vielleicht Bundesgenossen werden. Tausende dieser Krieger schlugen sich auf Batus Seite. Wieder galoppierten die schnellen Mongolenpferde über das Land der Wolgabulgaren am Unterlauf der Kama. Die Hauptstadt fiel; der Staat brach zusammen. Verstärkt durch die Streitkräfte der widerstrebend in Dienst genommenen neuen Verbündeten überschritten Subatei und das Hauptkontingent der Angriffstruppe das Eis der Wolga, in jenem Dezember des Jahres 1237.

Die Szene, ein historischer Wendepunkt in der Entwicklung Osteuropas, erscheint deutlich im Bild: Auf leisen Hufen trotten die kleinen Mongolenpferde durch den Schnee des russischen Winters. Dampf steigt von ihren Nüstern auf, und Dampf entströmt den Nasen ihrer Reiter. Dicke Pelzmützen sitzen auf den Köpfen der Krieger; sie beugen sich fröstelnd auf den Rücken ihrer Pferde, die langen Überröcke hängen an den Flanken der Tiere herab. Auf dem Rücken trägt der Reiter den Köcher mit den Pfeilen; sein Säbel bau-

melt an seiner Seite, seinen Speer hält er kampfbereit. Stimmen
erschallen, Standarten flattern im kalten Wind. Aus dem stahlgrauen
Himmel fallen Schneeflocken. Wagenräder kreischen, Holzteile
knarren im harten Frost; die Fahrer schnallen ihre Mäntel enger,
rufen den Zugtieren ermutigende Worte zu. Soweit das Auge blicken
kann – von überallher kommen die Kolonnen. Ein ganzer Kontinent
ist im Aufbruch. Ein Trupp kommt ins Stocken; Männer wenden sich
im Sattel um. Einer macht eine spöttische Bemerkung, sein rundes
Gesicht überzieht sich mit Lachfalten, die Augen werden klein wie
Schlitze zwischen den Lidern; an seinem spärlichen Bart hängen
Eisperlen. Doch nur einen kurzen Augenblick lang verharrt er so,
dann strafft sich sein Gesicht, das Lächeln verschwindet, und um
den Mund erscheint ein Zug von wilder Entschlossenheit und Grausamkeit. Schon hat er die Zügel herumgerissen, und wieder ist er
ein namenloser Krieger, einer der Zehntausende, die schweigsam
und unverdrossen über die Steppen ziehen, dorthin, wo die Großfürsten von Rußland ihre Stadttore verriegelt haben und sich auf den
Entscheidungskampf vorbereiten.

Batu hatte die Unterwerfung dieser Fürsten gefordert, er hatte
ein Zehntel ihrer Habe und ihrer Untertanen für sich verlangt. Die
Fürsten wußten, daß ihre Abwehrkraft groß war, und sie kannten
auch die Schwächen der Nomaden – während die Steppenkrieger
einen Bewegungskrieg führen wollten, zogen sich die Russen hinter
die Mauern ihrer Städte zurück. Sie waren sich nicht der Tatsache
bewußt, daß Dschingis Khans Mongolen auf anderen Feldzügen die
Kunst der Belagerung erlernt hatten. Als die riesigen Trosse mit
Belagerungsgerät vor den Toren der Städte eintrafen, war es zu spät.
Denn nun kam die Rache für die Tötung der mongolischen Abgesandten, die russische Fürsten in ihrem aristokratischen Hochmut
befohlen hatten. In ihrem blinden Stolz hatten sie es sogar ver-
säumt, sich zu verbünden; Fürst Juri von Wladimir wies eine Bitte
ab, Rjazan zu Hilfe zu kommen, wie russische Chroniken berichten,
»da er die Tartaren allein bekämpfen wollte ...« Eine Stadt nach der
anderen fiel dem Mongolenstamm zum Opfer. Die Chronisten erzäh-
len: »Am 21. Dezember nahmen die Tartaren die Stadt Rjazan ein,
ließen sie in Flammen aufgehen, töteten den Fürsten Juri Igo-
rewitsch und seine Frau, metzelten weitere Fürsten nieder; manche
der gefangenen Männer, Frauen und Kinder töteten sie mit dem

Schwert, andere mit Bogenschüssen. Sie warfen sie dann ins Feuer. Andere Gefangene banden sie, um sie zu morden und auszuweiden.« Die Horde stieß weiter vor. »Sie nahmen Moskau ein ... sie metzelten Menschen nieder, alte wie junge. Manche führten sie in die Gefangenschaft. Sie zogen mit großer Beute ab.« Doch weder Beute noch Gefangene konnten sie davon abhalten, ihren Vormarsch fortzusetzen.

Am Dienstag, dem 3. Februar (1238), näherten sich die Tartaren Wladimir ... Nachdem sie ihr Lager aufgeschlagen hatten ... setzten sie vom frühen Morgen bis zum Abend Gerüste und Sturmböcke zusammen, und während der Nacht umgaben sie die ganze Stadt mit einem Zaun ... Früh am Sonntagmorgen, dem 8. Februar, drangen die Tartaren von allen Seiten auf die Stadt ein und begannen ihren Angriff mit Sturmböcken und mit Wurfsteinen, so daß es schien, daß nach Gottes Willen ein Regen auf die Stadt niederging. Viele Menschen kamen um, und alle Städter zitterten vor Furcht. Die Tartaren durchbrachen die Mauer am Goldenen Tor, auch ... am Orinij- und Kupfer-Tor, und am Wolga-Tor und an anderen Stellen. Sie zerstörten die ganze Stadt, schleuderten Steine ins Innere und ... drangen wie Dämonen von allen Seiten ein. Vor der Mittagszeit nahmen sie die Neustadt ein, die sie in Brand steckten ...

Der Tod breitete sich aus, Schwert und Brand wüteten; dann stoben die mongolischen Kolonnen weiter vor ... manche in Richtung nach Rostow, während andere nach Jaroslawl zogen, das sie einnahmen; einige rückten entlang der Wolga nach Gorodez vor und setzten alles bis nach Merski Golitsch in Brand. Und von dort aus legten sie Feuer überall auf dem Land und in vielen Städten ... Im Februar nahmen sie allein in den Fürstentümern Rostow und Susdal vierzehn Städte ein ...

Innerhalb von drei Monaten gingen die Fürstentümer Nordrußlands zugrunde, die zwei oder drei Jahrhunderte zuvor unter dem Einfluß der Wikinger gegründet worden waren. Rjazan war in Batus Händen, ebenso Susdal, Moskau und Wladimir, Jaroslawl und Twer. Nowgorod, die alte Hauptstadt der Rus, wo die skandinavischen Waräger ihren ersten festen Platz geschaffen hatten, lag nur wenige hundert Meilen vor den mongolischen Heeresspitzen.

Doch der erwartete Durchbruch fand nicht statt. Lag es daran, wie manche meinen, daß Subatei die Gefahren der Schneeschmelze erkannte? Mit dem Verlust ihrer Beweglichkeit wäre auch der Kampfvorteil der Mongolen dahingeschwunden. Überall hatten sie Siege errungen, indem sie durch ihren ungestümen Vormarsch die Feinde zersprengten und schnell die Zielrichtung wechseln konnten. Es war ihnen gelungen, ihre europäischen Gegner über ihre zahlenmäßige Schwäche zu täuschen, indem sie ohne Unterbrechung vorrückten, im Sattel aßen und schliefen und, wenn erforderlich, die Pferde wechselten. Jeder Reiter erschien den überraschten Europäern wie eine Schwadron, jede Schwadron wie ein Regiment. Die Festungen waren auf die schlagkräftigen Belagerungen nicht vorbereitet; und wenn die Mongolen unerwartet wieder abzogen, wußten die Russen nicht, woran sie waren. Ihnen muß es vorgekommen sein, als ob eine Million Mongolen in ihrem Lande umherstreifte. Und doch – der Schlamm des Frühlings mußte ihren Vormarsch zum Erliegen bringen. Dies wußten die Verteidiger ebenso genau wie die angreifenden Mongolen, die zudem Zeit zur Sammlung und Neuorganisierung nach den schnellen Feldzügen benötigten.

Es gab noch einen anderen Grund für Subateis Entschluß, nun nach Süden vorzurücken. Kotyan, der Anführer der Kiptschaken, hatte bei Subateis erstem Feldzug den unglücklichen Mstislaw von Halicz gegen die Mongolen zum Krieg aufgehetzt und war nun eineinhalbtausend Kilometer mit seinen Herden, Zelten und vielen seiner nomadisierenden Untertanen nach Westen gezogen, wo er sich dem Schutz Belas IV., des Königs von Ungarn, unterstellte. Die Hirten und Krieger der Kiptschaken unterstanden jedoch nach Batus Auffassung, wie auch der seines Vaters, der mongolischen Herrschaft, und ihre Khane waren seine Vasallen. Dies war zumindest eine Argumentation, die dem weiteren Vorrücken der Mongolen ihre schmale Basis einer Legalität gab, und auf diesem Anspruch beharrend, schickte Batu einen Gesandten an König Bela. Er forderte, daß die Ungarn den Khaqan als Oberherrn anerkennen sollten. Bela reagierte mit Verachtung – wie die russischen Fürsten hielt er die Mongolen für minderwertige Menschen. Ungarn war kein kleines Fürstentum, sondern ein großes Königreich. Mit hochfahrender Entrüstung wies er das mongolische Verlangen ab, und der Abgesandte – zufällig ein Engländer und damit Vorläufer vieler guter Diplomaten – mußte alle seine Geschicklichkeit einsetzen, um sein Leben zu retten.

Der Winter des Jahres 1240 war nun herangekommen. Die Erde war fest gefroren, auch die Flüsse waren mit Eis bedeckt. Subatei rückte erneut vor; seine *toumans* überquerten den Djnepr, Kiew entgegen. Seit den zwei Jahrhunderte zurückliegenden Zeiten des Fürsten Jaroslaw war die Stadt eines der kulturellen Zentren Osteuropas. Die großartige Sophienkirche gehörte zu den fünf Prachtbauwerken, die er in seiner Hauptstadt hatte errichten lassen. Mit ihren dreizehn Kuppeln, ihren byzantinischen Mosaiken und schimmernden Fresken war sie eine der berühmtesten Kirchen der östlichen Christenheit. Die Stadt selbst stand ihrer Hauptkirche an Berühmtheit nicht nach; sie war gut angelegt, ein stolzes Zentrum des Handels, der Kunst und der Literatur. Die mongolischen Abgesandten, die die Übergabe forderten, ließ Michael von Chernigow, ihr fürstlicher Kommandant, über die weißen Stadtmauern stürzen. Doch diese Trotzhandlung nützte ihm wenig: Schon kurze Zeit darauf waren die schnell reitenden Horden in Sichtweite der Stadt. Michael suchte sein Heil in der Flucht. Er gesellte sich zu den vielen adligen Flüchtlingen, die sich am Hofe Belas versammelt hatten; ihre Anwesenheit hätte den Ungarnkönig eigentlich überzeugen müssen, daß seine Zurückweisung der mongolischen Bedingungen voreilig gewesen war.

Unter einem *Bojaren* namens Dmitri bereitete sich die Garnison von Kiew auf den Kampf vor. Ein zeitgenössischer Bericht beschreibt die Streitmacht, die jetzt die Stadt umzingelte:

(Die Mongolen waren) wie dichte Wolken. Das Rasseln der Wagen, das Brüllen der Kamele und des Viehs, der Schall der Trompeten, das Wiehern der Pferde und das Geschrei einer riesigen Menschenmenge machten es den Stadtleuten unmöglich, sich durch Zurufe zu verständigen ... Batu hatte angeordnet, daß Rammböcke gegen die Mauer nahe am Polnischen Tor eingesetzt wurden, denn dieser Teil der Mauer war aus Holz. Viele Sturmböcke hämmerten unaufhörlich gegen die Mauer, Tag und Nacht; die Bewohner waren verängstigt, und viele kamen um, das Blut floß wie Wasser ... Und so durchbrachen sie, mit Hilfe vieler Sturmböcke, die Mauern und drangen in die Stadt ein, und die Bewohner stellten sich ihnen entgegen. Man konnte sehen und hören, wie Lanzen und Schilde aufeinanderstießen; Pfeile verdunkelten den Himmel, und überall gab es Tote ... Während der Nacht errichteten die Menschen neue

Befestigungen um die Kirche der Jungfrau Maria. Als der Morgen kam, griffen die Tartaren an, und es gab ein erbittertes Gemetzel ... Die Tartaren nahmen die Stadt Kiew am 6. Dezember, dem St. Nikolaustag, ein. Sie führten den verwundeten Anführer, Dmitri, vor Batu, und Batu befahl, daß er wegen seiner Tapferkeit Schonung genießen solle.

Lange Zeit hindurch existierte Kiew danach nur noch dem Namen nach; von dem einstigen Kiew waren nur ein paar Mauern und Türme verblieben, die von vergangenem Glanz kündeten. Mitten in den Trümmern war wie durch ein Wunder die Sophien-Kathedrale stehengeblieben. Archäologische Ausgrabungen haben jedoch gezeigt, was mongolische Siege in den eingenommenen Städten bedeuteten. Im Erdreich von Kiew liegen noch heute die Skelette der einstigen Bewohner, die von den Mongolen niedergemacht worden waren. Die Gebeine von zwei kleinen Mädchen liegen zusammengekauert in dem Ofen, in dem sie sich verstecken wollten. Unter der Stelle, auf der einst die Desyatinnaya-Kirche gestanden hatte, liegen die Skelette der Menschen, die in einem Keller Zuflucht gesucht hatten. Sie hatten versucht, sich einen Fluchttunnel zu graben, doch kaum waren sie einen Meter vorgedrungen – Reste ihrer Spaten und Eimer hat man an der Stelle gefunden, wo sie den Verzweifelten aus den Händen geglitten waren –, da zerstörten mongolische Belagerungsmaschinen den Kirchenbau über ihnen, und die Flüchtlinge gingen unter den Trümmern zugrunde. Einer der Toten war ein Handwerker, der aus einer nahegelegenen Werkstatt in den Keller gerannt sein muß und der das bei sich trug, was er für das Wertvollste auf der Welt hielt – seine Gußformen. Eine davon trägt als Symbol vergänglichen Besitzes seinen Namen, Maxim.

An der Stätte des Mikhailowsky Zlatowerkhy-Klosters fand man Lagerräume und Werkstätten – besonders ein Gebäude, das jetzt den Namen ›Haus des Künstlers‹ trägt –, wo die damalige Zeit trotz der Katastrophe so abrupt und so vollständig erhalten geblieben ist, daß beispielsweise ein Kochtopf noch auf dem Herd stand, mit einem Holzlöffel, der einst im Brei steckte. Sechshundert Stücke Bernstein lagen zur Bearbeitung bereit; manche waren schon roh behauen. Vierzehn Töpfe mit verschiedenen Farben waren für Maler fertiggemacht. In einem anderen Haus zeugen eine zerbrochene Amphore und eine Kette mit Perlen inmitten geschwärzter Wände und Balken von dem schrecklichen Moment – dem Augenblick des Ausbruchs eines Brandes, der wilden Flucht des Kunsthandwerkers zur Haustür, mit seinen Geräten und Werkstücken in der Hand, und dann ... wohin? Vielleicht ist er gestolpert, und alles ging in Stücke? Oder er ist ins Freie gelangt, um dann unbarmherzig niedergemetzelt zu werden? Jedenfalls war die Flucht hier zu Ende, in diesem Kellereingang; die Spuren des Untergangs sollten sieben Jahrhunderte später ans Tageslicht kommen und von der Barbarei der Eroberer zeugen.

Weitere Städte fielen dem Wüten der Mongolen zum Opfer – Wschtschizh, Wyschgorod, Belgorod; Mauern, Burganlagen und Kirchen wurden zerstört und niedergebrannt, und all diese Ortschaften wurden entvölkert. Im Jahre 1245 schrieb Giovanni Pian de Carpini, der päpstliche Legat, daß in Kiew nur zweihundert Häuser stehengeblieben waren, während auf den umliegenden Niederungen die Gebeine der Erschlagenen bleichten. Kiew sollte jedoch eines Tages wieder zum Leben erwachen – schon für Carpini war es eine wichtige Station auf seiner Reise in den Osten, nach Karakorum. Andere Orte, die einst bedeutende Städte waren, fristeten eine kümmerliche Existenz als kleine Dörfer, und einige blieben für alle Zeiten vergessen. So ging Südrußland zugrunde, in einem großen Siegeszug, der für Subatei die Grundlage für seinen späteren Feldzug nach Ungarn schaffen sollte.

Nunmehr konnten die Mongolen die Früchte der Kontakte ernten, die sie drei Jahrzehnte lang mit dem Westen gepflogen hatten. Die Ergebnisse der Befragungen von Kaufleuten und Missionaren hatten sie sorgfältig ausgewertet, und die Mongolen, die gelegentlich als Abgesandte ins Abendland gelangt waren, hatten ihre Augen und Ohren offengehalten. Dschingis Khan hatte stets darauf hingewiesen, wie wichtig das Sammeln von Informationen sei; er hatte sogar ein eigenes Nachrichtensystem geschaffen. Auch seine Nachfolger wußten um den Wert der systematischen Erkundung. Während einerseits Europa nur ungenügende Kenntnisse über die Mongolen hatte, die ihm geheimnisumwittert und furchterregend erschienen, besaßen diese ein recht fundiertes Wissen über den Westen, seine Politik, seine militärischen Methoden, die Bündnissysteme und die dynastischen Verflechtungen der Landesherrscher.

Sie wußten nur zu gut, daß der ganze Kontinent sein Hauptaugenmerk auf die Rivalität zwischen dem Papsttum und dem Heiligen Römischen Reich legte. Ihnen war auch nicht entgangen, daß das Reich noch einmal einen hochbegabten Herrscher hatte, jenen Friedrich von Hohenstaufen, dessen sizilianischer Hochmut und erstaunliche Gelehrsamkeit den Abt von St. Gallen bewogen, ihm den Beinamen *Stupor Mundi*, ›Weltwunder‹, zu geben. Die Mongolen hingegen berührte es nicht im geringsten, welche der europäischen Mächte schließlich die Oberherrschaft gewinnen würde, denn sie fühlten sich ohnehin als die gottgesandten Welteroberer. Bedeutungsvoll war aber die Tatsache, daß beide Machtblöcke in Europa so sehr mit der Erhaltung ihrer Autorität beschäftigt blieben, daß sie nicht auf den Gedanken kamen, ein Schutzbündnis gegen die Eroberer aus dem Osten zu schließen, und daß sie mit den bedrängten Christen Osteuropas nur symbolisch sympathisierten.

Andererseits erkannten die Mongolen jedoch, daß der regierende Adel der eroberten Gebiete nicht willens war, sich Stück um Stück vernichten zu lassen; sie waren alle durch Ehen und Bündnisse miteinander verschwägert und verbunden, was eines Tages den Eroberern gefährlich werden konnte. Adlige aus verschiedenen Ländern – Polen, Böhmen und Deutsche – waren mit Bela IV. von Ungarn verwandt, und es bestand kaum ein Zweifel, daß sie ihm zu Hilfe eilen würden. Es war somit erforderlich, Bela nicht nur direkt anzugreifen, sondern auch seine möglichen Verbündeten zu vernichten. Kaidu, Ogedeis Enkel, wurde daher auf einen weiten Heereszug nach Westen beordert, um die Streitkräfte der polnischen Herzöge Boleslaw von Sandomir und Konrad von Masowien zu schlagen, außerdem um den deutschen Herzog Heinrich von Schlesien anzugreifen und, falls erforderlich, den böhmischen Herrscher Wenzel.

Ein Heer unter Kuyuks Bruder Kadan wurde zum Angriff auf die südlichen Provinzen entsandt. Subatei stürzte sich inzwischen auf das mittlere Ungarn. Ziel war die Hauptstadt Gran, wo Bela IV. hunderttausend Krieger um sich gesammelt hatte. Er hatte alle Vorbereitungen für die Verteidigung getroffen: Die Pässe über die Karpaten waren besetzt, und er hatte ein Parlament einberufen, um notwendige Maßnahmen zu beschließen. Hätte er einem der bekannten mittelalterlichen Heere gegenübergestanden, so wäre sein Königreich vielleicht verschont geblieben. Doch die Mongolen hatten einen unvergleichlichen Elan, eine Kampfkraft, der er sich nicht erwehren konnte. Sie durchbrachen die Grenzpässe und rückten mit unheimlicher Schnelligkeit ins Landesinnere vor, sechzig bis achtzig Kilometer am Tage, so daß die Ungarn sich nicht mehr sammeln konnten. Zu spät war es auch für Parlamentsbeschlüsse – denn nach zwei Tagen waren die Eroberer über das Gebirge und nach weiteren drei Tagen bis vor die Hauptstadt gelangt. Der Nordteil des Landes war in zwei Teile zerbrochen, während im Süden eine weitere feindliche Streitmacht wütete. Verständlicherweise wandte sich das Volk gegen die Kiptschaken im Lande, die diese Geißel heraufbeschworen hatten. Dieser Bürgerkrieg lenkte die Ungarn von ihrer eigentlichen Aufgabe ab, der Landesverteidigung.

Die geschmähten Kiptschaken zogen sich südwärts nach Bulgarien zurück – sie waren Nomaden geblieben und schuldeten Ungarn keine Bündnistreue. Bela sammelte seine Truppen; seine verstärkte Streitmacht war kampfbereit. Batu und Subatei zogen sich zurück, erst einen Tag lang, dann einen weiteren, schließlich noch zwei Tage. Als die Mongolen dann haltmachten und zwischen zwei Flüssen Stellung bezogen, schlug auch Bela ihnen gegenüber ein Lager auf und umgab sich mit einer Wagenburg. Die Ungarn brauchten nicht lange auf den Ansturm zu warten. Die Mongolen überschritten den Fluß Sajo, wurden zurückgeschlagen, griffen erneut an – vielleicht dieses Mal mit Geschützen. Der Aufprall niedergehender Schleudersteine und der Knall von Explosionen, die sie nie zuvor gehört hatten, brachte die Ungarn in Verwirrung. Ihr Rückzug wurde ihnen zum Schicksal: Als sie danach zum Gegenangriff vorstoßen wollten, konnten sie die Mongolen nicht mehr ins Wanken bringen, und dann wurden sie selbst in die Zange genommen.

Während der Nacht errichteten die Mongolen einen Brückenkopf flußabwärts. Über eine behelfsmäßige Brücke trieben sie ihre Zugtiere oder durchwateten den Fluß, Männer und Pferde gemeinsam. So konnte Subatei am Morgen in die Flanke des überraschten Gegners vorstoßen. In ihrer Wagenburg umzingelt, wehrten sich Belas Truppen mit der Verzweiflung der vom Schicksal Verdammten. Die Mongolen griffen schließlich zu einer Kriegslist, die sie in ihren Kriegen im Osten zur Perfektion gebracht hatten, in den Kämpfen mit den Tanguten, den Chin und dem choresmischen Reich. Sie gingen an einer Stelle zurück und täuschten so eine Flucht vor. Die Eingeschlos-

senen strömten aus der Falle – aber in eine neue Falle hinein, denn die
Mongolen folgten ihnen; sie ließen ihre schnellen Ponys ausschwär-
men. Doch dann schlugen sie zu: Wie eine Schafherde trieben sie die
ungarischen Truppen zusammen. Wohin die Zusammengedrängten
sich auch wandten, überall wurden sie zu Tode gejagt, wo sie auch
Zuflucht suchten, wurden sie aufgestöbert. Drei Tage lang dauerte
das Gemetzel an, und als es zu Ende gegangen war, lagen siebzigtausend Krieger in ihrem Blut in den Sümpfen und Flußniederungen des
Landes. »Ihre Leichen lagen überall, wie Felsen in einem Stein-
bruch«, schrieb ein Augenzeuge. Innerhalb weniger Wochen war das
christliche Königreich Ungarn seines Schutzes beraubt; jetzt war niemand mehr da, der es vor der Ausplünderung bewahren konnte.

Die Verbündeten Ungarns, die eine Verwüstung des Landes vielleicht hätten verhindern können, waren selbst mit der Abwehr der
Mongolen beschäftigt. Kaidus Truppen überschritten im Februar
1241 die Weichsel. Sandomir ging in Flammen auf, und zwei Wochen später war die gesamte mongolische Heerestruppe auf dem
Vormarsch über die Ebenen Polens, Deutschland entgegen. Am 24.
März wurde Krakau eingenommen und niedergebrannt. Wenige
Tage darauf standen die Eroberer vor Breslau, der Hauptstadt Schle-
siens; am 8. April kamen sie dann vor Liegnitz zum Stehen. Jetzt
endlich sammelte sich der Widerstand. Heinrich von Schlesien – die
Geschichte nennt ihn Heinrich den Bärtigen – holte sich alle Ritter
und Fußsoldaten, die er in seinem Herzogtum und beim polnischen
Adel aufbieten konnte. Die Templer hatten sich um ihn geschart, die
Johanniter, die Deutschen Ordensritter – unter seinem Banner trat
der Kern der nordeuropäischen Ritterschaft zum Kampf an. Die
Christenheit vertraute auf diese Streitmacht, zumal Heinrich noch
auf Verstärkung durch ein fünfzigtausend Mann starkes Heer unter
seinem Schwager hoffte, Wenzel von Böhmen.

Mobilität war die Basis der mongolischen Taktik; schnelle Nachrichtenübermittlung garantierte diese Beweglichkeit, und durch dis-
zipliniertes, einheitliches Vorgehen kam sie zum Ausdruck. Auf der
anderen Seite verließen sich die europäischen Ritter auf Kampf-
stärke und Masseneinsatz. Doch ihre Rüstung bot ihnen nicht nur
Schutz, sie machte sie auch zu schwer beweglichen Kämpfern. Sie
ritten vorwärts und durchstießen die feindlichen Linien wie Rammböcke. Mit Lanzen und Schwertern hieben sie um sich; Fußsoldaten,

die den Rittern folgten – oftmals widerwillig, da sie zum Dienst gepreßt wurden –, kämpften dann mit den Gegnern, die von ihren Herren vom Pferd gestoßen waren. Die Ritter, zumeist Landadlige, waren im Grunde Einzelkämpfer, die dem Fußvolk hochmütig gegenüberstanden und somit ein militärisches Zusammenwirken erschwerten. Sie übten sich im Kriegsspiel, besonders im Turnier, bei dem es auf geschickte Handhabung von Schwert, Lanze und Axt ankam. Die einfachen Heeresangehörigen waren verhältnismäßig ungeübt; Männer, die als Schäfer oder Landarbeiter von ihrer Tätigkeit weggeholt und zu Soldaten gemacht wurden. Hier in Schlesien waren es auch Bergarbeiter, die sich freiwillig dem Heer anschlossen. Die Armeen der damaligen Zeit stellten ein bunt zusammengewürfeltes Kriegsvolk dar, oftmals ohne Kampferfahrung, das sich gegenseitig mißtraute. Nur zeitweilig im Einsatz, enthielten die Streitkräfte auch Angehörige sich befehdender Gruppen und Dynastien. Wenn sie auch an diesem Apriltag des Jahres 1241 Heinrich von Schlesien als Oberbefehlshaber anerkannten, so bedeutete dies noch keineswegs, daß sie ihm unbedingten Gehorsam schuldeten. Die Mongolen hingegen waren ein Kriegsvolk unter straffer Führung; wenn die Europäer als einheitlicher Heerbann auftraten, so dauerte dies nur kurze Zeit. Im Kampf brach dann häufig die Disziplin auseinander, und jeder Mann suchte sich sein eigenes Gefechtsziel aus.

Heinrich, der den Standort der Verstärkung unter Wenzel nicht kannte, entschloß sich, ihm entgegenzumarschieren. Um die Vereinigung zu vereiteln, griff Kaidu ihn am frühen Morgen des 9. April an. Das Schlachtfeld trägt jetzt den Namen Wahlstatt, eine vor den schlesischen Bergen gelegene Ebene. Fast geräuschlos trabten die Mongolen über die Wiesen vor; wie ein Regenbogen schwirrten die Pfeile den Feinden entgegen. Als Heinrichs Vorhut bereits wankte, brachen die Mongolen ihren Ansturm ab. Plötzlich schienen sie sich zum Rückzug zu wenden, und ein tapferer Gegenangriff brachte sie in noch größere Verwirrung. Sie flohen, schossen aber noch immer ihre Pfeile ab, indem sie sich im Sattel nach rückwarts wandten. Triumphierend nahmen die Ritter die Verfolgung auf, ihre Pferde zum Galopp anspornend. Nie hatten sie daran gezweifelt, daß sie bei Vereinigung aller Kräfte die Nomaden aus dem Osten in die Flucht schlagen würden.

Doch wieder, wie schon so oft in ihren kriegerischen Unternehmungen, ließen die Mongolen ihre Verfolger in eine vorbereitete Falle vorstoßen. Aus versteckten Niederungen, hinter Gebüschen oder – wie Zeitgenossen berichteten – hinter ihrem eigenen Rauchvorhang verborgen, stürmten die Mongolen aufs neue vor, ihren Schlachtruf auf den Lippen. Wieder durchschoß ein Pfeilregen die Lüfte, rasten die schnellen Reiter den überrumpelten Feinden entgegen. Die Ritterschaft Ostdeutschlands wurde auf dem Felde von Wahlstatt schwer getroffen. Heinrich der Bärtige fiel, und mit ihm starben dreißigtausend, vielleicht vierzigtausend weitere Krieger – niemand weiß die genaue Zahl. Kaidus Männer schnitten den Gefallenen die Ohren ab und sandten sie in neun Säcken an Batu als Siegesbotschaft.

In der Zwischenzeit jagte eine mongolische Heeresgruppe eine Truppe in die Flucht, die hastig zur Verteidigung Litauens aufgestellt worden war. Dann zog sie am Südrand der Ostsee deutschem Gebiet entgegen und vereinigte sich mit dem Heer Kaidus vor den Toren des noch brennenden Liegnitz. Kaidu hatte inzwischen von Batus Sieg in Ungarn Kenntnis erhalten und überlegte seine weiteren Schritte. Wenzel hatte sich zurückgezogen; im Raum von Dresden wollte er sich mit neuaufgestellten Truppen aus Sachsen und Thüringen vereinigen.

Kaidu machte Anstalten, sich gegen ihn zu wenden; doch unvermittelt ging er statt nach Westen nach Süden vor, und während Wenzel ihm zuvorkommen wollte, war er bereits in Mähren, wo er die friedlichen Orte verwüstete. Das deutsch-slawische Land fiel in Schutt und Asche; die blutgetränkte Erde war mit Toten und Sterbenden übersät. Vergeblich bemühte sich der böhmische Herrscher, Kaidu an der Vereinigung mit den im Süden operierenden mongolischen Verbänden zu hindern. Kaidu gelang es, zu Subatei und Batu zu stoßen. Kuyuks Bruder Kadan hatte inzwischen drei Wochen lang die Provinzen Moldau, Bukowina und Transsylvanien verwüstet; am gleichen Tag, als Batu den Ungarnkönig Bela IV. besiegte, nahm er das stark befestigte und tapfer verteidigte Hermannstadt ein.

Bela hatte sein Königreich als Flüchtling verlassen. Kadan nahm die Verfolgung auf, so wie einst Subatei und Dschebei den flüchtigen choresmischen Schah Muhammad in die Enge getrieben hatten. Der ungarische König, nunmehr ohne Freunde und Untertanen, geriet in Gefangenschaft beim Herzog Friedrich von Österreich wegen einer alten Schuld. All sein Geld und Besitz mußten herhalten, um ihn loszukaufen. Er rief Europa auf, ihm zu helfen; doch weder päpstliche Frömmigkeit noch kaiserliche Versprechungen brachten ihm militärische Unterstützung. Während mongolische Belagerungsmaschinen die Mauern seiner Städte einrissen, zog sich Bela in das heutige Kroatien und an die adriatische Küste zurück. Kadan, der entschlossen die Verfolgung fortsetzte, stieß nach Dalmatien vor. Über die Berge hinweg unternahmen weitere mongolische Verbände inzwischen Vorstöße nach Udine, dem nur hundert Kilometer entfernten Venedig entgegen; eine dritte Heerestruppe verwüstete die Gegend um Wien. Bela verließ das Festland und suchte auf einer Insel Zuflucht, wie einst der unglückliche Muhammad. Auch Kadan ging zu Schiff weiter vor; die kleine Flotte des Ungarnkönigs wurde zersprengt. Weiter flüchtete Bela die Küste entlang. Kadan blieb ihm auf den Fersen. In Spalato, dem heutigen Split, legte der König eine Fluchtpause ein; die Ruinen des Palastes Diokletians werden ihn an die Vergänglichkeit irdischer Größe erinnert haben. Doch bald zog er sich wieder auf eine Insel zurück. Kadan bereitete sich auf eine neuerliche Verfolgung vor.

Europa war in diesem Augenblick nicht weit von seinem Untergang entfernt. Was im Norden und Osten geschehen war, konnte sich auch im Süden und Westen zutragen. Norditalien war bedroht, und die Mongolen waren von zwei Seiten in Deutschland eingefallen. Berichte über die Macht und die Grausamkeit ihrer Krieger verbreiteten sich überall, so wie die Mongolen es auch zur Einschüchterung ihrer Gegner beabsichtigt hatten. Schon ihr Name flößte Grauen ein – man nannte sie ›Tartaren‹ in Anlehnung an *Tartarus*, die höllische Unterwelt der Antike. Die Mongolen galten als Teufel, nicht als menschliche Wesen. Sie waren aus dem höllischen Schlund auferstanden, um den christlichen Frieden zu stören. Man übersah dabei, daß Papst und Kaiser bereits die christliche Solidarität zum Gespött gemacht hatten; die wahren Feinde, jene Tartaren, kamen aus dem Osten, um alle Hoffnung und den Glauben zu zerstören. Ihnen wurde nachgesagt, daß sie Kannibalen seien, die ihre Gefangenen verzehrten, besonders Frauen. Die Brüste von Jungfrauen seien besondere Leckerbissen für die Anführer. Atemlos und ohnmächtig sah man dem nächsten Ansturm entgegen.

Doch er sollte nicht kommen. Statt dessen erfolgte ein Abzug, den niemand vorausgesehen hatte. Überall packten die *toumans* ihre Beute zusammen; in allen Ländern ketteten sie ihre Gefangenen aneinander, um dann in aller Gelassenheit wegzureiten, beladen mit den Reichtümern eines halben Kontinents. Denn aus Karakorum hatte ein ›Pfeilreiter‹ über die halbe Welt eine schwerwiegende Nachricht überbracht: Ogedei war gestorben. Einen Augenblick lang zögerte Batu, denn Europa lag wehrlos vor ihm. Doch Subatei, die lebende Inkarnation der Traditionen Dschingis Khans, erinnerte ihn an die *Yassa*. Die Nachkommen des ersten Großkhans hatten die unabdingbare Pflicht, zur Wahl des neuen Herrschers zusammenzukommen, wenn der alte verstorben war. Es war Zeit, in die Kernlande zurückzukehren.

Europa erschauderte; der Abzug erschien unbegreiflich. Der Überraschung folgten geheimnisumwitterte Überlegungen – die Völker des Westens begriffen den Rückzug der Eroberer genauso wenig, wie sie den plötzlichen Vormarsch verstanden hatten. Als die Mongolen dann tatsächlich abgezogen waren, wandten sich die Europäer wieder ihren internen Streitigkeiten zu. Ohne tieferes Verständnis für das Wesen der Gefahr aus dem Osten entsandten sie Missionare nach Karakorum – Carpini, Wilhelm von Rubruck und andere –, in der Hoffnung, die religiöse Toleranz des Großkhan in eine Bekehrung zum Christentum umzumünzen. Vielleicht gaben sie sich sogar der trügerischen Hoffnung hin, ihre Erwartungen, die sie in einen fernöstlichen Priester Johannes setzten, in der Praxis zu verwirklichen; möglich ist aber auch, daß die Europäer ihren Bekehrungseifer im Sinne einer Reichsidee praktizieren wollten. Jedenfalls war den Missionaren in den Zelten der Mongolen nur wenig Erfolg beschieden. Aber auch ein anderes Ziel, hier im Osten Verbündete bei den Kreuzzügen gegen den Islam zu finden, konnte nur selten erreicht werden.

Wie schon geschildert, hatte Batu inzwischen eingesehen, daß er in Karakorum nur wenig Chancen hatte, wo Turakina, Kuyuks Mutter, ihre Ränke schmiedete. Aussicht, zum neuen Khaqan gewählt zu werden, bestand für ihn kaum. Verdrossen zog er mit seinem Heer im Donauraum umher, weitere Städte und Dörfer verwüstend. Zur gleichen Zeit verheerte Kadan die dalmatinische Küste und wandte sich dann wieder dem Landesinneren zu, nachdem er die Städte

Ragusa und Cattaro – die heutigen Orte Dubrovnik und Kotor – zerstört hatte. Er schlug die Bulgaren und machte sich den Landesherren tributpflichtig. König Bela war inzwischen nach Ungarn zurückgekehrt und regierte noch bis 1270; sein entvölkertes Land besiedelte er mit deutschen Zuwanderern.

Als sich Batu und Kadan nahe der Donaumündung im heutigen Rumänien trafen, legten sie die Westgrenzen des Einflußbereichs der Mongolen fest. Batu übernahm als Dschotschis Sohn die Oberherrschaft, und man kann voraussetzen, daß Größe und Reichtum dieser Länder die Enttäuschung wettmachten, die er empfunden haben muß, weil er keine Aussicht besaß, Herrscher des Gesamtreiches zu werden. Wo einst die Grenze zwischen Mongolen und Europäern gewesen war, am Flußlauf der Wolga, errichtete Batu seine Hauptstadt. Serai an der Akhtuba, einem Arm der unteren Wolga und etwa hundert Kilometer von Astrachan und dem Wolgadelta am Kaspischen Meer entfernt, wurde bald ein bedeutungsvoller Ort. Batu wollte durch den Bau dieser Stadt sicherlich seinen Ehrgeiz als Herrscher des Westens bekunden, so wie sich vor ihm Ogedei durch die Anlage Karakorums ein Denkmal errichtet hatte.

Er führte jedoch, wie alle Großkhane vor Kublai, weiterhin das unstete Leben eines Nomadenfürsten. Er durchstreifte seine Länder bis zum hohen Norden, war häufig auf der Jagd und hauste in Zelten wie seine Vorväter. Trotz seiner königlichen Kleidung und seines herrschaftlichen Auftretens blieb er ein rauher Krieger und unterschied sich kaum von seinen Soldaten. Im Südwesten waren die Gebirgszüge die Grenzen seines Reiches – die Karpaten im Norden, die Transsylvanischen Alpen in der Mitte und der Balkan im Süden. Jenseits der Berge lagen die Länder, die er bereits ausgeplündert hatte und deren Widerstand er nicht mehr zu fürchten brauchte. Nördlich der Karpaten lagen die reichen Gebiete der einstigen russischen Fürstentümer Kiew-Nowgorod. Wie die Bulgaren, so zahlten ihm auch diese Völker Tribut. Er war Oberherr, und die Fürsten waren seine Vasallen. Es sollte über zwei Jahrhunderte dauern, bis seine Nachkommen ihren Einfluß auf diese Länder verloren.

Wie wir wissen, wurde der *kuriltai* ohne Batu abgehalten. Er fühlte sich als der Herr des westlichen Reiches und war in jeder Beziehung ein unabhängiger Monarch, nur nicht dem Namen nach. Wilhelm von Rubruck, dieser scharfsinnige Beobachter, besuchte

ihn im Jahre 1253: »Er saß auf einem langen und breiten Sofa, das
ganz vergoldet war. Drei Stufen führten zu ihm empor, und eine
Dame saß neben ihm. Männer hatten rechts von ihm und Damen
links Platz genommen, doch nicht alle Damenplätze wurden eingenommen – denn nur Batus Frauen waren anwesend –, während alle
Männerplätze besetzt waren ... Zu jener Zeit war sein Gesicht voller
rötlicher Flecken.« Der Mönch Wilhelm verglich die Körpergröße
Batus mit der seines »Herrn Johann von Beaumont, möge seine
Seele in Frieden ruhen« – keine sehr genaue Beschreibung für die
Nachwelt, die nicht wissen konnte, welcher Vergleichsmaßstab verwendet wurde. Doch er erzählt uns Näheres über den Hof, wo man
»ein großes Zeltdach errichtet hatte, denn sonst wäre nicht ausreichend Raum für die vielen Männer und Frauen vorhanden gewesen«, und über die höfische Etikette; niemand durfte etwas sagen,
»bis Batu uns zum Sprechen, und zwar zum kurzen Sprechen« aufgefordert hatte. Vor dem Fürsten bemerkte er die »umfassende
Schweigsamkeit«, die alle bewahrten; bevor er Batu ansprach,
beugte er ein Knie, und als er aufgefordert wurde, sich auf beide
Knie niederzulassen, tat er es, »ohne weiter darüber zu reden. Dann
forderte er mich zum Sprechen auf, und ich bildete mir ein, zu Gott
zu beten, da ich beide Knie gebeugt hatte ...«

Kaum zwei Jahre danach war Batu tot. Sein Sohn und später sein
Enkel regierten so kurze Zeit, daß die Herrschaft schließlich auf sei-
nen Bruder Berke überging. Doch die von Batu eroberten Gebiete
blieben ein einheitliches Ganzes. Serai wurde ein Mittelpunkt für
Reisende, Missionare, Handwerker und Kaufleute. Die neuerbaute
Stadt wurde zur ersten Etappenstation bei Reisen nach dem Fernen
Osten. Immer mehr Menschen wagten die weite Reise, um dann mit
Berichten über den Reichtum und die Wunder der asiatischen Gebiete in die Heimat zurückzukehren. Und als das Reich schließlich
auseinanderbrach und dieses weite westliche Herrschaftsgebiet
autonom wurde, unterstützten seine Steppenkrieger und Vasallen
weiterhin die Goldene Horde und ihre Nachfolger, bis dann, vier
Jahrhunderte später, das Wolgareich machtlos geworden war und
sich auflöste.

1 Timur Lenk, im Abendland
Tamerlan genannt, hält Hof. Persische Miniatur,
British Library, London.

射獵形

→ 4 Kublai Khan, der Gründer der Yüan-Dynastie, der im 13. Jahrhundert China für alle Zeiten vereinigte.

– 2 Ein berittener mongolischer Bogenschütze. Chinesische Tuschezeichnung.

↙ 3 Das Lager Dschingis Khans. Persische Miniatur, Bibliothèque Nationale, Paris.

↓ 5 Hof und Familie des Khaqan trauern am Sarg Dschingis Khans. Miniatur, Warburg Institute and the Asiatic Society of Bengal, London.

← 6 Hulagu bei der Rast auf einem seiner Feldzüge. Persische Miniatur, British Museum, London.

↓ 7 Masyaf, ein Stützpunkt der Sekte der Assassinen, die Hulagu in einem Feldzug vernichtete.

→ 8 Japanische Ritter
wie dieser verteidigten
das Inselreich gegen die
Invasion Kublai Khans.
Japanische Tusche-
zeichnung.

↓ 9 Dschingis Khan vor
den Bürgern der von ihm
eroberten Stadt
Buchara. Persische
Miniatur, British
Museum, London.

→ 11 Tonfigur
eines Schauspielers.
China, Yüan-Dynastie
(1279-1368).

↓ 12 Mongolischer
Reiter beim Polospiel,
einer Erfindung der
Mongolen.
Chinesisches Aquarell
von Li Lin, 15. Jh.

- 10 Kreuzritter im
Kampf gegen den Islam.
Spanische Chronik über
Alfons X. von Kastilien,
3. Jh.

بن آباقا خان بن هولاكو خان بن چنگكسه خان

13 Höflinge erwarten den Ilkhan Uljaitu.
Die beiden Elefanten sind eine Zutat des indischen
Miniaturisten. Indische Miniatur, 16. Jh.

14 Dschingis Khan bei der Eroberung Chinas.
Persische Miniatur, British Museum, London.

← 15 Konfuzius
mit einem Schüler.
Chinesischer Stein-
abklatsch, Yüan-
Dynastie (1279-1368).

↓ 16 Eine Mongolen-
truppe überschreitet den
gefrorenen Jaxartes.
Persische Miniatur, Uni-
versity of Edinburgh.

→ 17 Eine Stadt
wird erobert, Krieger
schlagen die Köpfe der
Ermordeten ab zur
Dekoration eines
Gedenkturms für Timur.
Miniatur, Victoria and
Albert Museum, London.

→ 19 Ein Kaiser
aus der frühen Periode
der Sung-Dynastie
(960-1279), die unter
dem Ansturm der Mon-
golen zugrundeging.
Victoria and Albert
Museum, London.

↓ 20 Flötespielender
Knabe auf einem Wasser-
büffel. Chinesische
Zeichnung aus der Sung-
Dynastie (960-1279).
Museum Shanghai.

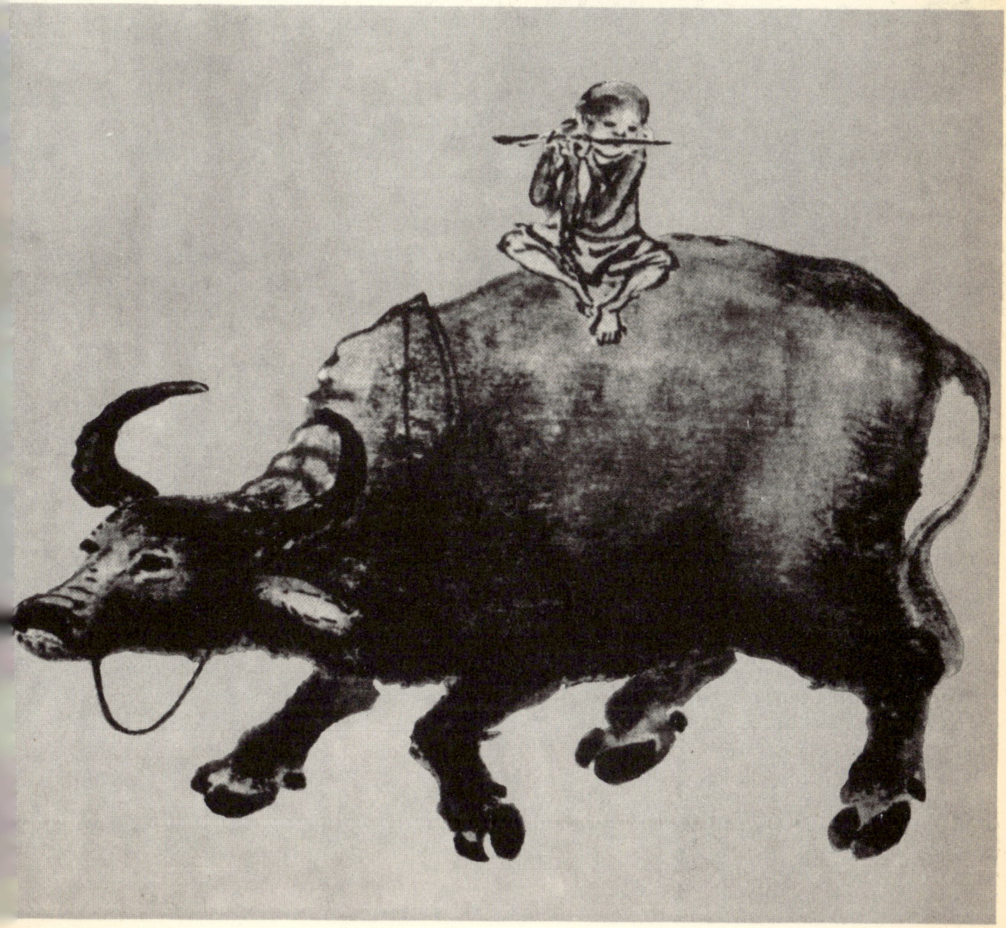

← 18 Ein *kuriltai*
(Ratsversammlung)
der Mongolen.
Miniatur, British
Museum, London.

→ 23 Karikatur de Revolutionsführers un späteren ersten Ming Kaisers Chu Yüan chang, mit Spitzname ›Schweinekaiser‹ genannt. National Palac Museum, Taipeh

⇉ 24 Eine chinesisch Dame macht vor ihren Spiegel Toilette, un geben von Dienerinne Chinesischer Hol schnitt, British Museum London

← 21 Gräberstraße aus der Zeit Timurs in Samarkand, der Haupt- und Residenzstadt des Mongolenherrschers.

↘ 25 Die Schlacht be Kulikowo (1380), in de zum ersten Mal di Mongolen vom russ schen Heer geschlage wurden. Russisch Bilderhandschrift, 15. J

↓ 22 Timurs Grabmal in Samarkand.

26 Sultan Bajezid, Anführer der osmanischen
Türken, vor seinem Bezwinger Timur Lenk. Persische
Miniatur, British Museum, London.

2.3 Die Anpassungskraft des Islam

Was Dschingis Khan als seine Aufgabe angesehen hatte – die Be-
herrschung der Welt –, war auch das Ziel der Heere seiner Nachfolger im westlichen Asien. Es ließ sich jedoch nur mit großen Anstrengungen bei wechselnden Erfolgsaussichten erreichen. Vor seinem
Tode hatte Dschingis noch festgelegt, daß China und Westasien die
nächsten Eroberungsziele sein sollten.

Nach seiner Wahl zum Khaqan im Jahre 1229 entsandte Ogedei
nicht nur Subatei und Batu über die Wolga, er ließ auch Heere nach
Mesopotamien vorstoßen und Truppen über die Mauer, die das Land
schon lange nicht mehr schützte, in China einmarschieren. Der
neue Großkhan war zwar selbst kein großer Heerführer, doch er
schickte seine Heere zu Rachefeldzügen in weit entfernte Gebiete,
die sich nicht dem mongolischen Herrschaftsanspruch unterordnen
wollten. Von seinem Vater scheint er jene unlogische Überzeugung
ererbt zu haben, daß die ganze Welt bereits in den Herrschaftsbereich einbezogen worden sei und daß nur Stolz und Unkenntnis der
Verhältnisse andere Monarchen von der Unterwerfung abgehalten
hätten: In den Augen der Mongolen bedeutete der schnelle, rücksichtslose Vormarsch ihrer Truppen nicht, daß sie nur neue Länder
erobern wollten, sondern daß sie Unbotmäßigkeit zu bestrafen
hatten. Sie wollten nicht die Erdkarte neu zeichnen, sondern sie
zu ihrer eigentlichen, vorbestimmten Ordnung zurückführen.

Während Dschingis im Fernen Osten Krieg führte, erweckte
Dschalal-ad-din die Überreste seines väterlichen Reiches zu neuem
Widerstand. In Kirman und Schiras hatte er eine bedeutende Anhängerschaft, und viele andere Städte, die einst dem Reich des choresmischen Schah angehört hatten, erblickten in ihm den Retter.
Dschalal hielt sich im Stromgebiet des Amu-Darja auf; er scheint um
diese Zeit nicht mehr mit einem weiteren Vorrücken der Mongolen
gerechnet zu haben und fühlte sich als Vorkämpfer des Islam. Er
hatte in Nordindien Gebiete erobert; nun wollte er gegen den Kalifen
von Bagdad und gegen die seldschukischen Sultane in Anatolien vorgehen. Doch statt um Bundesgenossen zu werben und eine Front
der islamischen Völker gegen die Mongolen aufzubauen, verzettelte
er sich in Einzelkämpfe mit Rivalen und versäumte es, der eigentlichen Gefahr entgegenzutreten.

Im Jahr 1225 marschierte Dschalal von Persien aus nach Norden gegen die christlichen Georgier. In Tiflis ließ er Tausende umbringen, die dieser mit dem Islam im Wettstreit liegenden Religion anhingen. Diese grausame Maßnahme hätte ihm vielleicht das Vertrauen anderer moslemischer Anführer eingebracht, wenn er es unterlassen hätte, gegen den Kalifen Nasir von Bagdad vorzugehen. Nunmehr, an den Ufern des Van-Sees angelangt, wollte er die Streitkräfte der Aiyubiden angreifen, einer niedergehenden syrischen Dynastie; doch diesen war es gelungen, sich mit den Seldschuken zu verbünden. Dies kriegerische Volk hatte einst die Samaniden in Persien geschützt und schließlich den König Masud von Ghasna besiegt und damit ein eigenes Reich gegründet. Gegen Ende des elften Jahrhunderts erstreckte sich das Seldschukenreich vom Iran über Mesopotamien und Syrien bis nach Palästina; es führte Kriege gegen das im Niedergang begriffene Byzanz. Durch religiöse Zwietracht, Vetternwirtschaft und dynastische Rivalitäten geschwächt, verloren sie schließlich ihre Oberhoheit in Persien durch den Aufstieg des Vaters Dschalals und die Gründung des choresmischen Reiches.

Doch jetzt, im Jahre 1230, sahen die anatolischen Seldschuken eine Chance, sich für die Schmach zu rächen. Kaikubad, der Sultan von Rum, marschierte mit den Syrern und griff Dschalal an den Höhen über dem Euphrat an. Dschalal zog sich zurück, denn er hatte eine noch weitaus größere Gefahr aus dem Osten erkannt: Ogedei hatte eine dreißigtausend Mann starke Truppe unter dem *orlok* Chormagan und seinem Sohn Baidschu entsandt, die nach Kleinasien und der Mittelmeerküste vorstoßen sollte. Verwirrt und bedrängt, flüchtete Dschalal nach Westen; auf Unterstützung durch andere Machthaber konnte er wegen seiner Unentschlossenheit nicht mehr hoffen. Im August 1231 starb er dann im türkischen Distrikt Diarbekir.

Die mongolischen Heere legten in der Ebene von Aserbeidschan eine Pause ein; hier hatten sie Weidegründe für ihre Pferde, und von hier aus konnten sie Bagdad, die Seldschuken oder auch die christlichen Kaukasier gleichermaßen bedrohen. Sie wandten sich zunächst gegen Georgien, vielleicht mit dem Ziel, die christliche Flanke vor dem Zugriff Subateis im Jahre 1236 zu schwächen. Zu dieser Zeit, um 1238, war das einst gefestigte Königreich Georgien ein Schauplatz des Blutvergießens und der Uneinigkeit geworden.

Der Adel hatte sich gegen den Thron gewandt, und der Thron selbst wurde von zwei Fürsten beansprucht, die beide den Namen David trugen. Die Mongolen blieben weiter im Süden inzwischen erfolgreich; im Jahre 1239 nahmen sie Ani, die alte Hauptstadt Armeniens, ein und brachten die ganze Einwohnerschaft um, mit Ausnahme der Handwerker und der Kinder. Es schien, als ob die Mongolen aus einem unerfindlichen Grund an allen Christen Rache nehmen wollten. Denn auch Subatei und Batu verwüsteten um diese Zeit die russischen Gebiete der Christenheit; Nowgorod war bereits bedroht, und Bela von Ungarn stand unter Druck. Unschwer war zu erkennen, daß weder der Islam noch das Christentum Glaubensrichtungen waren, die von den Mongolen besonders beachtet wurden; wichtig war den Eroberern nur die Unterwerfung.

Dies erwies sich, als sich im Jahre 1241 die mongolischen Heere, nunmehr unter dem alleinigen Oberbefehl Baidschus, zum Angriff auf das seldschukische Sultanat Rum rüsteten. Ogedei war kein Mann, der religiösen Groll hegte, denn zu seinem Gefolge gehörten Nestorianer, die auch eine Kirche in Karakorum hatten. Als nämlich die Christen in Georgien an ihn appellierten und sich auf die *Yassa* beriefen, entsandte er einen nestorianischen Bischof zu den mongolischen Kommandeuren in diesem Gebiet, einen Mann namens Simeon. Seine Aufgabe war, diese im Namen des Khaqan zu ermahnen, die Kirchen als heilige Stätten zu schonen. König Hayton von Kleinarmenien, eines Staates zwischen dem Taurus-Gebirge und dem Meer, hegte somit begründete Hoffnung, daß sich die Christen der Ostkirche mit den Mongolen verbünden könnten, um die Kräfte des Islam in Mesopotamien, dem Irak und vor allem in Palästina zu vernichten. Für ihn war es eine logische Überlegung, daß er sich und seinem Volk Sicherheit geben könnte, wenn er sich als Vasall dem Großkhan unterwarf. Ganz anders hatten sich die stolzen Fürsten von Rußland, die Herren von Polen, der Ungarnkönig und andere verhalten: Sie waren zu hochmütig, um sich zu unterwerfen oder gar mit den Eroberern zu verbünden, und so wurden sie durch den Ansturm der Rächer zerschmettert. Alle Spekulationen über ein mögliches Bündnis wurden hinweggefegt, als die Verteidigungsstellungen der Christen von der Wolga bis zur Donau, vom Schwarzen Meer bis zur Ostsee zerbrachen.

Doch am Ende des Jahres 1241 legte sich der Sturm – nach dem
Tode Ogedeis zog sich Batu grollend zur Donau zurück. In Karakorum begannen zehnjährige Streitigkeiten um die Thronfolge, nur
unterbrochen durch die kurze, stabile Regierungszeit Kuyuks, bis
dann im Jahre 1251 der energische Möngke Khaqan wurde. Er war
ein härterer Charakter als Ogedei und ebenso ehrgeizig wie der
große Dschingis. Als er den Thron bestieg, herrschte im Westen seines Reiches das Chaos. Der Zusammenbruch der choresmischen
Macht hatte bewirkt, daß die iranischen Provinzen ohne Zentralge-
walt dahinsiechten. Die irakischen Moslems schwankten zwischen
ihrer Furcht vor den Mongolen und ihrem Respekt vor dem Kalifat
von Bagdad; den Seldschuken hatte Baidschu im Jahre 1243 eine
entscheidende Niederlage beigebracht, und ihre Machtposition war
zusammengebrochen. Viele unbedeutende Fürsten, eifersüchtig auf
ihren Einfluß pochend, waren nur durch ihr Vasallentum dem
Großkhan gegenüber geeint – alle diese unklaren Verhältnisse bewirkten eine allgemeine Schwächung der mongolischen Flanke im
vorderasiatischen Raum.

Möngke beschloß, daß es an der Zeit war, die mongolische Position in diesem weiten Gebiet zu stärken, die Einflußsphäre bis nach
Kleinasien und zur Mittelmeerküste auszudehnen und eine stren-
gere Herrschaft in Persien und im persischen Irak auszuüben.

Alle diese Länder, die sechs Jahrhunderte lang den Moslems unterstanden hatten, sollten in mongolische Oberhoheit übergehen.
Um dieses Ziel zu erreichen, war es zunächst erforderlich, die
Machtzentren auszuschalten, die sich dem Vormarsch entgegen-
stemmen konnten: Die ismailischen Assassinen mußten vernichtet
und der Zusammenbruch des Kalifats beschleunigt werden. Was die
Illusionen der Christen bei ihrer Auseinandersetzung mit dem Islam
bestärkte, war in Wirklichkeit nur ein kaltblütiger politischer Konflikt zwischen den Mongolen und ihren möglichen Rivalen. Im Jahre
1255 sammelte Möngkes Bruder Hulagu ein gewaltiges Heer bei Samarkand. Jeder fünfte Soldat der mongolischen Streitkräfte war seinem Oberbefehl unterstellt, und tausend chinesische Spezialisten
bemannten seine Belagerungsmaschinen und Feuerschleudern.
Wie eine lauernde Bestie lagerte er mit seinen Stoßtruppen jenseits
des Oxus, den er am letzten Tag des Jahres überschritt, um sich
zunächst der Levante und Kleinasien zuzuwenden.

Die Assassinen, eine von Hassan ben Sabbah im Jahre 1090 gegründete Sekte, waren innerhalb von zwei Jahrhunderten ein machtvoller politischer Faktor geworden. Religiös fanatisiert durch ihre Vorstellungen vom Paradies, waren die Sektenmitglieder oftmals zielstrebige Mörder im Dienst ihres Meisters, der in den unzugänglichen Bergen hauste. Die Meister, rücksichtslos in ihrer politischen Gewaltanwendung und unfehlbar in ihrer religiösen Überzeugung, kontrollierten von ihrer Festung Alamut aus, hoch im Gebirge von Kuhistan, große Gebiete Westasiens. Dies galt besonders für den Scheich Al Dschebal, als er Großmeister der Sekte war. Die ismailische Sekte soll damals dreihundertsechzig Bergfestungen besetzt gehalten haben, und der Scheich entsandte von diesen Stützpunkten aus seine Anhänger, die *Fedayin*, auf ihre blutigen Missionen.

Nunmehr war aber eine größere Macht ausgezogen, um die Sekte zu bekämpfen, unerbittlich und grausam wie sie selbst. Der alte Scheich, Ala ad-Din Muhammad, hätte vielleicht längere Zeit Widerstand leisten können. Doch ein weitaus schwächerer Anführer, sein Sohn Rukn ad-Din, wurde sein Nachfolger, nachdem der Scheich, vermutlich durch Mord, plötzlich verstorben war. Hulagu verlangte von ihm die Schleifung der Bergfestungen, seiner ›Adlerhorste‹; Rukn war einverstanden, machte dann Ausflüchte und unternahm schließlich gar nichts. Unter dem Oberbefehl von Ked-Buka, einem Naimanen, der als Christ vermutlich gern gegen die Moslems antrat, entsandte Hulagu daraufhin drei Truppenverbände gegen die große Festung Maimundis; der junge Scheich wurde belagert und schließlich, gegen Ende des Jahres 1256, ausgehungert. Nachdem ihr Anführer gefangen war, verlor die Sekte ihre Siegeszuversicht. Eine Festung nach der anderen ergab sich oder wurde gestürmt; Alamut fiel erst nach dreijähriger Belagerung. Der letzte Großmeister der Sekte – noch jung und aller Macht und Würde beraubt – starb auf dem Weg nach Karakorum: Als Möngke sich weigerte, ihn zu empfangen, brachten ihn seine Bewacher um.

So wurden die Ketzer unter den Moslems bestraft, wenn es auch Heiden waren, die die Geißel handhabten. Sicher waren manche irakischen Fürstlichkeiten erleichtert, durch die Maßnahmen Hulagus den Schrecken der Assassinen losgeworden zu sein. Hulagus eigentliches Ziel war jedoch die Zerschlagung des Hauptpfeilers der moslemischen Herrschaft; er wollte das Kalifat vernichten.

Im achten Jahrhundert hatte sich Abul Abbas unter Ausnutzung einer fragwürdigen Beziehung zum Propheten und mit Hilfe vorwiegend persischer Anhänger zum Herrscher und geistlichen Oberherrn des Islam gemacht. Er rottete das Geschlecht der vorhergehenden Dynastie, der Omaijaden, fast vollständig aus. Er und seine Nachfolger wurden ein eigenes Herrschergeschlecht, die Abbassiden. Der große Harun al Raschid war die herausragende Gestalt in der Reihe seiner Nachfolger, die ihre Macht jedoch nicht zu allen Zeiten zur Geltung bringen konnten, da Aufstände oder religiöse Unruhen ihren Einfluß schmälerten.

Als Hulagu vom damaligen Kalifen Mustassem die Unterwerfung vor dem Großkhan forderte und zum Zeichen der Kapitulation die Zerstörung der Befestigungsanlagen der Stadt verlangte, erhielt er eine unnachgiebige Antwort aus Bagdad: »Junger Mann, du glaubst, durch Glücksumstände Herr der Welt geworden zu sein, und vermeinst, daß deine Befehle die Geschicke leiten könnten …« Das Kalifat war ewig, Bagdad hatte allen früheren Angriffen widerstanden: »Vom Westen bis zum Osten sind alle, die dem wahren Glauben anhängen, meine Diener.« Hulagu täte gut daran, friedfertig nach Khorasan zurückzukehren. Mustassem war jedoch weder so mächtig, wie ihn seine hochfahrenden Worte erscheinen ließen, noch war er gewitzt genug, um seine Worte in Taten umzusetzen. Er ließ ein gewaltiges Heer einberufen, doch versäumte er, die Soldaten durch regelmäßige Entlohnung bei guter Laune zu halten. Im trügerischen Vertrauen auf die Stärke seiner Armee wartete er den gegnerischen Angriff ab.

Hulagu holte sich inzwischen Baidschu aus der Türkei. Er setzte Ked-Buka ein, der gegen die Assassinen gesiegt hatte, und entsandte aus Kurdistan ein großes Verstärkungsheer unter Führung dreier Neffen Batus, während er selbst die Hauptstreitmacht befehligte. Das Heer des Kalifen zog Baidschu entgegen und überschritt den Tigris, um die Feinde auf dem Westufer zu stellen. Doch die Mongolen waren die geschickteren Taktiker: Sie zerstörten einen der Hauptdämme, und eine Wasserflut ergoß sich über die Ebene. Die Truppen des Kalifen konnten weder vorrücken noch zurückgehen. Über hunderttausend Mann sollen in der Falle umgekommen sein; nur wenigen gelang es, sich durch den Schlamm und die gelbbraunen Gewässer in die Sicherheit der belagerten Stadt zu retten. Zu

Beginn des Jahres 1258 war Bagdad eingeschlossen worden. Nun begann eine grausame Zeit für die Einwohner. Der persische Chronist Wassaf beschreibt sie in seiner typischen gleichnishaften Art:

Die Pfeile und Bolzen, die Lanzen und Speere, die Steine aus den Schleudern und die Katapulte beider Seiten schossen schnell zum Himmel hinauf, wie die Boten der Gebete der Gerechten; dann senkten sie sich ebenso schnell, wie die Fügungen des Schicksals ... Auf diese Art wurde Bagdad fünfzig Tage lang belagert und in Schrecken versetzt. Doch da die Stadt noch standhielt, wurde angeordnet, daß außerhalb der Mauer liegende Ziegelsteine gesammelt werden sollten, damit aus ihnen Türme hoch über den Straßen und Alleen errichtet werden konnten. Auf diese setzte man die Katapulte. Nun war die Stadt erfüllt mit Donner und Blitz aufschlagender Steine und brennender Naphtatöpfe. Die Pfeile regneten wie Tau aus einer Wolke von Bögen, und das Volk wurde durch die Mächte der Schwäche und Erniedrigung niedergetrampelt. Ein Schrei wurde laut: »Heute haben wir keine Macht gegen Goliath und sein Heer!« Der Tigris, der durch das Zentrum Bagdads wie die Milchstraße durch das Zentrum des Himmels fließt, wurde in beiden Richtungen abgesperrt, so daß jede Fluchtmöglichkeit abgeschnitten war.

Die Mauer an der Ostseite wurde durchbrochen; chinesische Belagerungsschützen hatten eine Bresche geschlagen. Der Persische Turm brach zusammen. Die Mongolen strömten durch die Alleen des Ostteils der Stadt; die Einwohner rannten um ihr Leben, verzweifelt nach Booten und Flößen suchend, um auf dem Fluß Sicherheit zu finden. Mongolische Krieger nahmen die Verfolgung auf. Das trübe Wasser färbte sich rot vom Blut der Wehrlosen. Die grausame Tatsache der Niederlage vor Augen, ergab sich der Kalif. Achthunderttausend Menschen verließen die große Stadt, wurden von den Mongolen gezählt und dann systematisch umgebracht.

Das Gemetzel war so gewaltig, daß das Blut der Erschlagenen wie der Nil strömte ... Der Besen der Plünderung fegte über die Schätze der Harems von Bagdad, und der Hammer der Wut schmetterte die Zinnen kopfüber hinab, als wären sie entehrt. Paläste mit Baldachinen, so schmuckvoll wie im Paradies, verbargen sich schamvoll und wurden zerstört ... Goldene Sofas und Kissen, mit Juwelen übersät, wurden in Stücke gehauen, in Fetzen zerrissen; die sich hinter den Schleiern des großen Harems verborgen hatten,

wurden verschleppt ... durch die Straßen und Alleen. Jede wurde zum Spielzeug in den Händen eines tartarischen Ungeheuers, und für diese tugendhaften Mütter verfinsterte sich das Tageslicht.
Soweit Wassafs Schilderung der Folgen der Niederlage.

Sechs Tage und Nächte lang wüteten die Mongolen; dieser Akt der Barbarei war so gründlich und fürchterlich, daß die arabische Welt sich für alle Zeiten an ihn erinnern sollte. Es dauerte lange, bis Bagdad sich von diesem Schicksalsschlag erholte. Als der Kalif, gefangen und erniedrigt, vor Hulagu geführt wurde, soll ihm dieser Gold zum Verspeisen angeboten haben. »Wie kann man das essen? Niemand kann Gold essen«, erwiderte Mustassem. Hulagu nickte. »Wenn du das gewußt hast, weshalb hast du mir dann nicht Gold geschickt? Hättest du es getan, dann könntest du noch in deinem Palast sein und essen und trinken.« Die Mongolen machten sich über den Kalifen lustig, denn alle seine Reichtümer – angehäuft in fünf Jahrhunderten unter der Herrschaft der Abbassiden – hatten seine Niederlage nicht abwenden können. Schließlich wurde er in ein nahegelegenes Dorf gebracht, in einen Teppich gewickelt und von galoppierenden Pferden zu Tode getrampelt. Dies geschah am 20. Februar 1258. Hulagu und seine siegreichen Truppen hatten ihre Macht in Persien und der Türkei gefestigt, und von Batus nördlichem Herrschaftsgebiet im Rücken gestärkt, konnten sie jetzt nach dem Fall Bagdads gegen Ägypten vorgehen.

Für die Christen der Ostkirchen wurde Hulagu nun, ob er es wollte oder nicht, zum natürlichen Verbündeten. Er hatte Bagdad, das Symbol der Stärke des Islam, zerschmettert und bereitete sich auf die Nutzbarmachung seines Sieges vor. Hinzu kam, daß man sich der Hoffnung hingab, er werde sich zum Christentum bekennen – eine optimistische Meinung über einen Heiden, der zum Buddhismus neigte, die jedoch durch die Tatsache genährt wurde, daß seine Hauptfrau, Doqus Khatun, eine Christin war. Sie entstammte dem Volk der Kereit und war die Enkelin Toghruls, jenes fragwürdigen Freundes Dschingis Khans in seiner Jugendzeit. Außerdem war sie die Witwe Tulis, des Vaters Hulagus, und ihr kam deshalb besonderer Respekt zu. Raschid ad-din berichtet, daß sie die Christen stets unterstützte und daß Hulagu ihnen Schutz gewährte, um seiner Frau einen Gefallen zu erweisen. Offenbar hatte sie in der Nähe ihres Zeltes immer eine mobile Kapelle, »wo Glocken geläutet werden«; eine für Raschid deshalb so bemerkenswerte

Tatsache, als Glocken in islamischen Ländern verboten waren. Außer dem Einfluß, den diese Dame auf Hulagu ausübte, war von besonderer Bedeutung, daß der Mongolenherrscher seinem naimanischen Feldherrn Ked-Buka volles Vertrauen entgegenbrachte. Unter diesen Umständen war es nicht verwunderlich, daß die christlichen Gemeinden, die so lange unter der moslemischen Intoleranz gelitten hatten, neue Hoffnung schöpften. Doch sie waren nicht nur von Leidenschaft erfüllt; sie dürsteten jetzt nach Rache, zumal da die nestorianische Gemeinde in Bagdad geschont worden war, während alle anderen Bevölkerungsgruppen einen schweren Blutzoll zahlen mußten.

Hulagu brachte seine Beute in die Sicherheit des Weidelandes von Aserbeidschan. Er ließ das geraubte Gold zu Barren schmelzen und hortete es in einer Festung, die er zu diesem Zweck am Ufer des Urmia-Sees erbauen ließ. Inzwischen legte er eine Kampfpause ein und füllte die Lücken in seiner Truppe auf. Als die Mannschaftsstärke auf eine halbe Million geklettert war, empfing er – man weiß nicht, mit welcher sardonischen Reaktion – Bohemund IV. von Antiochia, der dem mongolischen Lager die einzige abendländische Streitmacht zuführte, die je einen Platz auf seiten der eigentlichen Feinde des Abendlandes einnahm. Bohemunds Schwiegervater war jener Hayton von Kleinarmenien, der noch immer von einer mongolisch-christlichen Allianz gegen den Islam träumte; auch er stieß mit sechzehntausend armenischen Anhängern zu Hulagu.

Nun mußten auch Mesopotamien und Syrien die bittere Logik der mongolischen Eroberung erkennen, die zuvor Persien, Kleinasien und die russischen Steppenländer erfahren hatten: Wer sich wehrte, kam um; wer sich ergab, wurde geschont und als Vasall tributpflichtig gemacht. Im Jahre 1259 verließ Hulagu mit ausgeruhten Truppen Aserbeidschan und zog in den Nordteil des Irak. Emir Kamil Muhammad wurde auf schreckliche Weise zu Tode gebracht: Man hackte ihm das Fleisch von seinem Körper und stopfte es ihm in den Mund. Syrien, das von seinem furchtbaren Ende erfuhr, erschauderte und ließ die Eroberer passieren. Hulagu überschritt den Tigris, ließ bei Manbij eine Schiffbrücke bauen, auf der er den Euphrat überquerte, und drang dann gegen Aleppo vor. Hier setzte er das blutige Drama von Bagdad erneut in Szene: Die Widerstand leistende Stadt wurde belagert, und nachdem zwanzig Katapulte die Mauern zerschossen hatten, wurde sie eingenommen. Sultan Nasir

Yusuf, Erbe der aijubidischen Linie des großen Saladin, konnte noch rechtzeitig nach Damaskus flüchten. Die Stadt, durch das Beispiel Aleppos und Bagdads in Schrecken versetzt, bereitete sich auf eine bedingungslose Übergabe vor; Nasir flüchtete weiter nach Süden, während hinter ihm Bohemund, Hayton und Ked-Buka triumphierend die Stadt in Besitz nahmen, als Christen für die gleiche Sache kämpfend.

Ked-Buka nahm die Verfolgung des Sultans auf; in Damaskus verfügten die Sieger die Umwandlung einer Moschee in eine Kirche, und Moslems auf den Straßen knieten vor dem Kreuz. Nasir zog sich nach Gaza zurück, wo er durch Verrat in die Hände seiner Gegner geriet. Hulagu ließ ihn hinrichten; inzwischen war er für den Anführer der Mongolen bereits uninteressant geworden, denn das eigentliche Ziel der Eroberer war der Vorstoß nach Ägypten.

Ägypten wurde um diese Zeit von den Mamelucken beherrscht; das Wort bedeutet in Übersetzung ›Leibeigene‹. Ein Kalif des neunten Jahrhunderts setzte zum ersten Male in größerem Umfang Sklaven zur Verteidigung seiner Interessen und seiner Besitztümer ein; bald darauf hatten alle moslemischen Herrscher große Sklaven-Armeen. Man meinte, bei Schaffung eines Heeres, das seinem Befehlshaber gehörte, Untreue und Abfall ausschalten zu können; hierbei übersah man allerdings – vielleicht weil man das Wesen eines Sklaven mißdeutete –, daß ein solches Heer nur sich selbst und einem unmittelbaren Kommandeur die Treue hielt. Somit hielten im dreizehnten Jahrhundert in vielen Staaten Sklaven das innere Machtgleichgewicht aufrecht. Nach dem Tode Al-Malik as-Salihs, des aijubidischen Herrschers von Ägypten, im Jahre 1249 trat das ein, was er hatte verhindern wollen: Die Waffe, die er zum Schutz seiner Dynastie und zur Abwehr der Kreuzfahrer geschmiedet hatte, richtete sich gegen den eigenen Thron. Ein Heerführer der Mamelucken trat seine Nachfolge an, und zwei Jahrhunderte lang herrschten die einstigen Sklaven am Nil. Dies dürfte jedoch dem Lande nur wenig geschadet haben, denn die Mamelucken waren ehrgeizig, klug, bedenkenlos und darauf bedacht, die Bedeutung und den Glanz des alten Ägypten neu zu beleben.

Solche Männer waren nicht bereit, sich durch die großsprecherische Kapitulationsforderung der Mongolen einschüchtern zu lassen. »Ihr habt gehört, wie wir unser großes Reich erobert und die Erde von der Unordnung gereinigt haben.« So ließ Hulagu die Ägypter vernehmen. »Wenn ihr fliehen wollt, dann verfolgen wir euch – doch wohin würdet ihr fliehen, und auf welchem Wege wollt ihr uns entkommen? Unsere Pferde sind schnell, unsere Pfeile scharf, unsere Schwerter wie Blitze, unsere Herzen so hart wie Berge, unsere Soldaten zahlreich wie Sandkörner.« Und Hulagu fügte einen Satz hinzu, der die Erfolge der Mongolen im Westen zusammenfaßte: »Ihr seid jetzt die einzigen Feinde, gegen die wir antreten müssen.«

Doch eine Ironie des Schicksals schuf Hulagu eine unvorhergesehene Gegnerschaft und zog seine Aufmerksamkeit von Ägypten ab. Das Jahr 1259 war herangekommen; fernab im Osten erkrankte Möngke und starb dann. Als Ogedei gestorben war, beobachteten die Europäer voller Staunen Batus geheimnisvollen Abzug; nun sahen auch die Ägypter erstaunt zu, wie der Mongole Hulagu mit seinen das Land bedrohenden Streitkräften plötzlich abzog. Er selbst hatte zwar keinen dynastischen Ehrgeiz; doch in den mongolischen Kernlanden war ein Bruderzwist ausgebrochen. Kublai hatte sich in China zum Khaqan ausrufen lassen, während sein – und auch Hulagus – Bruder Arik-Buka in Karakorum Khaqan wurde. Im Hinblick auf einen solchen Streit in seinem Rücken wagte Hulagu es nicht, seine Verbindungslinien noch weiter auszudehnen und über die Wüste Sinai hinauszumarschieren. Er zog es vor, die Entwicklung der Lage zu beobachten und seinen ägyptischen Feldzug auf einen späteren Zeitpunkt zu verschieben. Als Schutztruppe ließ er ein kleines Heer unter Ked-Buka in Syrien zurück; er selbst zog nach Aserbeidschan.

Den Mamelucken blieb es erspart, die Wahl zwischen Widerstand und Kapitulation zu treffen. Doch dann trat ein Ereignis ein, das historische Folgen haben sollte. Die Mamelucken unter ihrem Sultan Kutuz veranlaßten die Hinrichtung der beiden Boten, die Hulagus Brief überbracht hatten. In dem Bewußtsein, daß ihnen die Verteidigung des Islam oblag, sammelten sie dann ein Heer von weit über hunderttausend Mann, eine zusammengewürfelte Truppe aus Syrern, Türken, Arabern, Persern und Ägyptern, darunter Freiwillige, Einberufene und zum Dienst Gepreßte. Unter dem Oberbefehl des kumanischen Türken Baibars rückte es nach Norden ab.

Um die Mongolen in Syrien anzugreifen, mußte das ägyptische Heer durch Palästina marschieren. Dort übten aber noch die Kreuz-

ritter die Herrschaft an der Küste aus; es galt, ihre Erlaubnis zum
Durchmarsch zu erbitten. In größter Verwirrung kamen die Kreuzfahrer in Akka zusammen. Sollten sie die Forderung der Mamelucken erfüllen oder statt dessen weiter dem Hirngespinst einer
mongolisch-christlichen Allianz anhängen, das König Hethum und
Bohemund ins mongolische Lager gebracht hatte? Die Kreuzritter
an der Küste Palästinas waren Katholiken; sie schuldeten den Ostkirchen keine Gefolgstreue. Der Papst war ihr geistlicher Oberherr,
und der Papst hatte Bohemund exkommuniziert, da dieser sein Banner mit den Jak-Schwänzen der Mongolen vereinigt hatte. In Polen
mußten sich um diese Zeit katholische Gläubige den mongolischen
Eroberern widersetzen – waren deshalb nicht die Mongolen die
schlimmeren Feinde? Jedenfalls waren aber die Mamelucken Gegner des Christentums. Die Kreuzritter sagten sich, daß der Ausweg
darin bestünde, die sich befehdenden Heere ihren Krieg austragen
zu lassen, und gaben Baibars die Genehmigung zum Vormarsch
durch ihr Gebiet.

Dieser Baibars war ein befähigter Heerführer, der sehr wahrscheinlich seine Kampftugenden bei den Mongolen, den Vettern seines eigenen Volkes, erlernt hatte. Später wurde er von einem Emir
der Mamelucken auf dem Sklavenmarkt von Damaskus gekauft, und
er bewährte sich als Soldat in so hervorragender Weise, daß er zum
mächtigsten Befehlshaber in der ägyptischen Truppe aufstieg. Sein
Ziel war es, den Widerstandswillen der Mamelucken zu festigen,
und als er entdeckt hatte, daß Hulagus Sinne auf Karakorum und
den dortigen *kuriltai* gerichtet waren, bereitete er sich zum Gegenangriff vor.

Ked-Buka befehligte ein den Ägyptern zahlenmäßig unterlegenes
Heer – manche Historiker schätzen, daß es höchstens dreißigtausend
Mann gewesen sind, nur ein Viertel der Mannschaftsstärke, die Baibars unterstand. Als die beiden Heere am 3. September 1260 bei
Nazareth aufeinanderstießen, hielt Ked-Buka die Stätte wahrscheinlich für schicksalhaft, denn es war in ihrer Nähe, wo David einst
Goliath getötet hatte. Über den eigentlichen Kampfverlauf dieser
Schlacht bei Ain Dschalut gehen die Meinungen auseinander. Baibars
scheint seine Kerntruppe in Reserve gehalten zu haben; dagegen ließ
er sein aus vielen Nationalitäten bestehendes Gros gegen die Mongolen vorrücken. Ked-Buka führte seine Männer zu einem wütenden

Angriff; die Mamelucken zogen sich zurück – notgedrungen oder absichtlich? Hatten sie inzwischen die Taktik der Mongolen selbst erlernt? In wildem Ansturm überrannten die Mongolen viele Abteilungen ihrer Feinde, Einheiten aus Syrien, aus der Türkei – Reste jener Heere des Islam, die schon einmal vor ihnen die Flucht ergriffen hatten. Doch als sich sein Hauptheer schon in seine Bestandteile aufzulösen drohte, als die Mongolen ihrem Triumph schon nahe waren, tauchte Baibars mit seiner Kerntruppe aus dem Nichts auf. Wie ein rücksichtsloser, dem Sieg zustrebender Mongolenkhan drang er in die Flanke der Angriffsspitzen Ked-Bukas ein, schlug die Gegner in wilder Entschlossenheit; Ked-Buka fiel, und mit ihm ging die Legende von der Unbesiegbarkeit der Mongolen zugrunde.

Die Kreuzritter hatten durch ihre Erlaubnis zum Vormarsch Kutuz und Baibars durch ihr Gebiet die Voraussetzung für den Rückschlag der mongolischen Sache geschaffen; doch es sollte nicht lange dauern, bis der Sieg des Islam der Herrschaft der Christen im Heiligen Land ein Ende setzte. Eine Zeitlang schien es, als ob die Mongolen durch das Vorrücken der Mamelucken ganz vertrieben werden könnten; Kutuz und Baibars erwogen bereits, in Bagdad wieder ein Kalifat zu errichten. Leidtragende waren die Christen: In Erwartung ihres Endsieges begannen Moslems in Syrien, die Anhänger des rivalisierenden Glaubens umzubringen, jene Christen, die sich zuvor des Schutzes der Mongolen erfreuen konnten.

Die Mongolen hielten jedoch inne, als sie die Verteidigungslinie des Euphrat erreicht hatten. Aleppo und Damaskus fielen den Moslems in die Hände, während Bagdad vorläufig unangreifbar blieb. In Syrien vergab der triumphierende Kutuz Emirate als Lohn für treue Dienste. Dennoch war er Baibars gegenüber kleinlich; aus Eifersucht und Furcht vor dem erfolgreichen Heerführer gab er diesem nichts. Den wichtigsten Mann unter seinen Anhängern machte er sich hierdurch zum Feind. Auf dem Rückmarsch wandte sich Baibars, wie zu erwarten war, gegen seinen Herrn. Kutuz starb und wurde kaum betrauert. Die Menge, die den Sieger auf den Straßen Kairos bejubelte, war glücklich, Baibars zu feiern, zumal da sie wußte, daß er der eigentliche Gewinner des Krieges war.

Nur der neue Sultan selbst wußte, daß er lediglich ein Gefecht gewonnen hatte; die Mongolen waren zwar zurückgedrängt, aber nicht entscheidend geschlagen. Wieder drang eine Kolonne nach

Aleppo vor, und die Ruinen, die sie zurückließ, zeugten von der
Macht, über die Hulagu weiterhin verfügte. Doch mußte diese
Kolonne schließlich den Rückzug antreten; die Mamelucken schlugen die Mongolen bei Homs. Hulagu war in gewissem Sinne in die
Enge getrieben. Baibars und seine Verbündeten ließen in Mesopotamien eine verbrannte Erde zurück und entzogen den Mongolen
das Futter für ihre Pferde. Hulagu war zudem unsicher über die
Nachfolge auf dem Mongolenthron; als erklärter Anhänger Kublais wagte er nicht, erneut einen weiten Vorstoß nach Ägypten
zu unternehmen. Inzwischen blieb Baibars in Kairo nicht untätig;
er errichtete hier ein Kalifat und ließ sich zum Befehlshaber aller
Streitkräfte des Islam proklamieren. Die moslemische Welt erkannte, daß dieser ehrgeizige Mann die geeignete Führungsper-
sönlichkeit war.

Hulagu war in seiner Bewegungsfreiheit eingeengt. Erst 1262
wurde Kublai als Großkhan bestätigt, was dann auch Hulagu den
Rücken stärkte. Der neue Khaqan hatte jedoch seinen Sitz in China
und war in der Hauptsache mit der Konsolidierung seines Reichs beschäftigt; Westasien war weit von Peking entfernt. Weitaus näher,
jenseits des Oxus, stand ein alter Anhänger Arik-Bukas, nämlich
Alghui, der Enkel Tschaghatais; als er sich schließlich von seinem
gefährlichen Herrn getrennt und mit Kublai verbündet hatte, drohte
ein neuer und gefährlicher Bruderzwist.

Batu war 1255 gestorben. Seine Nachfolge trat sein Bruder Berke
an. Ursprünglich als Lehnsherr unter seinem Bruder – und dieser
unter dem Großkhan – die Gebiete westlich des Kaspischen Meeres
beherrschend, hatte Berke die Kontrolle über einen wichtigen Han-
delsweg ausgeübt, der Persien und den Nahen Osten mit dem östlichen Rußland verband. Für ihn als Mongole waren es wohl mehr
Gründe der Zweckmäßigkeit als der Überzeugung, die ihn zum Über-
tritt zum Islam bewogen hatten; somit konnte er sich die Handelsherren zu Freunden machen, die die Verkehrswege durch sein Reich
benutzten. Er war so erfolgreich in seinen diplomatischen Bemühungen, daß Batu auf ihn eifersüchtig wurde und ihn in ein anderes
Gebiet versetzte.

Nun war er aber selbst Khan der Goldenen Horde geworden;
wenn er seine Länder überblickte, mußte er erkennen, daß auch
Hulagu seinen Einfluß auf den Kaukasus ausgedehnt hatte. Es waren

Hulagus Truppen, die die mächtigen Seldschuken besiegt hatten, und Hulagu war es gelungen, sich die Hilfe der georgischen Fürsten und christlichen Monarchen in Kleinasien zu sichern. So lagen nun zwischen Berkes Einflußgebiet und den reichen Ländern Syriens und Mesopotamiens solche Provinzen, die er gern besessen hätte, die jedoch unter Hulagus Herrschaft allen Glaubensrichtungen offenstanden, mit Ausnahme des Islam, dem Berke angehörte.

Berkes Bestrebungen, religiöse Überzeugungen und Handelsinteressen in nutzbringende Übereinstimmung zu bringen, wurden von Baibars, der immer auf der Hut blieb, vorsichtig unterstützt. Der Tod Möngkes löste die Bande, die zwischen Hulagu und der Goldenen Horde aufrechterhalten wurden. Berke war der Enkel Dschotschis, des ältesten Sohnes Dschingis Khans, und vielleicht meinte er, daß dieses Erstgeburtsrecht ihn in die Lage versetzte, die Autorität des weit entfernten Khaqan mißachten zu dürfen. Jedenfalls zog er seine Truppen von Hulagus Heer ab; die in Syrien befindlichen Soldaten liefen einfach zu den Mamelucken über. Baibars nahm sie in Ehren auf und verteilte Geschenke; manche Anführer wurden für ihren Verrat sogar mit einem Emirat bedacht. Der Sultan der Mamelucken entsandte mit Geschenken beladene Boten zu Berke. Und als Hulagu sich nach Lösung der Nachfolgefrage anschickte, Rache an Baibars zu nehmen, mußte er feststellen, daß Berke ihn an seiner Flanke bedrohte. Religiöse Überzeugung und Selbstsucht hatten über blutsmäßige Verbindungen gesiegt. So geschah es zum ersten Male, daß sich zwei große Khanate wegen lokaler Zwistigkeiten feindselig gegenüberstanden.

Im Winter des Jahres 1262 spitzte sich der Konflikt so zu, daß Kampfhandlungen drohten. Der Chronist Wassaf ergriff bei diesem Zwist Partei, was in seinem Bericht durchklingt: »Ein Mongolenheer unter dem Befehl von Berke Khan, schmutzig wie Dämonen, Teufel in ihrer Wildheit und zahlreich wie fallende Regentropfen, wälzte sich über den zugefrorenen Fluß so schnell wie Wind oder Feuer.« Während im Osten der Konflikt zwischen Arik-Buka und Kublai seinem Ende zuging, schien es, als ob hier in Westasien ein langer Zwist bevorstand. Man kann sich die Genugtuung vorstellen, mit der Baibars in der Sicherheit von Kairo der Zuspitzung des Bruderkampfes unter den Mongolen zusah. Hulagu mußte sich vom Terek zurückziehen, und es hatte den Anschein, als ob der Moslem Berke

sich vielleicht doch noch mit den moslemischen Mamelucken in
Syrien vereinigen könnte. Trotz der Siege Berkes hielt Hulagu jedoch
am Kaukasus stand. Und als Al-Malik as-Salih von Mossul rebel-
lierte und David v. von Georgien seine Unabhängigkeit den Mongolen abtrotzen wollte, schlug Hulagu vernichtend zu. Kaiser Michael
VIII. von Byzanz stützte inzwischen seine Flanke, und Kublai
schickte ihm dreißigtausend Mann Hilfstruppen. Der trotzige, aber
schlaue Berke hielt in seinem Vormarsch inne und machte Derbend
zu seinem südlichsten Vorposten. Hulagu blieb im Besitz seiner Eroberungen in Persien, dem Irak, in Kleinasien und im Kaukasus-
gebiet. Doch während sich die Lage stabilisierte, endeten auch alle
Träume Hulagus, Ägypten zu erobern. Allein die Tatsache, daß
Berke eifersüchtig am Kaukasus stand, machte es Hulagu unmöglich, einen Vorstoß gegen die Mamelucken zu wagen.

So kam der Vormarsch der Mongolen in Vorderasien zum Ste-
hen. Hulagu baute sich nahe dem Ostufer des Urmia-Sees eine
Hauptstadt, Maragha. Zentrum seiner Macht blieb nach wie vor die
Ebene von Aserbeidschan. Von diesem Gebiet zwischen dem Urmia-
See und dem Kaspischen Meer aus beherrschte er die Länder
vom Oxus bis an die Grenzen von Byzanz, vom Kaukasus bis zum
Zwischenstromland.

Er regierte im Namen des Großkhans; tatsächlich herrschte er
aber, ohne sich dem Mongolenherrn gegenüber verantworten zu
müssen. Seine religiöse Grundhaltung – dem Buddhismus zugeneigt, den Christen Schutz gewährend, dem Islam feindlich gesinnt
– bestimmte auch die Art, wie die Toleranz in seinem Reich gehandhabt wurde. Er war in den moslemischen Ländern gefürchtet, doch
sein Despotismus schien sich schließlich der Lage angepaßt zu haben. Er war wohl kein ausgeprägterer Tyrann als andere Herrscher
seines Kontinents und seiner Zeit. Als er 1265 starb, war er erst
achtundvierzig Jahre alt; wie viele andere Monarchen vor und nach
seiner Zeit scheint er nach den Mühsalen des Lebens auf den
Schlachtfeldern den Verlockungen des Schlemmerdaseins erlegen
zu sein. Vielleicht am meisten von den Christen Osteuropas betrauert, wurde er in einer großen Gruft auf der Insel Sahi im Urmia-See
bestattet. Sein Ruf als systematischer, kaltblütiger Eroberer blieb
über die Zeiten erhalten; die Gebiete, die er hinzugewonnen hatte,
waren zu einem Teilreich innerhalb des Reichsverbands zusammen-

geschweißt, und nach ihm sollte eine Dynastie kommen, die dieses Reich Generationen hindurch beherrschte.

2.4 Der Fall des Himmlischen Kaiserreiches

Um die Zeit des *kuriltai* von 1229, auf dem Ogedei zum Khaqan gewählt wurde, gelang es den angeschlagenen, doch zähen Gegnern der Mongolen, den Chin-Kaisern, ihre Stellung zu festigen. In den Provinzen Shensi und Honan entrissen sie den Eindringlingen Ländereien. Gleichzeitig versuchten sie, auf diplomatischem Wege Siege zu erzielen. Doch als sie mit Geschenken beladene Gesandte zu Ogedei schickten, die ihm die Glückwünsche ihres Herrschers überbringen sollten, weigerte sich dieser, sie zu empfangen: »Mein Vater wurde alt und starb im Kriege gegen die Chin«, sagte er. Als Antwort ließen die Anführer der Chin, auf die Abwehrkraft von Mauern vertrauend, eine Festungslinie am Hoang-Ho erbauen; hunderttausend Mann gingen hier in Stellung, während im Hinterland doppelt so viele Soldaten dem Ansturm der Mongolen entgegensahen.

Tuli, mit Subatei als rechte Hand, befehligte die mongolischen Truppen, die 1230 ihren Einmarsch in China begannen. Im östlichen Kansu mußten sie feststellen, daß sie gegen den entschlossenen Widerstand nicht vorankamen. Jetzt erinnerten sie sich an Dschingis Khans letzte Anweisungen: Sie baten den Kaiser der Sung im Süden um Erlaubnis, seine Gebiete passieren zu dürfen. Die Sung hegten eine tiefe Abneigung gegen die nördliche Dynastie, die sie noch immer für barbarische Usurpatoren hielten. Also ließen sie sich überreden, der Bitte stattzugeben, und so geschah es, daß sie die Vernichtung des Pufferstaates zwischen dem Südreich und den gefährlichen Herren der Steppe zuließen.

Drei Heeresspitzen drangen daraufhin in die Gebiete der Chin vor. Tuli kam vom Osten in das Tal des Wei und in die Ebenen von Sezchuan, Ogedei stieß nach Süden in die Provinz Shansi vor. Bei Kun-tschou wurde ein großes Heer der Chin vernichtet; die übriggebliebenen Streitkräfte zogen sich zur berühmten ›Südhauptstadt‹, Kaifeng, zurück. Im Sommer des Jahres 1232 begann die Belagerung dieser riesigen Stadt. Die Mongolen beschossen die Mauern und Festungswerke eines Komplexes, dessen Bevölkerung auf zwei Mil-

lionen geschätzt wurde. Zwar überrascht durch die Vielgestaltigkeit
und technische Perfektion der Abwehranlagen, vertrauten sie dennoch auf die Beharrlichkeit ihrer Kriegführung. Ogedei selbst
wurde, als er heimwärts ziehen wollte, »von einem Unwohlsein ergriffen«, wie Raschid berichtet. Nach dieser Version ergriff Tuli daraufhin ein Glas Wasser, über dem die mongolischen Schamanen ihre
Zauberformeln gesprochen hatten und in dem ihre heilenden Amulette gewaschen worden waren; mit dem Gebet, daß er anstelle des
Khaqan sterben möge, falls ein Tod der Wille Gottes sei, trank er das
Glas aus. »Die himmlische Vorsehung bestimmte, daß der Khaqan
sich erholte. Tuli Khan verabschiedete sich und stieß zu seinem
Troß. Auf dem Wege erkrankte er und starb ...« So wurde Subatei
die Leitung des Feldzugs und der Belagerung übertragen.

    Er befürchtete jedoch, daß Krankheiten und natürlicher
Schwund die Stärke seines Heeres vermindern könnten, und so ersuchte er die Herrscher der Sung um Verstärkungen. Diese kaiserlichen Regenten, unwissend und hilfsbereit wie zuvor, sandten ihm
zwanzigtausend Mann unter Meng Hung, einem ihrer Truppenführer. Und nun erwiesen sich, wie so oft, Hungersnot und Krankheit
als die mächtigsten Verbündeten der Belagerer. Bei der Masse der
Bevölkerung innerhalb der Mauern war die Sicherung des Nachschubs ein schwieriges und schließlich unlösbares Problem. Tausende erkrankten, und viele von ihnen starben. Zu Beginn des Jahres 1233 begannen wieder jene inneren Zwistigkeiten, die schon
häufig den Widerstandswillen der Chin ausgehöhlt hatten. Während
der Feldherr Tsui Lui die Führung übernahm, floh der Kaiser, Aitsung, weiter nach Osten, nach Kuei-te. Tsui Lui nahm die kaiserliche Familie gefangen und übergab sie den Mongolen. Dies stellte
eine Geste dar, die eine Bereitschaft zur Kapitulation bekundete,
und Subatei sandte eine entsprechende Botschaft an den Khaqan.
Er bereitete sich darauf vor, die gesamte Einwohnerschaft der Stadt
umzubringen – die traditionelle Bestrafung derjenigen, die sich den
Mongolen zu widersetzen gewagt hatten. Der weitsichtige Yelui Ch'u
ts'ai benötigte Tage, um Ogedei eine solche Anordnung auszureden.
Es wäre widersinnig, beharrte Yelui, diese Stadt zu vernichten; sie
sollte geschont werden, und die Bewohner, unter ihnen viele tüchtige Handwerker, sollten unbehelligt unter Ogedeis wohlwollender
Herrschaft weiterleben.

So erging der Befehl an die Befehlshaber des Ostens, das Volk zu verschonen und nur die Mitglieder der Kaiserfamilie, der Wan-yen, hinzurichten. Inzwischen machte sich eine mongolische Abteilung auf die Verfolgung des möglichen Anführers einer künftigen Gegnerschaft – des Herrschers der Chin. Ai-tsung setzte verzweifelt seine Flucht fort; die Mongolen blieben ihm auf den Fersen. In der Stadt Ts'ai-tschou sah der Flüchtling keinen weiteren Ausweg mehr und nahm sich das Leben. In diesem Frühling des Jahres 1234 war nahezu ein Vierteljahrhundert einer Kriegführung vergangen, die zum Untergang der Chin-Dynastie geführt hatte; ganz Nordchina befand sich nunmehr fest in den Händen der Mongolen. Manchmal konzentriert sich ein Schachspieler so sehr auf seinen beabsichtigten Zug, daß er dabei die Bedrohung durch seinen Gegenspieler übersieht. So stellte sich um diese Zeit der psychologische Zustand der Kaiser der Sung dar. Trotz aller Berichte über das Wüten der Mongolen in fast ganz Asien, trotz ihrer Erfahrungen im eigenen chinesischen Raum schienen sie noch immer ihre neuen Nachbarn zu unterschätzen. Sie sonnten sich in der Vorstellung, daß die Chin nur deshalb hinweggefegt worden seien, weil die Sung an ihre Stelle rücken wollten. In einer solchen Sicht der Dinge gab es keinen Platz für die Mongolen, mit der Folgerung, daß die Mongolen eigentlich gar nicht existierten. Mit selbstmörderischer Unbekümmertheit verlegte der Kaiser Li-tsung seine Truppen in die Städte Kaifeng und Loyang, ein Akt der Gerechtigkeit in den Augen seiner Ratgeber; für die Mongolen jedoch eine Kriegshandlung.

Auf einem *kuriltai* im Jahre 1235 beschloß Ogedei, daß die Sung für ihre Anmaßung bestraft werden sollten. Doch bald darauf starb er, und es blieb Möngke überlassen, späterhin die Feldzugspläne in China erneut aufzunehmen. Er betrat die Kampfszene, als die Situation hoffnungslos verworren schien: Vorstöße der Sung trafen auf Gegenangriffe der Mongolen, und Tausende von Einzelgefechten und Scharmützeln trugen dazu bei, die allgemeine Lage noch unübersichtlicher zu gestalten. So war es schließlich Kublai, der neue Befehlshaber der Mongolen in China, der zu der Einsicht gelangte, statt eines direkten Angriffs ein Überflügelungsmanöver zu wagen und damit, wie schon so oft in der Geschichte der Kriege, zum Erfolg zu kommen. Mit hunderttausend Mann marschierte er über den östlichen Ausläufer des Himalaja. Ausgehend von der Hauptstadt von

Hsi-Hsia – einst Stätte entschlossener mongolischer Angriffe –, überschritt er hochgelegene Pässe, inmitten der Stürme, die einst wie heute über Bergspitzen und Schluchten fegen. Bei seinem Vormarsch schlug er die unaufhörlichen Angriffe der Bergvölker zurück, jener zähen Krieger, die an die Unbilden der Natur gewöhnt waren. Weit über tausend Kilometer drang er durch unzugängliches Gelände vor, ein Terrain, das jeder Stratege für unüberwindlich gehalten hätte. Schließlich gelangte er in ein Gebiet, das etwa der heutigen Provinz Yünnan entspricht. Nach fünfzehn Monaten war es ihm gelungen, sich eine Basis zu sichern, von der aus er Flankenvorstöße in das Reich der Sung unternehmen konnte.

Uriangkatai, Subateis Sohn, führte eine weitere Heeresgruppe nach Süden in den Staat Annam; seine Hauptstadt Hanoi hat auch heute noch einen kriegerischen Beiklang. Der König von Annam setzte Kriegselefanten zur Bekämpfung der Eindringlinge ein. Zum ersten Mal in ihrer Geschichte waren die Mongolen mit solchen Tieren konfrontiert, und zum ersten Mal gehorchten ihnen ihre Pferde nicht. Doch Feuer stellte das Gleichgewicht wieder her – mongolische Brandpfeile machten die Elefanten zu wilden Bestien. Sie zertrampelten in ihrer Verwirrung ihre eigenen Herren, und als die Mongolen in den Tumult nachstießen, hatten sie bereits den Sieg, und das Land, errungen.

Nachdem sie auf diese Weise den Sung vor den Toren ihres Landes eine Schlappe beigebracht hatten, zogen die Mongolen wieder nach Norden, aus den subtropischen Gebieten Vietnams heraus in das Land, das sie bereits den Chin entrissen hatten. Kublai hatte die längste Zeit seines Lebens in China zugebracht. Er mochte die Chinesen, vertraute ihnen und setzte fähige Einheimische als Verwalter ein. Er hatte von ihnen gelernt, verstand vieles von ihrer Kultur und wollte an ihr teilhaben, ein Schutzpatron des Landes werden. Er erkannte auch, daß ein geschwächtes China nur zu einer Belastung für den Bestand des Gesamtreiches werden würde; die Bevölkerung würde zu Aufständen neigen und nichts zur Auffüllung der Staatskasse beitragen. So wie Yelui Ch'u ts'ai in der Generation vor ihm wußte auch Kublai, daß eine zu harte Besteuerung die Höhe des eingebrachten Tributs eher schmälern als erhöhen würde. Doch in der Umgebung des Großkhans gab es Berater, die die Dinge anders sahen und die sich durch die Anschauung Kublais eingeengt und bedroht fühlten. Sie brachten Möngke zu der Auffassung, daß sein Bruder mehr Chinese als Mongole geworden sei, daß er sich mehr um seine neuen Untertanen als um den Khaqan kümmere. Möngke war beunruhigt und rief seinen Bruder nach Karakorum zurück. Impulsiv wollte Kublai den Kampf aufnehmen und mit einem Heer nach Norden marschieren. Doch er hatte einen Mentor, den weisen Yao-shi, der ihm bedingungslose Unterwerfung anriet. Und kluge Herrscher hören auf begründete Ratschläge: Kublai demütigte sich vor seinem Bruder und legte ihm alles, was ihm lieb und teuer war, zu Füßen. Die Geste überzeugte Möngke; er setzte seinen Bruder erneut zum Befehlshaber in China ein. Bei dieser Zusammenkunft wurde weiterhin beschlossen, den Kampf gegen die Sung mit äußerster Härte weiterzuführen; Möngke wollte sich selbst an die Spitze der Truppen stellen. Unter Zurücklassung seines jüngsten Bruders, Arik-Buka, als Regenten in Karakorum – diese Entscheidung sollte später zu Schwierigkeiten in der Nachfolgefrage führen – marschierte er ins chinesische Sezchuan. Kublai unternahm inzwischen ein Zangenmanöver von Honan im Norden aus, um die Reserven der Sung nach Kinshan und zur Verteidigung der Hauptstadt Lin-an am Yangtse abzudrängen. Gleichzeitig eilte Uriangkatai aus dem fernen Südwesten herbei, um seine Verbände in den Generalangriff einzugliedern.

Die zweite Hälfte des Jahres 1257 hindurch und auch noch im Frühling und Sommer des folgenden Jahres hielten die vorbereiteten Verteidigungsstellungen am Lunk-kiang den mongolischen Vormarsch auf. Möngke belagerte jedoch die wichtige Festung Hotschou, um nach deren Fall von Westen her vorstoßen zu können. Im Süden stieß Uriangkatai nach Kweilin vor, nahm die Stadt ein und zog dann weiter nach Norden, dem Yangtse entgegen. Eine Vereinigung der beiden mongolischen Heeresgruppen erschien wahrscheinlich, da auch Kublai bereits an diesem großen Fluß stand. Hierdurch konnte das Reich der Sung in zwei Teile zerschnitten werden. Kia-se-tao, der leitende Minister des Sung-Kaisers, riet daraufhin seinem Herrn, diplomatisch tätig zu werden, da die Härte des Abwehrkampfes über die Kräfte der Soldaten ging. Er bot einen Rückzug an, eine neue, den Mongolen entgegenkommende Grenzziehung, einen jährlichen Tribut und die Anerkennung der mongolischen Oberhoheit durch die Sung. Seine Initiative erfolgte zu

einem günstigen Zeitpunkt: Vor Hotschou wütete die Ruhr im mongolischen Belagerungsheer. Auch Möngke wurde von der Krankheit
ergriffen. Er zog sich ins Gebirge zurück. Doch er kam nicht mehr
zu Kräften; am 11. August 1259 starb er. Kublai nahm Kia-se-taos
Friedensangebot an und zog sich nach Norden zurück, um von dort
aus die Entwicklung der Lage in Karakorum zu beobachten.

Fünf Jahre sollten vergehen, bis Kublai seinen Bruder Arik-Buka
als ernsthaften Rivalen ausgeschaltet hatte. Im Jahre 1264 verzieh
er ihm und machte sich zum Herrscher der mongolischen Welt.
Doch er fühlte sich in China beheimatet, nicht in den Steppen und
Gebirgsschluchten des mongolischen Kernlandes; Peking wurde
anstelle von Karakorum die Reichshauptstadt. Doch gerade infolge
seiner Selbsteinschätzung als Herrscher von China konnte er es auf
die Dauer nicht zulassen, daß die Sung weiterhin, wenn auch in ein-
geschränktem Maße, unabhängige Kaiser ihres Reiches blieben.
Seit dem Ende der T'ang-Dynastie am Ende des neunten Jahrhunderts war China geteilt gewesen. Selbst der Gründer der Sung-Dynastie, Chao K'uang-yin, der 960 zur Macht gelangte, war nicht in der
Lage, die Kitan zu vertreiben, die sich im Nordosten des Reiches
festgesetzt hatten. Jahrhundertelang standen sich die beiden
Reichshälften mißgünstig und feindselig gegenüber. Die Südländer
bezeichneten die Leute jenseits des Yangtse als »Schwachköpfe aus
dem Norden«; die Nordländer beantworteten die Beschimpfung mit
man-tse – »Barbaren«. Kublai verstand es, diese Abneigung seiner
nördlichen Untertanen geschickt auszunutzen; er brauchte selbst
als Fremdherrscher weder Widerstand noch Rebellionen zu be-
fürchten. Er betrieb daher nicht nur eine langfristige Politik, nämlich die Vereinigung ganz Chinas, sondern er gab auch seinen
eigenen Racheempfindungen nach, um kurzfristig zum Ziel zu gelangen. Anlaß hierzu bot die Verhaftung seiner Gesandten, die zu
Vertragsverhandlungen zu den Sung gekommen waren, durch deren
Führer Kia-se-tao.

Im Jahre 1271 rief Kublai daher eine neue Dynastie für ganz
China aus. Sie sollte später den Namen Yüan erhalten, und ihre
Hauptstadt sollte Peking werden, das um diese Zeit Chung-tu und
etwas später Ta-tu hieß. Nunmehr setzte die langsame und müh-
selige Einschränkung der Macht der Sung ein. Große Festungen und
befestigte Städte mußten nach und nach belagert und eingenommen

werden. Siang-yan, am Han-Fluß gelegen, wurde fünf Jahre lang vergeblich belagert; die Yüan-Streitkräfte unter ihren chinesischen Befehlshabern A-shu Liu-cheng und Shi Tien-tse mußten ergrimmt zusehen, wie immer wieder Nachschub der Sung in die belagerte Stadt gelangte. Die Festung Fan-cheng, am Nordufer des Flusses, schützte die Anfahrt der Nachschub heranbringenden Schiffe; erst als sie 1272 fiel, konnte die Stadt erfolgreich abgeriegelt werden. Als sie schließlich erobert wurde, verhielt sich Kublai ganz anders als seine Vorgänger: Den hartnäckigen Kommandanten, Lu Wan-huan, ließ er nicht foltern und töten, sondern er setzte ihn in der Stadt als Gouverneur ein.

Inzwischen war bei den Mongolen eine neue Generation von Heerführern herangewachsen, Männer, die alle militärischen Fähigkeiten von ihren Vätern erlernt hatten – in manchen Fällen von ihren Vätern im wörtlichen Sinne, denn Uriangkatai war der Sohn und Achu der Enkel Subateis. Der bedeutendste Kommandeur hatte unter Hulagu gedient: Bayan, der Mann, dem Kublai jetzt den Angriff auf die Hauptstadt der Sung, Lin-an – das heutige Hangtschou – übertrug. Dort herrschte ein neuer Kaiser, ein junger Mann namens Tu-tsung, der gerade seinem Onkel auf dem Thron gefolgt war. Der eigentliche Herrscher war jedoch Kia-se-tao geblieben, ein unredlicher Ränkeschmied. Im Jahre 1274 schien es, als ob sich seine Macht noch vergrößert hätte, denn Tu-tsung war gestorben und sein vierjähriger Sohn wurde zum Kaiser proklamiert. Regentin wurde seine junge Mutter. Doch wer auch immer dem Namen nach die Herrschaft ausübte – die Lage der Sung wurde immer prekärer.

Vier mongolische Heeresgruppen stießen nun auf Lin-an vor. Die Streitkräfte der Sung gerieten immer mehr in die Gefahr der Einschließung und Vernichtung. Verzweifelt unternahm Kia-se-tao einen Vorstoß nach Westen, um den Mongolen und ihren chinesischen Verbündeten entgegenzutreten. Bei Ting-kia-tschou kam es zur Schlacht. Seine Truppen wurden zersprengt, und er mußte fliehen. Nun verbündeten sich seine Gegner im Lande, um ihn seiner Macht zu berauben. Er wurde vor Gericht gestellt, des Verrats für schuldig befunden und abgesetzt. Auf dem Wege in die Verbannung wandten sich seine Bewacher gegen ihn und brachten ihn um.

Lin-an, die Hauptstadt der Sung, war eine riesige Ansiedlung mit breiten Straßen und einer Unzahl von Kanälen, über die mehr als zehn-

tausend Brücken führten. Es gab Parks, öffentliche Bäder, ein gut
ausgebautes Entwässerungssystem, eine Polizeitruppe von mehreren
tausend Mann, einen großen, von Palästen umgebenen See, viele Her-
bergen und Gasthäuser für die auswärtigen Besucher. Der Wohlstand
der Stadt beruhte auf ihrem Hafen und der Geschäftigkeit ihrer Märkte.
Die Einwohnerschaft betrug mindestens vier Millionen. Generationen
hindurch hatten die Menschen in Sicherheit und Wohlhabenheit ge-
lebt. Nun blickten sie voller Furcht dem Vormarsch Kublais entgegen.

Die Kaiserinwitwe war überzeugt, daß nur das Eingeständnis
der Niederlage die Stadt vor der Zerstörung bewahren könnte. So
sandte sie Bayan das kaiserliche Siegel als Symbol ihrer Unterwerfung. In den Zeiten Dschingis Khans hätte nun ein Siegestaumel
eingesetzt; mit reicher Beute beladen, wären die Soldaten aus der
eroberten Stadt abgezogen. Doch zwei Generationen lagen zwischen
Dschingis und Kublai; der neue Landesherrscher wollte sein gelieb-
tes China unversehrt erhalten, die Kultur und den Handel weiter
ausbauen. Als die mongolischen Heere ihren triumphalen Einzug
hielten, suchten sie nicht nach Beute für sich selbst, sondern sie hielten nach Kunstschätzen Ausschau, und im Besitz des kaiserlichen
Siegels konnten sie nunmehr eigene Verordnungen erlassen. Für die
einfachen Leute nahm das Leben seinen gewohnten Fortgang; weder ihr Eigentum noch ihre Frauen wurden von den Siegern an-
gerührt. Tempel und öffentliche Gebäude blieben unberührt. Der
junge Kaiser wurde nicht festgenommen, und auch seine Mutter
kam nicht in Ketten. Bayan weigerte sich, sie zu empfangen, jedoch
nicht aus Hochmut, sondern weil er die höfische Etikette nicht
beherrschte. Kublai ließ Mutter und Sohn in den Norden bringen,
wo sie dann noch ein ganzes Jahrzehnt in Wohlstand und Sicherheit
zubrachten. Der Exkaiser wurde zum Fürsten dritten Grades proklamiert, bevor er und seine Mutter schließlich in die Abgeschieden-
heit eines buddhistischen Klosters eintraten, wo sie bis an ihr
Lebensende blieben.

Der Krieg war jedoch noch nicht vorüber. In Fukien, einer Provinz des Südostens, setzten den Sung treu gebliebene Minister und
Truppenführer den Widerstand fort. Als symbolische Oberhäupter
hatten sie zwei Knaben aus der kaiserlichen Familie bei sich.
Kiangsi, Kwangtung und Fukien waren die Zentren der Wider-
standsbewegung. Auch Rückschläge hielten sie nicht davon ab, an

anderen Orten den Kampf fortzusetzen. Im Verlauf dieser langen und schließlich sinnlosen Auseinandersetzungen wurde Kublais Mannschaftsbestand immer knapper. Er griff auf die Insassen von Gefängnissen zurück und rekrutierte auf diese Weise weitere zwanzigtausend Mann. Seltsamerweise wurden einige dieser ehemaligen Sträflinge ausgezeichnete Truppenbefehlshaber.

Von den Mongolen ständig bedrängt, zogen sich die Überbleibsel der Sung immer weiter nach Süden zurück. Schließlich ging es an der Küste nicht mehr weiter, und Kanton wurde zu ihrem letzten Stützpunkt. Unerbittlich rückten die Streitkräfte der Yüan vor, schlossen die Stadt ein und forderten die Übergabe. Die hartnäckigen Verteidiger der Sache der Sung schienen noch immer auf ein Wunder zu hoffen. Sie nahmen ihren jungen Kaiser, Shi, auf die vorgelagerten Inseln mit. Doch im Jahre 1278 starb Kaiser Shi auf der Insel Kiang-tschou.

Unter seinem Vetter, dem neuen Kaiser Ping, ging der vergebliche Kampf um das verlorene Reich weiter. Mongolische Truppen griffen die Inseln zu Schiff an. Das Reich der Sung bestand zum Schluß nur noch aus einigen Seegebieten und der Flotte. Einen Tag lang tobte eine Seeschlacht; als sie zu Ende ging, waren viele hundert Schiffe der Sung versenkt oder gekapert. In der Dunkelheit entkamen einige von ihnen, darunter auch das Flaggschiff, auf dem der kaiserliche Knabe flüchtete. Doch es war zu schwerfällig, um den Nachstellungen der Mongolen zu entgehen. In seiner Verzweiflung warf der Kommandant Frau und Kinder über Bord und ergriff den Kaiser, das letzte Symbol des Widerstandes. Hell erleuchtet von brennenden Fackeln, hielt er das strampelnde Kind über die Bordwand der Dschunke. Trotzig rief er den Verfolgern entgegen: »Ein Kaiser der Sung zieht den Tod der Gefangenschaft vor!« Dann sprang er hinaus ins Dunkel, ins weite Meer und in die Vergessenheit. Kublai wurde nach langen Jahrhunderten der erste Kaiser eines ungeteilten China. Aus dem erzwungenen Zusammenschluß der beiden Reichsteile ging das heutige China hervor: Es blieb für immer vereint.

Die Konsolidierung setzte nun im ganzen Lande ein, und die kaiserliche Sorge um das Wohlergehen seiner Untertanen war eine Zeitlang so offensichtlich, daß Kublai vom ganzen Volk verehrt wurde. Durch die Kriege war die Bevölkerung um ein Drittel ge-

schrumpft; die Folge war, daß die Landleute mehr Äcker zur Verfügung hatten. Die Mongolen unterhielten Überlandverbindungen
nach Europa; der verstärkte Handel kam den Kaufleuten zugute.
Der Kaiser war schon lange ein Anhänger der chinesischen Kultur;
somit war er nicht nur Schutzpatron der Künste, sondern auch der
Kunstschaffenden, wie der Maler, Schriftsteller, Schauspieler und
Gelehrten. Wenn es galt, die Armut zu bekämpfen, standen Vorräte
bereit; kaiserliche Suppenküchen sorgten für die Hungrigen.
Dschunken erkundeten die Handelswege nach Indien, Ceylon, dem
Persischen Golf, vielleicht bis nach Mombasa und Sansibar. Um zu
verhindern, daß der Reichtum zu ungleichmäßig verteilt wurde,
überwachte die kaiserliche Verwaltung die Landzuteilung und die
Preisgestaltung der Gebrauchsartikel. Der Handel war ausgebaut, es
gab genügend Land, und Höchstpreise waren festgesetzt; für die
Kranken, Alten und Armen wurde gesorgt – nach vierzig Kriegsjahren müssen die Menschen den Eindruck gewonnen haben, daß ihr
neuer Herrscher ihnen das Paradies gebracht hatte.

Und doch – Kublai war ein Mongole, Dschingis Khans Enkel. Er
war der Khaqan und Repräsentant der Überzeugung, daß die ganze
Erde ihm und seinem Volk gehöre. Um diese Überzeugung in die Tat
umzusetzen, durfte er sich auch nicht von den Schwierigkeiten
abhalten lassen, die Expeditionen über See mit sich brachten. Nachdem er vom Reichtum Japans gehört hatte, sandte er 1267 eine Botschaft an den Kaiser, in der er von diesem die Anerkennung der
Oberhoheit der Mongolen verlangte. Der japanische Kaiser in seiner
gottähnlichen Stellung hielt es nicht für nötig, darauf zu antworten.
Kublai ersuchte daraufhin den Vasallenkönig von Korea um Über-
mittlung seiner Forderung, doch den koreanischen Abgesandten
wurde die Reise zur Hauptstadt Kyoto nicht gestattet. Es war Zeit,
die mongolische Entschlossenheit zu bekräftigen.

Zunächst wollte Kublai die Japaner nur einschüchtern und zur
Nachgiebigkeit bewegen. Im Jahre 1274 nahmen zehntausend Soldaten, hauptsächlich Koreaner und Chinesen, Tsushima ein, auf hal-
bem Wege nach Japan, und errichteten dann einen schwachen
Brückenkopf auf der südlichsten Hauptinsel Kiuschu. Die Japaner
unternahmen heftige Gegenangriffe, und die Invasionstruppen gerieten in immer größere Bedrängnis. Da kein Nachschub eintraf,
wurden sogar die Pfeile knapp, und ein plötzlicher Sturm verur-

sachte Verwirrung und Angst. Um nicht vernichtet zu werden, machten sich die Expeditionsstreitkräfte auf die Heimfahrt.

Unbeirrt entsandte Kublai neue Boten; die Japaner, durch ihre Abwehrerfolge in ihrer Zuversicht bestärkt, richteten sie hin. Kublai schritt jetzt zur Tat: Er ließ in Yang-tschou, Ch'uan-tschou und anderen Häfen eine Invasionsflotte von sechshundert Schiffen bauen, auf der er dann im Jahre 1281 eine riesige Truppe von schätzungsweise hundertfünfzigtausend Mann – darunter nur vierzigtausend Mongolen – in See stechen ließ. Das Unternehmen, vergleichbar mit der spanischen Armada, die drei Jahrhunderte später den Seekrieg verlor, war vielleicht zu groß und zu schwerfällig, um den Erfolg sicherzustellen, und es fehlte eine entschlossene Führung. Ein Verband segelte von der Mündung des Yangtse aus, der andere von koreanischen Häfen in Richtung nach Osten. Sie sollten sich in der Bucht von Hakosaki vereinigen. Die chinesische Flotte traf viel später als die koreanische ein, und man entschloß sich nach vielem Hin und Her, die Truppen an der japanischen Küste an Land gehen zu lassen. Eine Zeitlang schien ihr Vormarsch erfolgreich zu verlaufen, doch sie gewannen nur kleinere Gefechte und nahmen Dörfer ein, während die Wallanlagen der Städte und Festungen standhielten. Ihre Lage wurde immer schwieriger – Nahrungsmittel und Futter für die Tiere wurden knapp, und da es ihnen nicht gelungen war, die gegnerischen Stützpunkte einzunehmen, konnten sie keinen Generalangriff ins Landesinnere wagen.

Die Verbindungslinien über die Straße von Tsushima waren gefährdet. Wie bei der ersten Expedition brach wieder ein Sturm los, doch diesmal war es ein gewaltiger Taifun, der die Flotte erfaßte, sie in alle Winde zerstreute und viele Schiffe zum Untergang verdammte. Hilflos wurden Hunderte von Dschunken ans Ufer und gegen Klippen geschleudert, so als ob das Universum sich für die Anmaßung der Mongolen rächen wollte. Zehntausende ertranken. Die Schiffskapitäne, die ihre übriggebliebenen Seefahrzeuge und damit ihre eigene Haut nach China zu retten vermochten, wurden jedoch von Kublai begnadigt – sein Großvater hätte vermutlich an ihnen Rache genommen. Inzwischen ging der hoffnungslose Kampf der Invasionstruppen in Japan weiter. Tag um Tag nahm die Mannschaftsstärke ab, und schließlich war es kaum noch ein Drittel der ursprünglichen Armee, die sich den Japanern ergab, um in die

Sklaverei zu marschieren oder der Hinrichtung entgegenzusehen. Zwanzig Jahre zuvor hatten die Mamelucken bei Ain Dschalut die Mongolen besiegt und damit Hulagus Eroberungen im Nahen Osten ein Ende bereitet; in Osteuropa begnügten sich die Khane der Goldenen Horde mit den Erwerbungen Batus; und jetzt war auch an der Ostküste Asiens der Zeitpunkt gekommen, an dem dem mongolischen Vordringen ein Riegel vorgeschoben wurde.

Kublai zog aus der Niederlage jedoch nicht die Konsequenzen; sein ganzes Leben lang verfolgte er die Absicht, nach Japan zurückzukehren und dem Landesherrscher eine Lektion zu erteilen. Und auch fernab im Südwesten bemühten sich seine Truppen, die Grenzen des mongolischen Herrschaftsbereichs zu erweitern. Sein vorgeschobener Stützpunkt war Tali in Tongking, und von hier aus bedrohte er die Königreiche Annam, Tschampa und Mien. Die Landesfürsten standen bereits in enger oder lockerer Beziehung zum chinesischen Hof; doch Kublai wollte seine Oberhoheit weiter festigen. Daß der greise Indravarman v. von Tschampa im Jahre 1280 seine Huldigung dem Khaqan nicht persönlich darbringen konnte und sein Sohn die mongolischen Abgesandten festnahm, die den Golf von Tongking auf ihrem Wege nach Südindien befuhren, wo sie Tributforderungen stellen wollten, verschärfte die Lage. Tran Thanh-tong von Annam wollte die mongolischen Truppen nicht durch sein Land passieren lassen; bald wurde ganz Indochina zum Schlachtfeld.

Die Verhältnisse in diesem Gebiet unterschieden sich jedoch wesentlich von den Bedingungen, mit denen es die Mongolen in früheren Zeiten zu tun hatten. Wie es auch Heere mehrere Jahrhunderte später erkennen mußten, eignen sich die Dschungel der feuchtwarmen indochinesischen Halbinsel nicht zur Kriegführung. Ein schneller Vormarsch ist unmöglich, und überall können Feinde im Hinterhalt lauern. Dennoch erkämpften sich Kublais Truppen ihren Weg zur Festung Mu Cheng in Tschampa, mußten sich aber dann, durch Strapazen, Fieber und Hunger geschwächt, zurückziehen.

Wieder rückten sie vor, diesmal unter Führung Togans, des Sohnes Kublais, und wieder zwangen sie Krankheiten und Hungersnot zum Rückzug. Als sie durch Annam marschierten, griff sie Tran Thanh-tong an; das halbe Heer ging zugrunde, darunter der Befehlshaber Sugetu. Nochmals, im Jahre 1287, marschierten hunderttausend Mann nach Süden. Obwohl es ihnen gelang, bis zur Küste vorzudringen und Hanoi einzunehmen, trugen letztlich das schwierige Gelände, das heiße Klima und der annamitische Kampfgeist den Sieg davon. Zudem erfolgte kein Nachschub über See; die Flotte der Annamiten fing die – vermutlich von Kanton aus – abgesegelten Schiffe ab und versenkte sie. Wiederum mußten die Mongolen den Rückzug antreten, und wieder wurden sie auf dem Marsch unaufhörlich angegriffen.

Im Jahre 1283 wurde ein großes Heer unter dem *noyan* Singtaur von Tali aus in die Dschungel des nördlichen Burma beordert. Etwa zehn Jahre zuvor hatte eine mongolische Truppe ein weitaus größeres burmesisches Heer geschlagen und dabei die Kampfelefanten in Verwirrung gebracht. Diesmal drangen die Mongolen aber bis zu den Ufern des Irawadi vor. Der König, Narasihapati, der seinem Volk diese Schwierigkeiten durch seine Weigerung eingebracht hatte, Kublai zu huldigen, wurde von seinem Sohn Sihasura vergiftet; von 1293 an entrichtete dieser neue und willfährige Monarch seine Tribute an den Khan der Mongolen.

Im gleichen Jahr verließen tausend Schiffe die chinesischen Häfen, um zwanzigtausend Soldaten dem Inselgebiet entgegenzubringen, das heute Indonesien heißt. Sie steuerten auf Java zu; dort war einem mongolischen Abgesandten, als er Tribut forderte, von den Einheimischen ein Brandmal aufgedrückt worden, und so kehrte er geschändet nach Peking zurück. Tuan Vijaya, einer der Inselfürsten, unterwarf sich bald, während sich der andere, Hadji Katang, hartnäckig zur Wehr setzte. Seine Niederwerfung wurde für die Mongolen, die wiederum in unzugänglichem Gelände zu kämpfen hatten, zu einem verlustreichen Unternehmen. Geschwächt zogen sie sich zur Küste zurück, und Vijaya, im Zusammenwirken von Hindus und Moslems, überfiel sie in der Nähe ihrer Schiffe. Mit knapper Not konnten sie sich noch in Sicherheit bringen. Dennoch gab es in Malaya, auf Ceylon und in Südindien – wo die Mongolen wiederum auf islamische Völker stießen – kleine Fürstlichkeiten, die es sich zur Ehre anrechneten, dem Großkhan Kublai als Beherrscher der Welt Tribute zu zahlen.

Im Jahre 1294 starb Kublai nach vierunddreißigjähriger Regierungszeit. Unter ihm hatte die Geschichte der Mongolen ihre größten Erfolge, ihre glänzendste Stabilität, aber auch den Beginn ihres schismatischen Zusammenbruchs erlebt. Indem er Peking zu seiner Hauptstadt machte, hatte er das Gleichgewicht des Reiches außer Kontrolle gebracht. Seine Herrschaft im Osten und die Machtzentren Hulagus und Berkes im Westen lagen zu weit voneinander entfernt; die Kernlande in der Mitte waren zu arm, um die notwendige Verbindung aufrechtzuerhalten, nachdem der Khaqan sie verlassen hatte. Und was Kublais größtes Bestreben war, nämlich die Gründung einer tief im Boden Chinas verwurzelten Dynastie – auch hier blieb ihm letztlich der Erfolg versagt. Er wußte, daß er beliebt war, doch er setzte seine Beliebtheit nicht immer in geeigneter Weise ein: Er hätte Chinas Gesellschaftsordnung ändern können, doch um sich die Unterstützung des Adels zu erhalten, förderte er eher die alte Herrschaftsstruktur, als daß er den Bedürfnissen der Bauern entgegenkam. Seine schnellen und unbedachten Reaktionen auf alle – mitunter sogar eingebildeten – äußeren Gefahren beschworen Kriege herauf, die den Wohlstand verminderten und Menschenleben forderten; er hätte mehr Wert auf das Leben jedes einzelnen legen müssen, wenn er schon ein Förderer des Wohlstandes war.

Als er starb, waren seine anfänglichen Erfolge bereits im Begriff, ausgehöhlt zu werden. Die bedauerliche Tatsache, daß die Menschen, deren geistige Unterstützung er am nötigsten brauchte, ihn weiter als Fremden betrachteten, war nicht wegzuleugnen. Er bewunderte die Kultur des Landes, beherrschte jedoch nie die chinesische Sprache. Gerade in den südlichen Provinzen, für deren Eroberung und Eingliederung in den Reichsverband er viel Kraft aufgewendet hatte, dauerte die tief verwurzelte Abneigung gegen die Mongolenherrschaft an. Doch die Feindseligkeit bestand auf beiden Seiten: Viele Mongolen empfanden, wie einst Dschingis Khan, einen puritanischen Abscheu gegenüber der Verweichlichung der Chinesen, ihren Seiden, ihrer Literatur und ihrer Malerei. Echte Männer hatten in Zelten zu leben, zu reiten und zu kämpfen, Feinde zu töten und Kinder zu zeugen, und in ihrer Freizeit zu jagen, *koumiss* zu trinken und zu singen. Alles, was jenseits der Chinesischen Mauer lag, war gefährlich, verderblich, es untergrub die Willenskraft des Nomaden. Diese unüberbrückbare Abneigung, die konservative Gruppen sowohl auf der mongolischen als auch auf der chinesischen Seite gegeneinander empfanden, aber auch die Enttäuschung des einfachen Landvolkes führten dazu, daß der Beginn

des Niedergangs der Yüan-Dynastie sich bereits vor Kublais Tod ab-
zuzeichnen begann.

Aber diese Entwicklung sollte sich erst später in vollem Maße
auswirken, als das riesige Mongolenreich in Herrschaftsbereiche
der Nachkommen Dschingis Khans auseinanderbrach. Zu Kublais
Lebzeiten stellte es die glänzende Verkörperung der Erfolge zweier
tatkräftiger Generationen dar. Von der Ostsee bis zum Golf von Tongking waren alle Völker und Staaten unter der Oberhoheit des Großkhans vereint, und von Annam bis nach Korea brachte er Frieden
und Einigkeit für die Länder, die er persönlich regierte. Überall in
der eurasischen Landmasse wurde sein Name mit Ehrfurcht ausge-
sprochen. Er war der größte Monarch seiner Zeit. Als er starb, ging
seine überragende Persönlichkeit wie die seines Großvaters in die
Sagen der Welt ein. Doch während wir Dschingis Khan in einem
Dunst von Blut sehen, ist es der Schimmer von Gold, der Kublais
Konturen verwischt. Sie beide verbindet der Faden des mongolischen Reichsgedankens; nach Kublais Tod riß er ab.

3 DER WEITVERZWEIGTE BAUM

3.1 DIE GOLDENE HORDE

Im Nordwesten waren es die Küsten des Finnischen Meerbusens, im Südosten der Aral-See und der obere Oxus, im Süden das Kaspische und das Schwarze Meer und der Kaukasus, im Norden der Rand eines noch schwärzeren Meeres und das riesige Waldgebiet, das im Osten bis nach Sibirien reicht: Dies waren die Grenzen des Reiches, das Batu seinen Nachkommen vererbte. Zu seinen Lebzeiten regierte er es von seinem großen Zelt aus, das mit Gold und Stickereien verziert war. Das mongolische Wort für Zeltlager ist *ordu*, von dem das Wort Horde abgeleitet wird. Somit konnte man von Batus goldenem *ordu* sprechen, denn hier liegt vermutlich der Ursprung der Bezeichnung Goldene Horde, unter der seine Anhänger während der Zeit ihrer Machtentfaltung bekannt werden sollten. In Asien nannte man sie Kiptschaken. Bei den Russen, die sich ihnen unterwerfen mußten, hießen sie einfach Tartaren.

Gegenüber den Russen, die in ihren Fürstentümern – Smolensk, Tschernikow, Nowgorod, Galizien, Kiew unter anderen – ihrer Oberhoheit unterstanden, verhielten sich die Mongolen beobachtend und diplomatisch. So hielten sie ihre Herrschaft durch Spaltung aufrecht. Sie wußten, daß es nutzbringend war, die alten Rivalitäten zwischen diesen Herzögen und Fürsten zu schüren. Am günstigsten war es für sie, wenn sie sich mit dem Adel gegen das Volk verbündeten. Auf diese Weise handelten die Herrscher und Bojaren ihrer Höfe als Polizisten des Khans. Sie zwangen das Volk zur Ruhe, in ihrem eigenen und im Interesse der Mongolen; so wurden sie, ob sie es wollten oder nicht, zu Verbündeten ihrer Eroberer. Zur Sicherstellung der Bündnistreue gab es tartarische Beamte an den Höfen, politische Berater und Bevollmächtigte für die Einziehung der festgesetzten Tribute. Und es gab den Titel des Großfürsten, der dem Obersten jener ehrgeizigen Herrscher zukam, ein Titel, der vom Khan an den Tüchtigsten vergeben wurde. Als die verschiedenen Gebiete des Mongolenreichs auseinanderfielen und unabhängig wurden, gewann die symbiotische Beziehung zwischen den Tartaren und den Fürsten Bedeutung; schließlich sollte diese enge Verbindung zu einem Faktor bei der Auflösung und dem Zusammenbruch der Goldenen Horde werden.

Jenseits der russischen Fürstentümer regierten nacheinander jene Großherzöge von Litauen, die eine Ausdehnung ihres Herrschaftsbereichs nach Osten nie aus den Augen verloren. Sie waren die natürlichen Rivalen der Fürsten von Rußland und konnten somit in das komplizierte Überwachungssystem, das die Mongolen in Osteuropa errichtet hatten, einbezogen werden. Einen ähnlichen Status hatten die Zaren von Bulgarien, die nie unterjocht und nie frei, doch immer beherrscht waren; die schwerer lenkbaren Könige von Ungarn mußten mehrmals die Folgen ihres Ungehorsams tragen, indem Strafexpeditionen ihr Land heimsuchten. An der Schwarzmeerküste hielten die Venezianer und Genuesen den Handel über See aufrecht, wie es auch die Kaufleute der Hanse taten, die von Norden her Waren über Nowgorod und auf der Wolga nach Rußland lieferten. Nach Osten hin bestanden Handelsverbindungen mit Persien und China; Seiden, Jade und Gewürze fanden auf den Karawanenstraßen ihren Weg nach Rußland.

Um sein riesiges Herrschaftsgebiet besser verwalten zu können, ließ Berke eine neue Hauptstadt erbauen. Sie hieß noch immer Serai und lag noch immer an der Wolga, wie die Hauptstadt Batus, doch sie führte nun den Namen Neu-Serai oder – was dem Herrscher schmeichelte – Serai-Berke. Die Stadt hatte keine Mauern und stand inmitten eines Salzsumpfes. Wasser war reichlich vorhanden; nicht nur Trinkwasser, sondern auch zum Betreiben der Maschinen der Handwerker. Berke war ein Moslem – wir wissen, wie sehr diese Tatsache zur Entstehung seiner Rivalität zu Hulagu beitrug –, und er ließ in seiner Stadt dreizehn Moscheen mit hohen Minaretten errichten. An anderen Stellen schimmerten die weißen Fassaden von Palästen – sein eigener Palast war von einem goldenen Halbmond gekrönt –, und es gab Badehäuser für das Volk, fünf große Basare und Stadtviertel für die Handwerker. Die Stadt erglänzte von Marmor, Porphyr, Blattgold, sie beherbergte Dichter und Maler, die von

den Khanen an ihren Hof gezogen wurden. Sogar die Sprache der
Mongolen änderte sich. Obwohl das Mongolische bei Hof und bei
den Beamten noch die offizielle Sprache blieb, wurde das Türkische
zur Umgangssprache in den meisten Gebieten. Die Mongolen hatten
im Laufe der Zeit so viele Angehörige westlicher Nomadenvölker in
ihr Heer aufgenommen, wie Kumanen und Kiptschaken, daß diese
nunmehr vorherrschten und deren Sprache zur *lingua franca* der
Tataren wurde.

Doch trotz dieser bewußten Urbanisierung blieben sie in ihrer
Lebensweise Nomaden, wie in alten Zeiten: Die weiten Steppen zwischen dem Aral-See und den Karpaten ermöglichten ihnen die Fortsetzung ihrer althergebrachten Gewohnheiten. So entstand in der
Goldenen Horde keine Polarisierung zwischen den Anhängern der
alten und der neuen Kultur, wie es in China der Fall war und was
dort den Bestand der Yüan-Dynastie bedrohte. Die Khane der westlichen Gebiete hatten andere Probleme – hier gab es interne Rivalitäten und Auseinandersetzungen um die Macht im Lande, und
zudem die latente Gegnerschaft zu den Ilkhanen von Persien im
Süden. Und in immer stärkerem Maße nahmen die ehrgeizigen
Herrscher Rußlands jede Gelegenheit wahr, um ihre Macht zu vergrößern, diese gegen ihre Oberherren einzusetzen und sich schließlich selbständig zu machen.

Doch vorerst verlieh der Khan der Goldenen Horde, der gesichert
in seiner Hauptstadt residierte, die begehrten Hochadelstitel, eine
Tatsache, die dazu führte, daß sich bei jedem Todesfall Thronbe-
werber an seinem Hof versammelten, die sich um den Titel stritten.
Da diese Titel nicht nur verliehen, sondern auch entzogen werden
konnten, gab es immerwährende Intrigen, Aufstände und Morde an
den russischen Höfen, und die Verwirrung vergrößerte sich noch,
wenn das Khanat sich in die Auseinandersetzung einmischte. In den
großen Empfangshallen des Khan gaben sich Prätendenten, oft in
Begleitung ihrer Familien und ihres Gefolges, ein Stelldichein. Häufig überlebten Adlige ihre Reise nach Serai nicht; es war nicht ungewöhnlich, daß Bittsteller, die nicht umhin konnten, an den Hof
des Khan zu fahren, vor ihrer Abreise ihr Testament machten.

Dschotschi waren diese westlichen Landstriche zuerkannt worden, und Batu hatte sie erobert; doch erst Berke festigte die Herrschaft der Tartaren. Er war der erste Moslem unter den Regenten.

Obwohl einige seiner Nachfolger wieder heidnisch wurden, war es doch der Islam, zu dem sich die Goldene Horde bekannte. Streit gab es um die Grenzgebiete im Kaukasus und um die Behandlung des Kalifen zwischen Berke und Hulagu. Doch als bleibendes Symbol der mongolischen Macht hatte sich Berke seine Stadt erbaut, und nicht nur dieser, sondern auch den Steppen östlich der Hauptstadt wurde vom Volk sein Name beigegeben: Man nannte sie von nun an ›Berkes Wiesen‹.

Als die Gesandten Baibars' sich in Berkes weißem Empfangszelt – dem Symbol der mongolischen Tradition – einfanden, standen sie einem beleibten Mann in seidenem Überrock gegenüber. An den Füßen trug er rote Filzstiefel, auf dem Kopf eine runde Kappe. Sein Gesicht war breit und rund und hatte nur spärlichen Bartwuchs. Zu Beginn seiner Regierungszeit war er ein ehrgeiziger und unversöhnlicher Herrscher gewesen; jetzt hatte er die Machtausübung mehr und mehr seinem Neffen Nogai überlassen. Diesem Berke bot Baibars ein Bündnis mit den Mamelucken an, und Berke war es auch, der 1262 gegen Hulagu vorrückte. In den Beziehungen der Goldenen Horde zu Byzanz war es hingegen Nogai, der sich in den Vordergrund spielte, da er nördlich des Schwarzen Meeres Ländereien besaß.

Kaiser Michael Palaeologus von Konstantinopel hatte guten Grund, sich mit ihm zu arrangieren, denn während byzantinische Truppen den Zaren von Bulgarien bedrängten, kam diesem Nogai mit zwanzigtausend Mann zu Hilfe. Als seine Truppen flüchteten, konnte sich der Kaiser nur durch die Unterstützung eines genuesischen Kapitäns übers Schwarze Meer retten. Michael Palaeologus erkannte nunmehr, wen er sich zum Freund machen sollte, und gab Nogai seine Tochter zur Frau.

Nach einer weiteren Auseinandersetzung mit Hulagus Nachfolger starb Berke im Jahre 1266. Ihm folgte Möngke-Timur, sein Neffe und Batus Sohn, auf den Thron. Der neue Khan scheint besonderen Ehrgeiz auf das Ziel gerichtet zu haben, den Herrschaftsbereich der Goldenen Horde vom Rest des Mongolenreichs unabhängig zu machen. Im Verlauf seines Khanats verschwanden die Titel des Großkhans von seinen Münzen, und, um die Trennung noch deutlicher zu machen, wurde er zu einem der eifrigsten Anhänger Kaidus, den Kublai und andere als Abtrünnigen betrachteten. Nachdem er sich zum unabhängigen Herrscher gemacht hatte, stärkte er seine Stellung auf diplomatischem Wege. Er suchte eine Verständigung mit den Ilkhanen und war ein Förderer der Entwicklung seiner Hauptstadt. Die Mamelucken entsandten Architekten an die Wolga, die ihre in Kairo erworbenen Baukünste im Norden entfalteten. Künstler des Orients fertigten prachtvolle Mosaiken an, und die herrlichen Wände und Fußböden wurden von Zeitgenossen bestaunt und werden noch heute von Archäologen bewundert.

Um die neue Urbanität zu fördern, war es erforderlich, die noch immer nomadische Bevölkerung seßhafter zu machen. Eine städtische Kultur benötigt Kaufleute, Handwerker und Verwalter; diese Menschen bilden dann die Basis eines neuen Standes. Ein gefestigter Staat braucht auch Institutionen, die nicht, wie in einem nomadischen Gemeinwesen, rein zufälligen Erfordernissen nachkommen. Die Zeit des Landeigentums war gekommen; eine neue Klasse, die der Landbesitzer, entwickelte sich unter dem Patronat des Khans. Die Grundeigner stellten dem Landesherrn Truppen, die sich aus Pächtern rekrutierten: Die Anfänge eines Feudalsystems entwickelten sich.

Möngke-Timur starb, nachdem er sich durch unsachgemäße Behandlung eines Geschwürs vergiftet hatte. Sein jüngerer Bruder Tode-Möngke folgte ihm, ein religiöser Träumer, der andere Probleme im Kopf hatte als die Sorge für seine Untertanen. Glücklicherweise stand ihm ein weltlich gesinnter Mann wie Nogai zur Seite. Die Machtvollkommenheit dieses Magnaten war jedoch so groß, daß er es sich leisten konnte, von seinen Besitzungen aus private Politik zu betreiben – sie reichten vom Don bis zur Donau und zu den Karpaten. Ungarn bot einen willkommenen Ansatzpunkt, denn der junge König des Landes hatte sich vom Christentum abgewandt und neigte zur Verehrung der Götter Zentralasiens und ihrer irdischen Repräsentanten, der Schamanen. Nogai drang nach Transsylvanien vor, während Tule-Buka, der Neffe des Khans, gegen Polen marschierte. Es schien, als ob der Schrecken, den Europa während der Herrschaftszeit Batus kennengelernt hatte, ein zweites Mal den Kontinent erschüttern sollte.

Wieder gab es Morde und Verwüstungen – die alte Grausamkeit, der Wille zur völligen Unterjochung war noch immer lebendig. Doch die militärische Durchsetzungskraft der Mongolen früherer Generationen hatte sich ausgetobt. Der Ungarnkönig Ladislas IV. mußte flüchten; der Zufall wollte es, daß er, in dessen Adern kumanisches Blut floß, im Jahre 1290 von einem Kumanen ermordet wurde. Der Papst hatte einen Kreuzzug gegen ihn gepredigt; nun wütete christlicher Glaubenseifer in einem Land, das schon oft für das Kreuz gelitten hatte. Auch in Polen hielt der Katholizismus stand; die mongolische Bedrohung Europas hatte ihr Ende gefunden.

Tule-Buka, der neue Herrscher, schlug im Osten zu, nachdem er im Westen nicht weitergekommen war. Die alte Verbundenheit unter den Mongolen war vergessen, und er stieß durch Aserbeidschan gegen seine Rivalen vor, die Ilkhane. Er wurde jedoch zurückgeschlagen, und seine Autorität schwand dahin. Nogai war nun der mächtigste Mann der Goldenen Horde. Er hatte sich persönlich für die Wiedereinsetzung des Großfürsten Dmitri auf seinen Thron in Wladimir verwendet und damit dessen Vormachtstellung unter den Herrschern Rußlands bekräftigt. Dieser Dmitri war der Sohn eines früheren Großfürsten; sein Bruder Andrej hatte zuvor mit mongolischer Hilfe Dmitri ins Exil vertrieben. Dmitri wandte sich nun an Nogai, nicht an den Khan.

Weshalb wurde er nicht selbst Khan? Wollte er lieber im Hintergrund als Königsmacher wirken? Wollte er wegen seiner Verunstaltung nicht Herrscher werden? Er hatte in den Kriegen gegen die Ilkhane ein Auge verloren. Jedenfalls setzte er seinen ganzen Einfluß ein, um den jungen Toktu, einen direkten Abkömmling Batus, zum neuen Khan zu machen. Sicherlich bildete er sich ein, Toktu lenken zu können – schließlich war er ein Gönner vieler Fürsten, wie des Großfürsten Dmitri, des Zaren von Bulgarien, ja sogar des Königs von Serbien.

Es sollte jedoch anders kommen. Die Beziehung zu den Venezianern war der Anlaß für die Verschlechterung des Verhältnisses zwischen den beiden Männern. Sie baten Nogai, ihnen gegen die Genuesen zu helfen, ihre Konkurrenten im Schwarzmeerhandel. Die Genuesen wandten sich daraufhin an Toktu mit dem gegenteiligen Hilfeersuchen. Botschaften gingen hin und her, Heere wurden zusammengezogen; Toktu mußte sich schließlich zurückziehen, nachdem er am Pruth, dem Grenzfluß zwischen dem heutigen Rumänien und der Ukraine, geschlagen worden war. Statt sich direkt gegen Toktu zu wenden, stieß Nogai gegen die genuesischen Niederlassun-

gen vor und zerstörte sie nach alter mongolischer Art. Inzwischen
war es Toktu gelungen, seine Truppen neu zu formieren. Am Dnjepr
stießen die beiden Heere aufeinander. Vielleicht hatte der Jüngere
inzwischen hinzugelernt; vielleicht meinte aber auch der Ältere, er
habe nichts Neues mehr zu lernen. Jedenfalls schlugen die Streitkräfte Toktus die erfahreneren Truppen Nogais; der große Magnat
mußte fliehen. Ein einfacher Soldat, ein Russe, überfiel ihn unterwegs, tötete ihn und brachte das Haupt Nogais im Triumph zu Toktu.
Die Reaktion eines mongolischen Khan ließ sich jedoch nie voraus-
sehen. Mit den Worten: »Ein einfacher Mann darf einen König nicht
töten« ließ Toktu den Russen abführen und hinrichten.

Der Widerstand, den Nogais Söhne leisteten, war bald niedergeworfen. Toktu nahm sich Nogai zum Beispiel und heiratete eine
Tochter des byzantinischen Kaisers. Es machte ihm dabei nichts
aus, daß sie ein illegitimes Kind des Kaisers Andronicus war. Der
neue Khan war kein Anhänger der Religion seiner Vorgänger; vielleicht war es seine Hinneigung zum Glauben an die alten Götter
Asiens, die ihn veranlaßte, den genuesischen Schwarzmeerhandel
zu bekämpfen. Er verfolgte die traditionelle Politik einer Rivalität gegenüber den Ilkhanen; sein Gegenspieler war jedoch Ghasan, ein
entschlossener Herrscher. Als aber Uljaitu, Ghasans Nachfolger, in
sein Gebiet vordringen wollte, leistete er erfolgreichen Widerstand.
Schließlich gelang es ihm, die Reste der Seldschukenherrschaft zu
vernichten – wobei allerdings ein Machtvakuum in Kleinasien entstand, in das später die osmanischen Türken vordringen sollten.

Doch es galt nicht, nur auswärtige Angelegenheiten zu regeln;
wirkliche Schwierigkeiten bereiteten die Russen im eigenen Machtbereich. Als scharf beobachtende Vasallen hatten sie festgestellt,
daß die Mongolen sich gegenseitig bekämpften, und meinten daher,
daß ihre anderweitig beschäftigten Oberherren die beginnende Aufstandsbewegung im Lande gering einschätzen würden. Mongolische
Beauftragte, die in Rußland umherreisten, waren ständig Gefahren
ausgesetzt; einige wurden sogar umgebracht. Die russischen Fürsten wurden selbst Steuereinnehmer, so unsicher war dieses Ge-
schäft für die Untertanen des Khans geworden. Inzwischen hatte
der Metropolit der Orthodoxen Kirche seinen Sitz in Wladimir genommen. Von hier aus unterstützte er die Autorität des Großfürsten,
um die Einheit des Landes zu fördern. Gleichzeitig verringerte sich

das Engagement der am Rande des Landes regierenden Fürstlich-keiten für die Rivalitäten des zentralen Rußlands; im Westen stan-den diese unter Druck von seiten Polens und Litauens, während die Herrscher des Ostens und Südens unter direkter mongolischer Auf-sicht blieben. Das Landvolk zog in die Sicherheit der Städte, wo-durch sich die Bedeutung der zentral gelegenen Fürstentümer Twer und Moskau verstärkte. Während des Khanats Toktus krönte der Me-tropolit als Oberhaupt der Russischen Kirche Michael von Twer zum Großfürsten von Allrußland. Ein Sammelpunkt für den russischen Nationalismus war entstanden, ein natürlicherer Mittelpunkt, als es die Fürsten von Gnaden der Mongolen darstellen konnten.

Diese Entwicklungen, dazu angetan, künftige Probleme für die Oberhoheit der Mongolen aufzuwerfen, beschäftigten Toktu. Er be-schloß, persönlich zu den Fürsten zu reisen, um seinen Herrschafts-anspruch zu bekräftigen. Seit der Zeit Batus wäre er der erste Khan gewesen, der eine solche Fahrt in den Nordwesten unternahm. Es sollte nicht dazu kommen, denn bei Beginn seiner Reise auf der Wolga erkrankte er und starb. Dies geschah im Jahre 1312. Zwölf Monate darauf wurde Usbeg, der Neffe Toktus, neuer Khan der Gol-denen Horde. Seine Regierungszeit wurde zu einer Periode der Festigung der Mongolenherrschaft und des Wohlstandes für viele Untertanen. Am Ende seiner Regentschaft wurden dann allerdings die Risse deutlich, die das Ende der mongolischen Oberhoheit nach sich ziehen sollten.

Eine seiner ersten Entscheidungen war, daß er Twer die Führer-schaft der russischen Fürstentümer entzog, um sie Moskau zu über-tragen. Der moskowitische Fürst Juri war nach Serai gekommen, um Usbegs Schwester zu heiraten. Somit war er zum Vorzugskandi-daten für die russische Oberhoheit geworden. Michael nahm den Kampf auf; im Verlauf der Auseinandersetzungen zwischen den Für-stenhäusern geriet Usbegs Schwester in Gefangenschaft, in der sie dann starb. Dies besiegelte nicht nur Juris Sieg, sondern führte auch zu Michaels Hinrichtung; es gab Beleidigungen, die ein Khan nicht zulassen durfte, und der Tod seiner Schwester war eine solche Miß-achtung seiner Würde. Doch zu den Christen außerhalb seines Herr-schaftsbereiches knüpfte Usbeg neue Bande. Er überließ den Genuesen eine neue Niederlassung in Kaffa, das einst von Toktus Truppen verwüstet worden war, und auch die Venezianer erhielten

Besitzrechte an der Mündung des Don. In Kaffa wurde ein katholisches Bistum eingerichtet, während der Metropolit der Russischen Kirche zum Vertreter des Khans in Konstantinopel ernannt wurde. Als jedoch der Kaiser Andronicus III. seine Tochter Usbeg zur Frau gab, bestand der Khan darauf, daß diese Mohammedanerin wurde.

Usbeg war ein erklärter Moslem, und im Gegensatz zu seinen Vorgängern legte er Wert darauf, daß der Islam auch die Religion seines Volkes werden sollte. Berkes Neigung zum Islam beruhte vermutlich auf eigennützigen Erwägungen, doch jetzt war diese Religion zum zentralen Bekenntnis der Goldenen Horde geworden, trotz des Fortbestandes des Schamanismus und der Tatsache, daß auch die Christen in Serai vertreten waren. Weshalb dies gerade im westlichsten Herrschaftsbereich der Mongolen so gekommen ist, wo doch der Kulturkreis der Christen am nächsten lag, läßt sich nur schwer erklären. Grund hierfür kann gewesen sein, daß sich die Christen nicht einheitlich zu artikulieren vermochten, denn die Missionare waren in Griechen, Russen, Anhänger Roms und Nestorianer aufgespalten. Wahrscheinlicher ist jedoch, daß der Khan sich weigerte, die Religion seiner Vasallen und unterworfenen Völker als seine eigene zu akzeptieren. Hinzu kam, daß die Anhänger des Christentums nur auf wenige Siege ihres Glaubens stolz sein konnten. Zweifellos war dem Khan im Gedächtnis geblieben, daß seine Vorfahren den Christen erfolgreich entgegengetreten waren. Im Orient boten die Kreuzritter ein Bild der Eifersucht, der Selbstüberheblichkeit und der Stagnation. Auf der anderen Seite war der Islam überall im Vormarsch, und seine kulturellen Errungenschaften waren nicht zu übersehen. Künstler, Dichter, Philosophen und Gelehrte zeichneten sich in der islamischen Welt in solchem Maße aus, daß demgegenüber selbst die Elite Europas derb, unbeholfen und schwerfällig erschien. Und sprachliche Bindungen der Goldenen Horde gab es weder zum Latein der Katholiken noch zum Griechischen und Russischen der orthodoxen Kirchen, wie auch die engsten diplomatischen Beziehungen zu Gebieten bestanden, die nicht dem Christentum angehörten. Trotz aller von der Politik diktierten Heiraten in das byzantinische Kaiserhaus waren es die Mamelucken, denen Usbeg freundschaftlich verbunden blieb.

Die Erhebung des Islam zur offiziellen Religion sollte jedoch zu internen Schwierigkeiten in Usbegs europäischen Hoheitsgebieten führen. Die vagen nationalistischen Bestrebungen der russischen Herzöge und Fürsten verschärften sich nun zu Gegensätzen zwischen den Glaubensrichtungen der Herrscher und der Beherrschten. Der Kampf um die Unabhängigkeit konnte nun mit der Inbrunst eines Kreuzzugs geführt werden. So geschah es, daß im Sommer 1327 die Bevölkerung von Twer sich wegen eines Gerüchtes über bevorstehende Zwangskonversionen heftig beunruhigte. In Wirklichkeit befanden sich nur mongolische Steuereintreiber in der Stadt. Am 15. August, Mariä Himmelfahrt, erhob sich das Volk gegen seine Oberherren, und alle Mongolen, die sich in der Stadt aufhielten, wurden umgebracht.

Die Tat hatte katastrophale Folgen. Ein Mongolenheer unter Iwan Kalita, dem moskowitischen Großfürsten, vernichtete die Macht der Rivalen im Lande. Von diesem Zeitpunkt an wurden die Herrscher von Moskau zu Henkersknechten des Khans; ihre Macht beruhte auf der Stützung durch die Goldene Horde. Moskaus geographische Lage war hervorragend geeignet, Mittelpunkt der Herrschaft zu werden, da die Flüsse Wolga und Oka schnelle Verkehrslinien nach allen Richtungen herstellten. Die Fürsten von Moskau hatten nun die Last der Beaufsichtigung Rußlands den Khanen abgenommen; und Moskau wurde nach Serai die zweitwichtigste Stadt des Gebietes. Auch für den Fall, daß die Bedeutung Serais und die Machtstellung des Khans der Goldenen Horde abnehmen sollten, waren Moskau und sein Herrscher bereit, die Oberhoheit zu übernehmen.

Als Usbeg im Jahre 1341 starb, herrschte zwar Friede und Ruhe im Lande, doch der Niedergang der Mongolenmacht bahnte sich an. Inzwischen hatten die Siege, die Othman und sein Sohn Orkhan in Kleinasien errungen hatten, die Voraussetzungen für die Machtstellung der osmanischen Türken geschaffen, eines neuen historischen Faktors, der im nächsten Jahrhundert die Vorhut des Islam gegen die Christenheit bilden sollte. Usbegs älterer Sohn regierte nur etwa ein Jahr; dann wurde er von seinem Bruder Dschanibeg umgebracht. Dschanibegs Herrschaftszeit wurde überschattet durch das Wüten des Schwarzen Todes, der viele Menschen dahinraffte. Nach Beendigung seines einzigen siegreichen Feldzugs, der Einnahme Täbris', starb er auf dem Rückmarsch.

Die Folgezeit war durch einen unaufhaltsamen Niedergang der Machtstellung der Khane gekennzeichnet, die nur durch die Erschei-

nung einzelner Persönlichkeiten unterbrochen wurde, die noch
Energien der mongolischen Vergangenheit in sich trugen. Eine solche Gestalt war Mamai, ein Königsmacher und Meister in der Handhabung der Macht. Die Zeit seiner Einflußnahme begann, nachdem
im Jahre 1359 das Herrscherhaus Batus ausgestorben war. Er blieb
auch an der Macht, als ein Khan den anderen ablöste. Im Westen
hatten die Russen schon lange auf diese Entwicklung gewartet: Der
moskowitische Großfürst Dmitri Donskoi sammelte ein Heer. Mamai
versuchte inzwischen, Hilfe bei den Herzögen von Litauen heranzuziehen. Ein solches Bündnis hätte den Russen, die bereits gegen die
Goldene Horde marschierten, zum Verhängnis werden können.

Die beiden Heere stießen am 8. September 1380 bei Kulikowo
Polje – dem ›Feld der Brachvögel‹ – aufeinander. Vielleicht ertönte
ihr melancholischer Gesang im Kampfgetümmel – ein Abgesang des
mongolischen Stolzes. Die Russen stellten sich zwischen natürlichen
Hindernissen so auf, daß sie von den Tartaren frontal angegriffen
werden mußten. Stundenlang blieb der Kampf unentschieden. Viele
Krieger fielen an den Orten, wo sie Aufstellung genommen hatten,
und nachfolgende Truppen stürzten blutüberströmt auf die Leichen
ihrer Kameraden. Schließlich kam Bewegung in die Reihen. Die russische Kampflinie geriet ins Wanken und wandte sich zum Rückzug.
Die Mongolen stießen nach, ihrem Sieg entgegen. Doch als sie vor-
wärtsstürmten, ertönte plötzlich Kriegsgeschrei von der Seite, Pfer-
dehufe stampften: Hinter einem Wäldchen kam Dmitri hervorgalop-
piert. Seine Schwadronen erfaßten die Gegner an der Flanke.
Speere schwirrten, Schwerter wurden gezückt. Den Mongolen war
der Sieg entrissen. Mamai zog sich mit dem Rest seines Heeres zu
den Steppen seiner Vorfahren jenseits der Wolga zurück.

Es hatte den Anschein, als ob die Goldene Horde am Ende ihres
Bestehens angekommen wäre. Im östlichen Teil ihres Gebiets stand
die sogenannte Weiße Horde, die Ländereien bis zum Aral-See beherrschte. Auf Urus Khan, der von Ordu, Dschotschis ältestem Sohn,
abstammte, war hier der junge und ehrgeizige Toktamisch als Oberhaupt der Horde gefolgt. Und mit dieser Thronfolge beginnt ein
neues Blatt der Geschichte, denn Toktamisch stand unter dem
Schutz Timurs, des Khans von Samarkand: Tamerlans des Großen.
Mit Hilfe dieses mächtigen Schutzpatrons hatte Toktamisch Astrachan einnehmen können; im Jahre 1378 gelang es ihm sogar, in den

Besitz der Hauptstadt Serai zu gelangen. Eine neue Dreiteilung der Macht schien sich anzubahnen – die Russen herrschten im Westen, Mamai im Süden und Toktamisch im Osten.

Doch das Machtgleichgewicht sollte sich nicht lange halten. Ihre Kriege hatten die Russen geschwächt, die sich jahrzehntelang gegen die landhungrigen Herzöge von Litauen zu verteidigen hatten. Mamai bereitete sich daher auf einen Rachefeldzug vor. Doch Toktamisch ergriff die Initiative: Am Ufer des Flusses Kalka, nicht weit vom Asowschen Meer entfernt – und auch nicht weit von jenem Schlachtfeld, auf dem Subatei die Macht der Mongolen begründet hatte –, schlug er die Streitkräfte Mamais und jagte ihn in die Flucht. In Kaffa suchte er Unterstützung bei den Genuesen; doch diese waren gar nicht geneigt, dem Verlierer Zuflucht zu gewähren. Sie töteten ihn.

Eine Zeitlang schien es, als ob Batu und Subatei in ihren Nachfahren auferstanden seien. Als die russischen Fürstentümer sich weigerten, Toktamisch ihre Unterwerfung anzuzeigen, lehrte er sie, daß die Mongolen noch immer Tod und Schrecken verbreiten konnten. Für die Russen war die Stunde der Freiheit noch nicht gekommen. Wie eineinhalb Jahrhunderte zuvor stieg wieder Rauch von den Ruinen der russischen Städte auf. Jammer und Verzweiflung herrschten überall im Lande. Erst als jeglicher Widerstand gebrochen war, kehrte der neue Khan triumphierend in den Osten zurück.

Das Schicksal der Opfer hätte ihn lehren sollen, daß es unklug war, den Bogen überspannen zu wollen. Toktamisch rief den alten Ehrgeiz der Goldenen Horde erneut ins Leben. Er drang in den Kaukasus vor und verwüstete Transoxianien. Vielleicht hatte er nicht begriffen, daß in diesen Gebieten ein tatkräftiger Herrscher an der Macht war; vielleicht meinte er auch, Tamerlan übertrumpfen zu können. Jedenfalls stellte sich im Jahre 1391 sein einstiger Schutzherr dem Vormarsch entgegen. Timur war nördlich des Kaspischen Meeres bis in das Gebiet westlich des Ural vorgedrungen. Am Fluß Kandurtscha besiegte er das Heer Toktamischs, nahm das Lager und den Harem seines Gegners in Besitz und jagte ihn in schimpfliche Flucht. Bald darauf setzte er in Serai, der plötzlich verwundbar gewordenen Hauptstadt, einen Regenten ein, der ihm willfährig erschien.

Wie Tamerlan scheint auch Toktamisch ein geborener Feldherr gewesen zu sein. In Anpassung an die neue Lage sammelte er wie-

der Truppen um sich und unternahm Vorstöße nach Süden. Wieder
marschierte ihm Tamerlan entgegen. Toktamischs diplomatische
Bemühungen um Bundesgenossen erwiesen sich nun als fruchtlos:
Die Mamelucken wollten ihm nicht helfen; auch die Herrscher Litauens hielten sich zurück. Der Großfürst von Moskau blieb hinter den
Mauern seiner Stadt, und die osmanischen Türken hielten ihre
Truppen lieber in Kleinasien, als sie dem gefürchteten Tamerlan ent-
gegenzustellen. Am Terek fand dann im Jahre 1395 die Entschei-
dungsschlacht statt: Toktamischs Ehrgeiz erlitt eine vernichtende
Niederlage. Und wieder schien es, als wiederhole sich die Geschichte in erschreckender Weise. Tamerlan marschierte in Rußland
ein, drang bis nach Jeletz am oberen Don vor, schwenkte dann nach
Süden um und verwüstete Astrachan, die Krim und das Land der
Wolgabulgaren; er wütete unter den Alanen und Tscherkessen und
brannte Serai, die alte Hauptstadt, nieder.

Der Macht und der Einheit der Goldenen Horde war hiermit
ein Ende gesetzt. Noch ein ganzes Jahrhundert sollte der Pro-
zeß der langsamen Auflösung andauern. Innerhalb Rußlands bestand der Einfluß des Khanats noch eine gewisse Zeit weiter.
Tamerlans Siege hatten die Goldene Horde jedoch an den Rand
der Geschichte verbannt.

Als Vytaurus von Litauen im Jahre 1399 nach Osten marschierte,
um Toktamisch wieder auf den Thron zu bringen, wurde ihm von
den Rivalen des Khans eine entscheidende Niederlage beigebracht.
Doch auch diese Rivalen erlebten einen Rückschlag – der Überlebende unter ihnen, Idigu, ein Befehlshaber der nomadischen Man-
git, wurde nun der starke Mann eines geschwächten Staates. Eine
Zeitlang schien es, als ob es Toktamisch gelingen sollte, mit Unterstützung der Macht Samarkands erneut Khan zu werden; doch
plötzlich ereilte ihn unterwegs in Sibirien der Tod.

Die Folgezeit war ein Wirrwarr von Ereignissen, ausgelöst durch
den ständigen Wechsel der Herrscher und der Machtverhältnisse.
Namen von Khanen kamen und gingen, wie Kepek, Devlet Berdi und
Said Achmed, die Söhne Toktamischs; Ulugh Mahmed und Barak,
ihre Vettern; Kuchuk Mahmed; Ulugh Mahmeds Sohn, Mahmudek;
und der Günstling des Königs von Polen, Hadschi Girai, der für
sich und seine Erben ein Reich auf der Krim schuf. Alle führten
Kriege und schlossen Bündnisse, gewannen und verloren große

Landstriche. Das Ganze war ein tumultartiges Durcheinander von
Hoffnungen, Ehrgeiz und plötzlichen Todesfällen, ein blutrünstiges
Kochen in diesem großen Hexenkessel, das die Monarchen des
Westens, wie die Fürsten von Moskau, die Herzöge von Litauen und
die Könige von Polen, noch weiter anfachten. Die Goldene Horde
splitterte sich in die Horde der Krim und die Große Horde auf.
Während die Khane der Krim von den osmanischen Türken gestützt
wurden und sich mit dem Moskowiter Iwan verbündeten, waren die
Herrscher der Großen Horde lose mit Litauen und Polen verbunden.

Am Ende des fünfzehnten Jahrhunderts war Scheich Achmed
Anführer der Großen Horde, während Mengli Girai Khan der Krim
war. Menglis Macht vergrößerte sich, doch Scheich Achmeds Einfluß nahm ab. Sein Bruder, Said Mahmed, ließ ihn im Stich, und
auch Alexander von Polen zog sich zurück. Dann standen zwanzigtausend Mann der Großen Horde den Streitkräften der Krimtarta-
ren gegenüber. Die Truppen Scheich Achmeds wurden besiegt; der
Anführer selbst suchte Zuflucht im Osten. Die Herrscher in Astrachan wollten ihn nicht aufnehmen. Da wandte er sich nach Westen
und suchte Hilfe bei seinem eigensüchtigen Bundesgenossen Alexander. Dieser jedoch zog die Konsequenzen aus den Realitäten und
ließ ihn umbringen. In diesem Jahr 1505 ging auch die Zeit der Großen Horde zu Ende. Noch weitere zweihundertsiebzig Jahre sollten
vergehen, bis auch die Khane der Krim ihr Gebiet verloren; doch um
diese Zeit waren sie schon lange nicht mehr Mongolen, sondern
osmanische Türken.

So entschwand die Größe der Goldenen Horde aus den Annalen
der Geschichte. Morde, Intrigen und Zwistigkeiten blieben in der
Erinnerung der Nachwelt haften. Bleibende Nachwirkungen hatte
sie jedoch auf die Entwicklung Rußlands, auf ein Land, in das sich
der Despotismus der Goldenen Horde übertrug und das drei Jahrhunderte lang an der Weiterentwicklung, wie sie in anderen Gebieten des Westens stattfand, nicht teilhaben konnte. In den langen
Jahren der Oberhoheit der Mongolen wurden aus den russischen
Gebieten gewaltige Summen an Steuern und Tributen gepreßt.
Gleichzeitig erfolgte eine zumindest teilweise Abschnürung von der
sprießenden Kultur des Westens und der im Niedergang begriffenen
Welt des byzantinischen Reiches, aber auch von der eigenen großen
Vergangenheit. In gewissem Sinne stellt die Geschichte Rußlands

seit dieser Zeit einen verzweifelten Versuch dar, die verlorenen Jahrhunderte wieder einzuholen. Man könnte die These aufstellen, daß diese Lücke, trotz der Bemühungen aller großen Anführer von Peter dem Großen bis zu Lenin, immer zu groß gewesen ist – doch jetzt, wo der Westen im Niedergang begriffen ist, ist dieses Problem bedeutungslos geworden.

3.2 DIE ILKHANE VON PERSIEN

Abaqa, der Sohn Hulagus, bestieg im Jahre 1265, nach dem Tode seines Vaters, den Thron der Ilkhane. Seine Länder erstreckten sich vom Oxus bis zum Euphrat; doch im Norden wachte eifersüchtig die Goldene Horde, während im Süden die feindlich eingestellten Mamelucken herrschten. Von den großen Gebieten, in die Dschingis Khans Reich aufgeteilt war, stellte das Land der persischen Herrscher das schwächste Glied dar. Eingeengt, unter ständiger Beobachtung durch die Handelsherren, die sein Gebiet kreuz und quer durchzogen, manchmal sogar von seinen habgierigen Vettern im Osten bedroht, legte Abaqa großen Wert darauf, daß seine Autorität durch den Khaqan abgesichert wurde; seine Herrschaftsbestätigung – *yarlik* – kam direkt von Kublai. Da die Moslems sich gegen ihn verbündet hatten, schien es ihm ratsam zu sein, nicht nur bei Kublai, sondern auch bei den Christen Anlehnung zu suchen. Zu diesem Zweck heiratete er eine Tochter des byzantinischen Kaisers Michael Palaeologus; er verhandelte mit den Armeniern und anderen Christen Osteuropas und Kleinasiens, er wurde Schirmherr des nestorianischen Patriarchen, und als er 1274 unter starkem Druck stand, sandte er eine Deputation zu Papst Gregor X., der damals das Konzil von Lyon leitete.

Um diese Zeit hatte Abaqa zehn Jahre voller erbitterter Kämpfe mit auswärtigen Gegnern überstanden. Aus dem Osten war Borak Khan, ein Nachkomme Tschaghatais und Verbündeter Kaidus, des Rivalen Kublais, über den Oxus vorgedrungen, um große Teile Khorasans zu besetzen. Erst 1270 konnte Abaqa diese Truppen zurückwerfen; drei Jahre später ergriff er kurze Zeit selbst die Initiative und nahm Buchara ein. Er konnte jedoch diese Stadt nicht halten, und der Oxus, der heutige Amu-Darja, blieb die Grenze zwischen den beiden Khanaten. Im Norden verminderte sich nach dem Tode Berkes der Druck der Goldenen Horde; doch Boraks Vorstoß aus dem Osten bot den Mamelucken eine willkommene Gelegenheit, im Westen loszuschlagen, während Abaqa am Oxus Krieg führte.

Sie griffen nicht nur die mongolischen Besitzungen in Kleinasien an – Baibars fühlte sich jetzt als starker Arm des Kalifen von Kairo und als Personifikation der moslemischen Rache an den Ungläubigen. Er nahm nicht nur Antiochia und Jaffa ein, die Stützpunkte der Kreuzfahrer; er stürzte sich auch auf das Land der Armenier, die Christen und dazu noch Freunde der Ilkhane waren. So wurde Abaqas Vorschlag eines Doppelangriffs auf Ägypten – die Mongolen sollten vom Norden, die Christen vom Westen aus zuschlagen – von den europäischen Mächten ernsthaft erwogen, besonders von den Königen von Frankreich, England und Aragon. Doch Baibars war nicht nur ein fähiger Feldherr, sondern auch ein gewandter Diplomat. Venedig und Genua zogen ihre Handelsinteressen einem Kreuzzug gegen die Mamelucken vor; Byzanz war ihr Rivale. Karl von Anjou, der spätere König von Sizilien, betrachtete wiederum Byzanz und die als barbarisch eingestufte Ostkirche als den wahren Feind des Katholizismus. Der Kaiser in Konstantinopel war an einem Machtgleichgewicht im Raum des östlichen Mittelmeers interessiert; er konnte es sich nicht leisten, bei der geschwächten Position seines Reiches weitreichende Auseinandersetzungen zu riskieren.

Und schließlich war Abaqa vor allem ein Mongole, ein Heide. Die Kreuzfahrer hatten schon bei früheren Gelegenheiten ihre Abneigung gegenüber Parteinahmen in den Konflikten des Orients bewiesen; auch jetzt verhielten sie sich abwartend. Sie griffen lediglich den Bey von Tunis an, doch eine Seuche wütete unter ihnen; zu den Toten gehörte auch der später heiliggesprochene Ludwig ix. von Frankreich, ein Befürworter des Bündnisses mit den Mongolen. Mit seinem Tode schwand jegliche Hoffnung auf ein Zusammenwirken zwischen Abaqa und den Kreuzfahrern. Den Mamelucken gelang es nunmehr, ungehindert zu den letzten abendländischen Stützpunkten an den Küsten Syriens und des Heiligen Landes vorzudringen.

Im Jahre 1277 starb Baibars. Sein Nachfolger, Sultan Kilawan, traf auf Widerstand zu seinem Herrschaftsanspruch in Syrien. Diese Schwächung seiner Feinde ermutigte Abaqa, und er machte sie sich zunutze. Bald darauf tobten sich seine Truppen auf den Straßen und

Märkten von Aleppo aus. Im darauffolgenden Jahr kam jedoch ein
weiterer Vorstoß nach Süden in der Nähe von Homs zum Stehen.
Das mongolische Heer wurde in die Flucht geschlagen, und mit ihm
zogen sich christliche Hilfstruppen aus Armenien und Georgien zurück. Der enttäuschte Ilkhan scheint sich in der Folgezeit dem Alkohol ergeben zu haben – wie Raschid berichtet, reiste er im März
1282 nach Hamadan und »residierte im Palast … Die ganze Zeit gab
er sich dem Trunk und dem Vergnügen hin.« Um Mitternacht des
1. April »begegnete er dem, der alles ändert, der vorbestimmten
Stunde seines Todes, in Gestalt eines schwarzen Vogels …« Doch
nur er selbst konnte diesen schwarzen Vogel sehen; plötzlich, »auf
seinem goldenen Stuhl sitzend, gab er seine hehre Seele auf«.

Im Gegensatz zu Abaqas Wunsch – er hätte seinem Sohn Arghun
den Vorzug gegeben – war es sein Bruder Taghudar, der durch Dro-
hungen und Intrigen auf den Thron kam. Um seinem Reich den Frieden zu bringen, neigte er dem Islam zu, obwohl er getauft worden
war und von seiner christlichen Mutter als Nestorianer aufgezogen
wurde. Diese veränderte Haltung war jedoch keineswegs unlogisch.
Die Mamelucken wurden hierdurch zu möglichen Bundesgenossen,
und gleichzeitig trieb sie einen Keil zwischen die Mamelucken und
die Goldene Horde, deren Khane noch nicht mit Begeisterung dem
Beispiel Berkes folgen wollten. Doch der Sultan der Mamelucken verhielt sich Taghudars Anträgen gegenüber reserviert – vielleicht
überschätzte der Ilkhan, wie viele Herrscher im Verlauf der Geschichte, die Bedeutung der Religion, so wie er den Wert politischer
und wirtschaftlicher Realitäten unterschätzte. Die Machtansprüche
der Mongolen und der Mamelucken, die am Euphrat einander
gegenüberstanden, ließen sich durch den Glaubenswechsel eines
einzelnen nicht in ihrer Zielsetzung beirren.

Während Kilawan in Kairo das neue Religionsbekenntnis Taghudars vielleicht gelegen kam, so war diese Haltung keineswegs im
Sinne der mongolischen Aristokratie Persiens. Die Mongolen mußten feststellen, daß Taghudar seinen Namen in Achmed und seinen
Titel in Sultan umwandelte, und als noch Verfolgungen der Menschen hinzukamen, die sich nicht wie der Herrscher zum Islam
bekennen wollten, gelangten sie zu der Einsicht, daß nur noch eine
Revolution diese Tendenz beseitigen und Schaden von der Nation
abwenden könne.

Diese Unruhe bot Arghun Gelegenheit zum Losschlagen. Nicht ohne zuvor Kublai über die Abtrünnigkeit seines Onkels in Kenntnis gesetzt zu haben, unternahm er einen Vorstoß nach Westen von Khorasan aus, der Provinz, die ihm Taghudar übertragen hatte. Der Ilkhan Taghudar – oder Sultan Achmed, wie er sich jetzt nannte – stellte sich ihm entgegen, anfänglich mit Erfolg. Doch die Abneigung der Traditionalisten führte schließlich zu seiner Niederlage. Seine Truppenbefehlshaber zettelten eine Meuterei an, und Arghun konnte den Thron besteigen, nachdem er die Hinrichtung seines Onkels angeordnet hatte.

Im August des Jahres 1284 war wieder ein Konservativer Herrscher der persischen Gebiete des Mongolenreichs. Im Lande förderte Arghun die Buddhisten, wie dies auch sein Vater und sein Großvater getan hatten; nach außen hin suchte er Anlehnung an die Christen des Ostens. Er versuchte, den Gedanken eines vereinigten Angriffs der Mongolen und der abendländischen Mächte auf Ägypten neu zu beleben, das jetzt innerlich zerrissen war durch den Zwist der entmachteten Familie Baibars' mit Kilawan. In einem Brief an Philipp den Schönen von Frankreich stellte Arghun kategorisch fest, daß die Mongolen sich entschlossen hätten,»nachdem wir es dem Himmel angezeigt hatten, im letzten Monat des Winters im Jahr des Tigers (1290) unsere Pferde zu besteigen, und am fünfzehnten des ersten Frühlingsmonats vor Damaskus abzusitzen ... und wenn wir, vom Himmel dazu ausersehen, dieses Volk besiegen, werden wir euch Jerusalem geben«. Doch zu einem solch erstaunlichen Geschenk sollte es nie kommen. Zu Beginn des vierzehnten Jahrhunderts war die Wiedereroberung Jerusalems ein frommer Wunsch, ein Zukunftstraum – aber die christlichen Monarchen wußten nur zu gut, daß er sich in absehbarer Zeit nicht erfüllen ließ.

Arghuns Brief, den der Genuese Buscarelli – Arghun schrieb den Namen ›Müsqueril‹ – überbrachte, sollte der letzte in der langen Reihe von Botschaften sein, die die Bemühungen um eine mongolisch-christliche Allianz kennzeichneten, die aber nie zu einem Zusammenwirken auf militärischem Gebiet führten. Anfang März 1291 fiel Akka dem Ansturm der Mamelucken zum Opfer; der letzte Brückenkopf der Kreuzfahrer in Palästina ging verloren. Um diese Zeit lag Arghun bereits auf dem Sterbebett. Seine letzten Wochen waren überschattet durch die Verstimmung, die sein *sahib-diwan*, sein

Finanzminister, im Volke heraufbeschworen hatte. Dieser Mann jüdischer Herkunft, Sa'd al-Dawla, hatte sich den Haß des Adels durch Beschneidung seiner Einkünfte zugezogen; aber auch die Militärs und die Frommen mochten ihn nicht, da er ihre Bewegungsfreiheit eingeengt hatte. Als der Ilkhan erkrankte, wurde sein Minister ergriffen und enthauptet, und sechs Tage nach dem Fall von Akka starb auch Arghun. Damit endete die Politik der Zusammenarbeit mit dem katholischen Westen.

Durch eine Militärverschwörung gelangte nun Arghuns Bruder Gaikhatu zur Macht, ein schwacher und nachgiebiger Mann, der dem Leichtsinn, dem Alkohol und der Liebe zu schönen Knaben zuneigte. Offensichtlich machte es ihm nichts aus, die Staatskasse zur Befriedigung seiner Lustbarkeiten zu schmälern. Anders als die meisten mongolischen Monarchen ordnete er nie eine Hinrichtung an; doch diese uncharakteristische Zurückhaltung war nicht etwa auf menschliche Regungen zurückzuführen, sondern sie beruhte mehr auf seiner Gleichgültigkeit und Entschlußlosigkeit. Ein Gedanke, den er in die Tat umsetzte, führte fast den Ruin seines Volkes herbei: Auf Vorschlag eines seiner Berater entschloß er sich, Papiergeld in Umlauf zu bringen, wie es die Chinesen taten. Offenbar wußte man nicht, daß eine solche Währung eine Deckung braucht; Kublais Noten waren zur Hälfte ihres Nennwertes durch Silber gedeckt. Alle Gold- und Silbermünzen wurden im Land des Ilkhans eingezogen, und am 12. September 1294 wurden plötzlich solche Noten – oder *ch'ao* – in Umlauf gebracht. Jede trug die Worte des moslemischen Bekenntnisses ›Es gibt keinen Gott außer Gott und Mohammed ist sein Prophet‹. Nach einer Woche hörten die Lieferungen der Bauern in die Städte auf; nach einem Monat kam der gesamte Handel zum Erliegen. Hungersnot und Staatsbankrott drohten. Eine Zeitlang hielt man die Wahrheit vor dem Ilkhan verborgen – als er an einem geschlossenen Basar vorbeikam, sagte man ihm, daß an dem betreffenden Tag der Basar ohnehin nicht geöffnet würde –, doch schließlich konnten die Unruhen, die Aufstände und die Mordversuche dem selbstherrlichen Monarchen nicht länger verheimlicht werden. Das Papiergeld verschwand – kurze Zeit, bevor auch Gaikhatu selbst von der Bildfläche verschwinden mußte.

Im April 1295 brachte eine neue Verschwörung die Thronansprüche seines Vetters Baidu ans Tageslicht. Gaikhatu marschierte mit Truppen gegen ihn auf; der Streit hatte persönliche Gründe, da Gaikhatu im Rausch einmal Baidu beleidigt hatte. Bei Hamadan unterlag sein Heer den Aufständischen. Er selbst wurde gefangengenommen und durch Erdrosselung hingerichtet. Baidu scheint dem Christentum in starkem Maße zugeneigt gewesen zu sein; da er ein Kreuz am Hals trug, kann er sich selbst als Christen betrachtet haben. Jedenfalls zog er sich durch den Schutz, den er den Kirchen und Priestern gewährte, die Feindschaft der strenggläubigen Moslems zu. Dem Geist der Zeit entsprechend, suchten sie nach einem Anführer, der ihre Interessen vertreten sollte. Und sie fanden ihn auch in Ghasan.

Raschid berichtet über Ghasan, den Sohn des Ilkhans Arghun und dessen designiertem Nachfolger, daß er trotz seiner buddhistischen Erziehung »begabt war, scharfsichtig und von korrektem Wesen. Er durchschaute diese Abgötterei. Er dachte über die verschiedenen Religionen nach und ... wurde durch das Licht der Religion Mohammeds erleuchtet, das in sein strahlendes Innere strömte.« Wahrscheinlicher ist, daß er aus kühlen Überlegungen heraus Moslem geworden ist. Er war ein intelligenter Mann, Abkömmling einer Familie, die Generationen hindurch unklug gehandelt hatte. Als Statthalter in einer Provinz hatte er versucht, die Einführung des Papiergeldes zu verhindern; er behauptete, daß wegen des feuchten Klimas das Papier leicht verderbe, und ließ die Pressen bei ihrem Eintreffen verbrennen. Auf den Rat seines Truppenbefehlshabers Nauwas bekehrte er sich öffentlich zum moslemischen Glauben. Im Juni 1295 erklärte sich Ghasan zum Verfechter der Sache des Islam; im Oktober starb Baidu, und der Thron war für Ghasan frei.

Zwei Jahre lang wurden Christen und Juden verfolgt, während die Buddhisten zwangsweise zum Islam bekehrt und ihre Tempel zerstört wurden. Ghasan war nicht der eigentliche Anführer der Fanatiker, sondern Nauwas war der Mann, der den Ansturm auf die religiösen Minderheiten im Lande leitete. Vielleicht war Ghasan zu der Überzeugung gelangt, daß die Zeit gekommen war, dem Glaubenskrieg ein Ende zu bereiten; vielleicht wollte er aber auch innere Unruhen beseitigen. Im Frühling des Jahres 1297 entzog er seinem Ratgeber und Minister die monarchische Gunst. Er ließ die Fanatiker hinrichten, zwang Nauwas, seine Zufluchtsstätte in Herat zu verlassen, und ließ ihn danach in mongolischer Kaltblütigkeit grau-

sam zu Tode bringen. Er erließ dann ein Dekret, das seinen Untertanen religiöse Toleranz auferlegte, wie dies seit Dschingis Khans Zeiten mongolischer Brauch war. Ghasan selbst spielte eine führende
Rolle bei den Bemühungen um die Beseitigung der Gegensätze zwischen den Sunniten und Schiiten in seinem Herrschaftsbereich.

Dennoch blieb er ein entschlossener, fast despotischer Monarch.
Er entzog die Regierungsgewalt den Ministern, Wesiren und Emi-
ren, die während der Herrschaftszeit seiner Vorgänger die Verant-
wortung getragen hatten. Diese befanden sich lange Zeit im Zwie-
spalt zwischen den Forderungen, die der Adel und der Khan an sie
stellte, und den Erfordernissen zum Wohle des Volkes, und aus-
nahmslos scheiterten sie an der Aufgabe, eine gerechte Verwaltung
auszuüben. Der Khan hatte andererseits das Recht, die Emire zu
lenken oder sie zu belohnen, und auch die Möglichkeit, das Volk zu
unterstützen oder es zum Gehorsam zu zwingen. Ghasan wußte die
Emire zu bändigen – in einem einzigen Monat ließ er achtunddrei-
ßig Würdenträger und fünf Fürsten hinrichten –, doch sein Haupt-
anliegen blieb es, die staatlichen Finanzen zu ordnen.

Nicht nur die Einführung der Papierwährung hatte die Staatskasse des Ilkhans zu einem Phantasiegebilde werden lassen. Raschid berichtet, daß nicht einmal ein Zelt zur Verfügung stand, um
die Barren und Münzen zu lagern. Die Verwalter der Staatsgelder
»mußten die Schätze im Freien liegen lassen und bedeckten sie mit
Filz«. Das Chaos verschlimmerte sich noch durch die Habgier der
Herrschenden: »Jedesmal, wenn ein neuer Schatz eintraf, kamen
Emire und Freunde der Schatzmeister, um einen Anteil zu fordern,
und die Verwalter gaben ihnen dann etwas, ihrem Rang entsprechend.« Untergebene Verwalter, die Wachen, die Schatzmeister
selbst, »jeder nahm sich etwas mit nach Hause. Auf diese Weise
wurden jedes Jahr acht Zehntel des Staatsschatzes verschwen-
det ...« Ghasan und seine Scharfrichter bereiteten dem Treiben ein
baldiges Ende.

Ghasan schuf auch Ordnung im Steuereinziehungssystem. Vor
seiner Zeit waren die Abgaben von seinen Statthaltern in den Provinzen ohne Oberaufsicht eingezogen worden. Manche Gouverneure
pflegten sogar dreißigmal im Jahr Viehsteuern von den Bauern zu
erpressen. Nur ein geringer Teil dieses Geldes floß der Staatskasse
zu; das meiste behielten die Statthalter und ihre Freunde selbst. Der

Herrscher sorgte auch dafür, daß die Mißstände im staatlichen Nachrichtenübermittlungswesen beseitigt wurden. Hier hatten die Verwalter ihre Kompetenzen bei der Einziehung von Nahrungsmitteln für Mensch und Tier weit überschritten. Die Anzahl der Postkuriere war mit der Zeit so angewachsen, daß – wie Raschid berichtet –»selbst wenn fünfzigtausend Pferde an jeder Poststation vorhanden gewesen wären, die nicht ausgereicht hätten«. Die Kuriere fühlten sich als einflußreicher Stand, sie wurden zu einem Staat im Staate. Sie »begannen, untereinander zu streiten … Sie raubten den Menschen auch Turbane, Kleidung und anderes Eigentum. Unterwegs verkauften sie dann überschüssige Nahrungsmittel, die sie so geschickt requiriert hatten, daß sie sogar chinesische und indische Händler übertrumpften. Sie peinigten und quälten die Menschen in vielfältiger Weise.« Es kam sogar so weit, daß sich Räuberbanden bildeten, die behaupteten, staatliche Kuriere – *ilchis* – zu sein.

Die Funktion des Nachrichtensystems, von dem das Wohlergehen des Staates abhing, war ernstlich bedroht. Ghasan schuf Ordnung; er sicherte auch den Verkehr auf den Handelswegen, indem er die Kaufleute selbst zu gegenseitiger Hilfe anhielt, besonders aber durch die Einrichtung von Straßenwachtstationen. Im privaten Sektor verminderte oder beseitigte er den Wucher, der die Lebensfähigkeit von Landwirtschaft und Handel bedroht hatte. Gleichzeitig ergriff er humanitäre Maßnahmen, um das Geschick der Alten und Kranken zu erleichtern.

Er unterstützte den Unternehmungsgeist bei den Bauern, indem er ihnen unbestelltes Land zuteilte und in den ersten schwierigen Jahren keine Abgaben erhob. Danach zog er die Steuern nach Maßgabe der jeweiligen Erträge ein. Die Höhe der Abgaben blieb dann unverändert; sie wurde auf Stein oder Metall eingeschrieben und galt als Zeugnis dem Steuereinnehmer gegenüber, damit dieser nicht in Versuchung geraten konnte, den Satz zu erhöhen oder die Steuer ein weiteres Mal einzutreiben. Neue Bewässerungssysteme, die dörfliche Entwicklung und die Förderung des Handwerks sorgten für Sicherheit im Lande. Kein Wunder, daß Raschid, der wie schon sein Vater für Ghasan tätig war und diese Entwicklungen verfolgte, voller Begeisterung schreiben konnte: »Durch alle diese Maßnahmen kehrte wieder der Wohlstand ein. Wer sein Haus verlassen hatte, kam freiwillig zurück, und die Finanzen in den Provinzen flo-

rieren. Zwei- oder dreimal im Jahr fließen dem Staatsschatz Steuer-
einnahmen zu. Niemand braucht zusätzlich zu seinen Verpflichtungen auch nur eine einzige Münze, Stroh oder Korn, einen Hammel,
ein Huhn oder Wein zu bezahlen.«

So schien es auch angemessen, daß Ghasan trotz des Bewußt-
seins seiner Herkunft der erste mongolische Herrscher Persiens
war, der auf seinen Münzen jegliche Erwähnung des Großkhans
wegließ. Er versuchte, sein Reich zu innerer Stabilität zu führen, indem er Gleichheit vor dem Gesetz anstrebte, eine humane Besteuerung und religiöse Toleranz durchsetzte. Nach außen hin war er
weniger erfolgreich, denn es gelang ihm nicht, seinen Willen den
Mamelucken aufzuzwingen. Seine Vorstöße in Syrien – anfangs vom
Erfolg gekrönt, als er 1299 Aleppo erneut einnehmen konnte – endeten im Jahre 1303 abrupt, als es seinem Heer nicht mehr gelang,
weitere Siege zu erringen. Sein Gesundheitszustand war schon
schlecht, obwohl er noch nicht fünfunddreißig Jahre alt war; während seine gefangenen Soldaten, mit den abgeschlagenen Köpfen
ihrer gefallenen Kameraden zum Spott um den Hals gebunden,
durch die jubelnden Menschenmassen Kairos geführt wurden, geriet er an den Rand der Verzweiflung. Im Mai 1304 starb er. Es war
ihm nicht gelungen, gegen die Mamelucken größere Erfolge als
seine Vorgänger zu erringen und einen Stützpunkt am Mittelmeer
zu errichten.

Trotz seines Religionswechsels, der als solcher vermutlich
mehr politischen als Gründen der Überzeugung entsprang, sah er
sich selbst als Hüter der mongolischen Traditionen. Mehr als alle
anderen Ilkhane hätte er gern das Werk vollendet, das sein Vor-
fahre Hulagu mehr als fünfzig Jahre zuvor begonnen hatte. Obwohl er sich so verhielt, daß er – und nicht der Khaqan – der
eigentliche Herrscher Persiens war, tat er doch alles, um die Interessen der Erben Dschingis Khans zu wahren. Er erkannte, daß
die Zukunft des Mongolenreichs in der Einheit lag; auch hierbei
verfolgte er die von Dschingis vorgesteckte Linie. Doch die Einheit, die sich noch einmal in Kublais Enkel Timur verkörperte,
war zerbrechlich; als sie zu wachsen schien, fegten sie die Wogen
der Zeiten hinweg.

Diese Betonung der mongolischen Tradition wurde jedoch im eigentlichen Gebiet des Ilkhanats durch die Annahme des islamischen

Glaubens kompromittiert. Die Abneigung der Konservativen verstärkte sich noch, als Außenseiter wie Raschid ad-din als Minister und Ratgeber tätig wurden. Daraus ergab sich, daß Ghasan stets mit einem enttäuschten Adel zu tun hatte; statt den Herrscher in seinen Bemühungen zu unterstützen, bildeten die Noblen Zirkel des Widerstandes. Dieser stolze Adel, der durch seine nomadische Abkunft der städtischen Bürokratie und dem Landvolk mit Verachtung begegnete, war stets schwer zu lenken. Die Nobilität beherrschte nicht nur ihre Anhänger, sondern konnte sogar Forderungen des Herrschers zurückweisen.

Die Patrizier in den Städten konnten gleichfalls ihre Eigenständigkeit ausbauen, trotz aller Versuche Ghasans, ihnen Zügel anzulegen. Manchen gelang es, ein riesiges Vermögen zusammenzuraffen, entweder durch Korruption in den Verwaltungen oder durch Ausbeutung der Landbevölkerung auf ihren Erbgütern. Auf diese unredliche Weise erworbenes Geld wurde im Handel angelegt – Persien war das Zentrum großer Überlandrouten –, und der neue Reichtum floß wiederum dem Landerwerb zu; die Bauern wurden in noch größere Abhängigkeit gebracht. Inzwischen behielten die mongolischen Landherren ihre Gewohnheit bei, mit Vieh und aller Habe je nach der Jahreszeit von Ort zu Ort zu ziehen, wobei sie das Land verwüsteten. Und wieder und wieder hatten die Bauern ihre Steuern zu entrichten: die *kubchur*, eine Steuer für Weidegründe; die *kharaj*, eine einfache Landsteuer, die *ushr*, eine Steuer auf Produkte, die *tamgha*, eine Art Ertragssteuer bei allen Umsätzen, auch bei den kleinsten; für alle Nicht-Moslems, wie Juden, Christen, Buddhisten und die Anhänger Zoroasters, gab es außerdem noch eine Sondersteuer, die *jizya*.

Alle diese Belastungen wogen schon schwer in den Städten; ein viel größeres Gewicht hatten sie jedoch auf dem Lande, das sich kaum von den Verwüstungen erholt hatte, die Dschingis Khans erster Ansturm mit sich gebracht hatte. Täbris, Ghasans Hauptstadt, zählte um diese Zeit über eine Viertelmillion Einwohner, was zum Teil darauf zurückzuführen war, daß viele Menschen aus Not und Verzweiflung in die Städte zogen, wo sie Mitleid und Schutz suchten. Hier jedoch standen sie unter noch stärkerem Druck als auf dem Lande; die Reichen beuteten sie nach Kräften aus. Der von Steuern befreite *mullah*, der Hauseigner, der korrupte Beamte und der profitgierige Kaufmann bildeten eine Clique, die stark genug war, allen Unruhen und selbst dem Khan zu widerstehen. Alles, was Ghasan erreichen konnte, war eine Reorganisation der öffentlichen Ordnung und eine Erleichterung der Bürde, die das Volk belastete. Doch seine eigene Haltung blieb widersprüchlich – der Spalt, den er als Fremdherrscher mit moslemischem Glauben zwischen sich und dem mongolischen Adel aufgerissen hatte, kündigte das kommende Erdbeben an, den Anfang des Chaos.

Ghasans Nachfolger wurde sein Bruder Uljaitu. Der neue Herrscher scheint sich mit der zerbrechlichen Stabilität im Staate zufriedengegeben zu haben. Vermutlich bildete er sich ein, daß sich auch ohne sein Eingreifen die Verhältnisse nicht verschlechtern würden. Doch die Verantwortlichkeit ging wieder in die Hände der Minister über – einer der mächtigsten von ihnen war Raschid ad-din –; die Provinzstatthalter gewannen erneut die einträglichen Privilegien, die Ghasan ihnen entwunden hatte, und langsam glitt der Staat wieder in den Zustand der Schwäche früherer Zeiten zurück. Uljaitu verlegte seinen Regierungssitz in das neuerbaute Sultaniya im Jahre 1307, doch seinen Regierungsstil änderte er nicht. In den zwölf Jahren seiner Herrschaft wurde das von seinem Vorgänger begonnene Werk ausgehöhlt, widerrufen oder vergessen.

Wie von einem Mongolenkhan, der sich bei anderen Gelegenheiten als Traditionalist gebärdete, zu erwarten war, unternahm Uljaitu einige Anstrengungen, um den militärischen Ruf seiner Dynastie aufrechtzuerhalten. An den Ufern des Kaspischen Meeres war es dem Volk von Gilan gelungen, eine gewisse Unabhängigkeit zu bewahren; jetzt wurden diese Menschen zwangsweise unterworfen. Im Jahre 1312 beschritt Uljaitu die alte Vormarschstraße nach Westen. Er überquerte den Euphrat; doch der nachfolgende Monat brachte außer einigen Scharmützeln keinen Sieg über seine Gegner. Er zog sich wieder hinter den Strom zurück. Dieser kurze Vorstoß ins Land der Mamelucken sollte die letzte Runde in dem langen Kampf sein, den Hulagu ein halbes Jahrhundert zuvor begonnen hatte.

In diesen Jahren wurde der Statthalter von Khorasan, Emir Choban, zur einigenden Kraft des Reiches. Die Wesire kämpften um die Privilegien, die jenen Beratern gewährt wurden, die dem Ilkhan nahestanden, doch der Herrscher befolgte fast stets den Ratschlag

Chobans. Der einzige Rivale Chobans war Raschid, besonders nachdem dessen großer Gegenspieler Sad-ad-Din Saweji hingerichtet
worden war – die Strafen für Fehlschläge in diesen Kämpfen waren
immer überaus hart. Als Uljaitu gestorben war und sein Sohn Abu
Said den Thron bestieg, wurde der Einfluß Emir Chobans, der ihm
zur Macht verholfen hatte, sogar noch größer. Raschid verstrickte
sich nun in Rivalitäten mit einem weiteren Minister, Taj-ad-Din Ali
Schah; diesmal stürzte der große Raschid. Er mußte den Fehlschlag
mit dem Leben bezahlen. Der neue Ilkhan, der sich wie seine Vorgänger seinen Vergnügungen hingab, überließ dem Emir Choban
gern die Unannehmlichkeiten der Staatsführung.

Es war vermutlich nur eine Laune des Herrschers, die schließlich Chobans Sturz herbeiführte. Abu Said begehrte die Tochter
des Emirs; ihr Vater weigerte sich jedoch aus dem Grunde – einem zweifellos lächerlichen Anlaß, selbst bei diesem dekadenten
Nachkommen Dschingis Khans – des bereits bestehenden Ehe-
standes der jungen Frau. Vielleicht komplizierte sich die Lage
noch weiter, als Chobans Sohn Temur-Tasch verlauten ließ, daß er
mit einer Konkubine des Khans ein Verhältnis hatte, vielleicht
auch, weil er sich zum unabhängigen Fürsten erklärte – soviel ist
sicher, daß Choban zu viele Feinde hatte, um seine Widerspen-
stigkeit dem Khan gegenüber zu überstehen. Als der Emir gerade
einen kleineren Feldzug führte, erhoben sich viele Stimmen, um
den Khan gegen ihn einzunehmen. Choban erfuhr, daß der Herrscher ihm seine Gunst entzogen hatte, und unternahm einen
bewaffneten Aufstand. Doch diesmal hatte er kein Glück; seine
Anhänger verließen ihn, und schließlich mußte er nach Herat fliehen. Aber auch dieser entlegene Ort bot ihm keine Sicherheit –
im Jahre 1327 wurde er hingerichtet.

Mit seinem Tod war auch die Macht der Ilkhane dahingegangen.
Als Abu Said im Jahre 1335 starb, war er ohne Erben, trotz seines
Interesses am anderen Geschlecht. Die Dynastie der Ilkhane war
ausgestorben, denn die strenge Herrschaft Ghasans und die Uner-
bittlichkeit, mit der seine Scharfrichter gewütet hatten, waren die
Ursache für das Fehlen direkter Nachkommen Hulagus. Die Einheit
der Länder zerbrach, und in den Provinzhauptstädten, die sich unter der Herrschaft der Mongolen weiterentwickelt hatten, ergriffen
Fürstlichkeiten unterschiedlicher Herkunft die Macht.

Eigenartigerweise hat die mongolische Fremdherrschaft die Kultur Persiens neu erblühen lassen und weiterentwickelt. Die Architektur und die Malerei erlebten einen Aufschwung. Die Förderung der Literatur durch die Ilkhane bewirkte, daß die schön klingende persische Sprache zum Ausdrucksmittel der islamischen Kultur wurde und das rauher tönende Arabische ablöste. Indem sie Persien durch blutsmäßige Beziehungen und durch den Handelsverkehr mit dem restlichen Asien verbanden, eröffneten die Ilkhane dem Land weitreichende kulturelle Möglichkeiten. Mathematiker und Naturwissenschaftler erfuhren Förderung durch den Hof. Doch die Kultur Persiens war viel älter als die Mongolen, und sie sollte bestehen bleiben, als die fremden Herren längst aus Täbris und Bagdad verschwunden waren. Und schließlich – mit Ausnahme einer Anzahl von Bauwerken, Kunstgegenständen, Worten und Sprüchen, die der Nachwelt erhalten blieben – war es fast so, als hätten sie nie als Eroberer die Länder des Orients unterjocht, als hätten sie nie ihren blutigen Weg zur Macht beschritten, ja es war fast so, als hätte es sie nie gegeben.

3.3 Die Söhne des Himmels

Nach dem Tode Kublais bestanden für die Yüan-Dynastie keine großen Zukunftsaussichten; ihr Niedergang ging jedoch sehr langsam vonstatten. Auf einem *kuriltai* des Jahres 1294 beschlossen die Enkel, Kamala, den entschlossensten von ihnen, zum neuen Herrscher zu machen. Dieser soll aber dem einfachen Leben eines Hüters der nördlichen Grenze den Vorzug gegeben haben; jenseits des Randes von China regierte noch immer der eifersüchtige Kaidu. Raschid berichtet allerdings, daß Kamala als Stotterer bei der Wahl übergangen worden sein soll. Jedenfalls wurde schließlich sein Bruder Timur zum neuen Herrscher erkoren. Seine Stellung scheint gefestigt gewesen zu sein, da ihn der geachtete Feldherr Bayan, der Sieger über die Sung, unterstützte; doch nur wenige Erfolge des Kaisers sind der Nachwelt in Erinnerung geblieben.

Dies war wohl darin begründet, daß er die außenpolitische Empfindlichkeit Kublais nicht geerbt hatte. Er schlug nicht sofort los, wenn er sich beleidigt fühlte; im Gegenteil, er beendete die Feldzüge, die sein Vorgänger Kublai begonnen hatte. Nur einmal, als Kaidus Ehrgeiz es erforderlich machte, zog Timur gegen ihn zu Felde. Bald darauf starb Kaidu; nach dem Tode dieses Bannerträgers der Linie Ogedeis gelangten die Abkömmlinge der beiden um das Erbe Dschingis Khans streitenden Familien der Söhne Ogedei und Tuli endlich zu einem Einvernehmen. Trotz seiner relativen Passivität gelang es Timur, den Besitzstand und die Stellung Kublais zu halten; seine Truppen sicherten die Oberherrschaft der Mongolen über die halb unabhängigen Monarchen von Annam, Tschampa und des burmesischen Mien, und er empfing stets die geforderten Tribute aus diesen und anderen Gebieten.

Timur starb im Jahre 1307. Seine Chronisten betrauerten ihn und priesen ihn als mildtätigen Herrscher und Förderer der Lehre des Konfuzius; er war erst zweiundvierzig Jahre alt, und wahrscheinlich bedeutete sein früher Tod tatsächlich einen schweren Verlust für das Land. China brauchte nach den vielen Kriegen und Leiden einen Kaiser, der das Werk seiner Vorgänger konsolidierte. Nachfolger Timurs wurde sein Neffe Khaishan, der gleich mit dynastischen Schwierigkeiten zu kämpfen hatte. Er hatte zwar keinen Streit mehr mit der Familie Kaidus, denn Tschapar, der Sohn des alten Rivalen, unterwarf sich seiner Oberherrschaft; doch ein weiterer Enkel Kublais, Ananda, wurde sein Mitbewerber um den Thron. Der Zusammenstoß der beiden Männer bedeutete gleichzeitig einen Widerstreit der Religionen: Kaishan neigte dem Buddhismus zu und war Schirmherr der konfuzianischen Gelehrten, er bot auch den Christen Schutz und hieß die Missionare willkommen, während andererseits Ananda ein überzeugter, nach dem Koran erzogener Moslem war, der jede Gelegenheit wahrnahm, die Verbreitung des Islam zu fördern. Möglicherweise ersparte sein frühzeitiger Tod dem Lande eine religiöse Spaltung mit ihren weitreichenden Folgen. China kehrte bald darauf wieder zur Gelassenheit der mongolischen Toleranz zurück.

So konnte sich während der Regierungszeit Khaishans der aus dem Abendland nach China gekommene Johannes von Montecorvino in Peking niederlassen. Ihm war es bereits gelungen, Timurs Schwiegersohn zum Christentum zu bekehren; nach dem Tode dieses Prinzen errichtete er eine Missionsstation der Franziskaner bei

den Alanen. Viele Jahre zuvor war dieses kaukasische Volk, ursprünglich griechisch-orthodoxer Konfession, nach dem Osten aus-
gesiedelt worden, um in Kublais Heeren Dienst zu tun. Nunmehr
wurde Johannes der geistliche Herr der Alanen und Priester ihrer
Gemeinde. Er ließ zwei Kirchen für sie errichten; beide standen in
Peking, und eine von ihnen befand sich in der Nähe des Kaiserpala-
stes. Er behauptete, sechstausend Menschen getauft zu haben, trotz
der Intrigen und der Feindseligkeit der Nestorianer. Doch solche
Bekehrungen hatten nicht die Bedeutung, die er ihnen beimaß;
sie schlossen nicht aus, daß die Bekehrten auch noch anderen
Glaubensrichtungen anhingen. Der in Avignon residierende Papst
Clemens V. war so angetan von den Erfolgen Johannes', daß er ihn
zum Erzbischof von Khanbalik ernannte; unter diesem Namen war
Peking seinerzeit bekannt.

Solche religiösen Fortschritte mögen vielleicht im Abendland als
bedeutsam erschienen sein; in China dagegen war die Tätigkeit der
Christen lediglich ein Aspekt vieler Glaubensbekenntnisse, die es im
Lande gab. Einflußreicher als die wenigen christlichen Geistlichen
waren dagegen die Lamas aus Tibet, die das Sanskrit beherrschten
und Philosophie, häufig auch Zauberkünste, betrieben. Der Name
des Thronprätendenten Ananda – ›Seligkeit‹ im Sanskrit – deutet
darauf hin, daß seine Eltern unter diesem Einfluß standen; auch der
neue Kaiser, Ayur Balibatra, stand den Lamas nahe. Er folgte seinem Bruder auf den Thron, der im Alter von einunddreißig Jahren
gestorben war.

Dieser Herrscher, der auch unter seinem mongolischen Namen
Buyantu bekannt war, setzte das von Khaishan begonnene Werk
fort. Er unterstützte die Konfuzianer und ermöglichte es so den ge-
bildeten Chinesen, zu höheren Verwaltungsstellungen zu gelangen.
Die Chinesen waren es auch, die auf der Gelehrsamkeit des Konfuzius fußten, und nach 1313 wurden wieder Kenntnisse in diesen
Lehren den Prüfungen zugrunde gelegt, die den Zugang zum öffentlichen Dienst ermöglichten. Die Tüchtigen machten Karriere; seit der
mongolischen Eroberung Chinas war es das erste Mal, daß die Chinesen wieder zu leitenden Positionen in der Gesellschaft aufstiegen.
Buyantus Sohn Sudhipala setzte diese Politik fort, änderte sie jedoch
durch seine Neigung zum Buddhismus ab. Auf diese Weise machte
er sich sowohl die Mongolen als auch die Chinesen zu Gegnern; im

Alter von einundzwanzig Jahren wurde er der erste mongolische
Herrscher, der durch Mörderhand umkam. Yesun Timur, sein Vetter,
folgte ihm im Jahre 1323 auf den Thron; Sudhipala war noch zu jung
– und vielleicht auch zu sehr mit religiösen Fragen beschäftigt –, um
eigene Nachkommen zu haben. Dieser Urenkel Kublais leitete ein
Jahrzehnt ein, in dem Khane kamen und – in kläglicher Regelmäßig-
keit – auch wieder verschwanden.

Yesun Timur starb im Jahre 1328; Khaishans Sohn Kushala
regierte nur ein Jahr, gefolgt von seinem Bruder Togh Timur. 1332
gelangte ein Knabe auf den Thron. Der junge Rinchen Pal war erst
sieben Jahre alt, und seine Herrschaftszeit dauerte nur zwei Monate. Als sein Bruder Toghan Timur Kaiser wurde, schien es, als ob
die Mortalität ihr Ende gefunden hätte. Doch die zentrale Herr-
schaftsmacht von Peking war entscheidend geschwächt durch die
Tatsache, daß niemand wußte, wie lange der jeweilige Kaiser am
Leben bleiben würde.

Der Spalt, der zwischen den Ländern der Chin im Norden und
den Gebieten der Sung im Süden klaffte, wurde nie geschlossen.
Was beide Hälften Chinas jedoch gemeinsam hatten, war die Not der
Bauern. Kublais Herrlichkeit beruhte auf den Steuerzahlungen der
Landbevölkerung. Im Norden waren es die neuen mongolischen
Landherren, die das Ackerland der Bauern in Weidegründe umwan-
delten und die Bevölkerung von ihrem Grundeigentum vertrieben.
So verdingten sich die Bauern entweder als Soldaten, oder sie traten
in die ausgehungerten Arbeiterkolonnen ein, die die Prachtbauten
des Reiches errichteten. Im Süden blieb die alte, von den Sung begründete hierarchische Struktur lange Zeit hindurch unangetastet;
nachdem es hier jedoch keine eigenen Kaiser mehr gab, entfiel die
vermittelnde Instanz zwischen den Bauern und Landherren. Da die
Mongolen die Unterstützung der adligen Herren benötigten, die
einst den Staat der Sung geleitet hatten, ließen sie deren Einfluß unberührt und machten keine Anstalten, die Macht der Magnaten,
Grundbesitzer oder Verwalter einzuschränken. Diese freiwillige
Selbstbeschränkung trug den Nachfolgern Kublais jedoch nicht die
Achtung der chinesischen Aristokratie ein. Die Verachtung, die Chinesen seit jeher allen Fremden und Eindringlingen gegenüber empfunden hatten, verringerte sich in keiner Weise durch die Konzilianz
der Mongolen, die ihnen als Schwäche ausgelegt wurde. Daher

brachten alle Bevölkerungsschichten, angefangen von den miß-
brauchten und verarmten Bauern bis zu den ehrgeizigen, den Luxus
liebenden Grundbesitzern den mongolischen Herren nur Abscheu
entgegen.

Reisende, die nur den Wohlstand, die offensichtliche Größe und
die Betriebsamkeit des Reiches bemerkten, hielten es für gefestigt
und glaubten, daß die Menschen in Zufriedenheit lebten. Die Straßen waren sicher; der Handel florierte. Nach Westen hin gab es Beziehungen zu Persien und Europa; im Süden des Landes hielten
Frachtschiffe den Verkehr mit den Philippinen, den Gebieten Indiens und dem Persischen Golf aufrecht. Ein ausgedehnter Handel
verband das Land mit den Königreichen Indochinas. Überall belu-
den Kaufleute – sie waren von der Steuer befreit – ihre Schiffe, Kamele, Maultiere oder Wagen mit Warenballen und transportierten
sie in alle Länder der Welt. Ungünstig für China war die Tatsache,
daß viele Händler Fremde waren – Moslems aus Vorderasien, Venezianer, Genuesen, Armenier – und daß die Profite, die sie machten,
dem Reich nicht zuflossen. Diese gewitzten Unternehmer brachten
kein Papiergeld in ihre Heimatländer, sondern wertvolle Münzen.
Vermutlich trug dieser Umstand dazu bei, daß die Inflation in China
zunahm. Chinas Papierwährung war nie völlig gedeckt von den Mit-
teln, die der kaiserlichen Schatzkammer zur Verfügung standen.
Immer mehr Geldnoten kamen in Umlauf, während Gold- und Silbermünzen aus dem Lande abflossen. So kam zur Schwäche des
Reiches auch noch eine geschwächte Währung hinzu; diese Entwicklung führte eine Verstimmung der Kaufmannschaft herbei.
Eine weitere Bevölkerungsschicht reihte sich in die Masse der Unzufriedenen ein.

Im Jahre 1325 kam es zum ersten offenen Widerstand, und von
diesem Zeitpunkt an erfolgten immer wieder Rebellionen, manchmal mit wildem Ungestüm, manchmal nur unter der Oberfläche bro-
delnd, gegen die Sicherheit und die Institutionen des Reiches. Die
Streitkräfte des Kaisers – in diesem Falle waren es die Truppen
Yesun Timurs – erwiesen sich als unfähig, mit den Schwierigkeiten fertig zu werden. Sie waren nicht mehr die kampferprobten Heere der
alten mongolischen Feldherren, jene disziplinierten, an Entbehrungen gewohnten Krieger. Auch die Anführer waren nicht mehr die
gleichen Truppenbefehlshaber wie in der Vergangenheit, Männer,

die Gehorsam verlangen konnten, weil sie auch das einfache Leben
der Soldaten teilten. Die neuen Offiziere waren wohlhabende Herren, denen Reichtum, nicht Führungseigenschaften zu ihren Stellun-
gen verholfen hatte. Es gab keine Hoffnung mehr, daß diese Truppe
einen Kleinkrieg im eigenen Lande erfolgreich bestehen könnte.

Hieraus ergab sich, daß die Reichen begannen, eigene Milizen
und Wachtruppen aufzustellen. Solche Aufsplitterungen der Streitkräfte trugen zum Niedergang der bisherigen Gesellschaftsstruktur
bei. Als die Unruhe anwuchs, reagierte Toghan Timurs Kanzler
Bayan auf eine Weise, die die Menschenverachtung in der Haltung
der Mongolen unter Beweis stellte: Im Jahre 1337 soll er eine Politik
der Ausrottung aller Chinesen mit den Namen Chang, Wang, Liu, Li
und Chou angestrebt haben – eine Politik, die, wenn sie erfolgreich
in die Tat umgesetzt worden wäre, ein Land mit mehr Herrschern
als Untertanen übriggelassen hätte. Da eine so drastische Maßnahme jedoch undurchführbar war, änderte er die von Khaishan
begonnene Politik ab. Der öffentliche Dienst blieb den Chinesen neuerlich verschlossen, und – da die Hofhaltung und Landesverwaltung
in der mongolischen Schrift abgewickelt wurde, ordnete er an, daß
kein Chinese diese erlernen dürfe. Er schränkte auch das Eigentum
der Chinesen an Waffen und Pferden ein. Doch diese Maßnahmen
kamen zu spät: Die Zeit war längst vorüber, in der die Mongolen
ihren Willen durchsetzen konnten. Bayans Neffe Toghta übernahm
die Stellung seines Onkels; er betrieb eine Beschwichtigungspolitik,
indem er den Konfuzianern wieder Zugang in die Verwaltung ermöglichte, die Beschäftigungslosen unterstützte und den Chinesen
durch Förderung ihrer Kultur Bewunderung zollte, um ihnen zu
schmeicheln. Seine Bemühungen blieben vergeblich: Im Jahre 1356
wurde er vergiftet.

Der Widerstand gegen die Mongolen war zwar verbreitet; er war
jedoch keineswegs einheitlich ausgerichtet. Er richtete sich häufig
nicht gegen die Mongolen selbst, sondern gegen die Herrschenden
im allgemeinen, die nichts gegen die Armut unternahmen. Um die
Mitte des vierzehnten Jahrhunderts trat ein Mann in Erscheinung,
der das Zeug zum Revolutionär in sich hatte. Dieser Anführer, Kuo
Tsu-hsing, leitete einen Aufstand in Honan; seine Erfolge führten
ihm viele Verzweifelte und Enttäuschte zu. Er war ein echter Volks-
führer gegen die chinesischen Grundbesitzer und die mongolischen

Statthalter. Doch er starb schon 1355. Sein Nachfolger wurde der
Revolutionär Chu Yüan-chang, ein Bauernsohn, der in buddhistischen
Klöstern erzogen worden war und eigentlich hätte Mönch werden
sollen. Sein Name Chu – gleichzeitig das chinesische Wort für
Schwein – war wohl, zusammen mit seinem ländlichen Aussehen,
das in den Karikaturen noch unterstrichen wurde, Anlaß dafür, daß
ihn seine Gegner später den ›Schweine-Kaiser‹ nannten. In seiner
schlauen Weitsichtigkeit änderte er die Klassenbasis der revolutionären Bewegung Kuos. So kämpfte er nicht mehr gegen die Reichen,
sondern gegen die mongolischen Fremdherren, und er gewann nun
auch die Unterstützung der mittleren Schichten und des Adels – der
Bevölkerungskreise, die in China erfahren und sachkundig waren.

Inzwischen ging die Dekadenz der mongolischen Herrschafts-
schichten unaufhaltsam weiter. Hinter den Mauern ihrer Besitztümer verborgen, führten sie ein Wohlleben fern jeder Realität.
Schmeichler verschwiegen ihnen den wirklichen Stand der Dinge;
der Kaiser vergnügte sich in der Gesellschaft schöner Knaben und
leichter Mädchen. Er vertrieb sich die Zeit mit Jagden und dem
Dahinschlachten von Wild, während seine Truppenführer die wahren Schlachten verloren; er umgab sich mit Lamas, statt mit seinen
Ministern praktische Maßnahmen zu besprechen, und statt die Miß-
töne des Aufruhrs im Lande zu vernehmen, widmete er sich lieber
den Wohlklängen der Musik. Während im fernen Süden die Häfen
an die Revolutionäre Chu Yüan-changs verlorengingen, schwamm
in seinem Teich vor dem Palast ein kostbares Spielzeugschiff, ein
Drachenboot mit nickendem Bug und wedelndem Heck, das sich
durch einen ausgewogenen Mechanismus im Wasser bewegte.

Im Jahre 1365 nahm Chu Yüan-chang Nanking ein. Der Erfolg
signalisierte seinen bevorstehenden Sieg; durch geschicktes Taktie-
ren gewann er die Gunst der Wohlhabenden, während die Disziplin
seiner Truppen ihm die Anhänglichkeit der Landbevölkerung ein-
trug, die so lange unter dem Bandenunwesen und der Willkür der
früheren Soldateska gelitten hatte. In Nanking setzte er eine Regie-
rung ein, deren Maßnahmen sich die Achtung aller erwarben; die
Pekinger Machthaber wurden demgegenüber immer kraftloser. Indem Chu die Landwirtschaft und die Häfen des Südens beherrschte,
kam er in die Lage, den Norden durch eine Art Wirtschaftsblockade
unter Druck zu setzen. Gleichzeitig erkämpfte er sich eine Vor-

machtstellung innerhalb der Aufstandsbewegung. Die Anführer anderer Rebellengruppen wurden schließlich besiegt oder in seine Bewegung eingegliedert. Innerhalb von vier Jahren machte er sich zum Herrscher der Gebiete, die einst den Sung unterstanden hatten; die Zeit war nun herangekommen, um die nördliche Hälfte des Landes zu übernehmen und die Mongolen in die Einöde zu vertreiben, aus der sie ins Land gekommen waren.

Eine gigantische Aufgabe lag vor ihm. Eineinhalb Jahrhunderte waren vergangen, seitdem sich die Mongolen durch die Siege Dschingis Khans in Nordchina festgesetzt hatten. Überall verfügten sie über Garnisonen, Grundbesitz, Poststationen und Verwaltungszentren. Im Süden war ihre Position schon immer schwach gewesen, aber den Norden schienen sie fest im Griff zu haben. Doch Chu Yüan-chang bot dieser Macht die Stirn; er erließ eine Proklamation: »Solche Barbaren müssen gehorchen und nicht ein zivilisiertes Volk beherrschen!« Als Gerüchte über Verluste im Süden bis zu den Ohren des Kaisers Toghan Timur vordrangen, befahl er, die Rebellen am Yangtse aufzuhalten. Der Befehl kam zu spät; die Aufständischen hatten den Strom schon überschritten. Ein etwa eine Viertelmillion Mann starkes Heer marschierte unter Chu Yüan-chang auf Peking.

Eine entschlossene Führung und der Aufbau einer Front hätten vielleicht noch den Bestand der Mongolendynastie retten können. Auch unter den Chinesen muß es viele Menschen gegeben haben, die durch eine Revolution ebensoviel zu verlieren hatten wie die Yüan-Kaiser selbst. Doch es gab weder eine einheitliche Haltung noch eine Entschlossenheit zum Widerstand. Die mongolischen Befehlshaber stritten untereinander: Wie zu Zeiten der Chin besetzten zwei von ihnen nacheinander die Hauptstadt, wie Hyänen, die sich um einen Kadaver streiten. Nicht nur die Verteidigung brach zusammen; auch die kaiserliche Moral war am Ende. Toghan Timur flüchtete, als Chu Yüan-chang die Ebene vor Peking erreicht hatte. Zusammen mit seiner Familie und den Höflingen zog er sich zunächst in die Sommerhauptstadt Shang-tu zurück, dann eilte er weiter nach Jehol, dem heutigen Tschengte. Dort starb er im Jahre 1370, selbst in seinem Elend noch ohne Einsicht in die gewandelte Lage. Er war der letzte aus der Dynastie Kublais, der Familie Dschingis Khans, der China regierte.

Das große Verdienst der Mongolen bestand darin, daß sie China den anderen Kulturen Asiens, aber auch der Erkundung durch den

Westen, geöffnet hatten. Das Schießpulver, die Druckerkunst, aber
auch kleine Dinge, die das Leben verschönern, wie Spielkarten, gelangten nach Europa, vermutlich über die Landbrücke, die das ferne
Kathay mit dem Westen verband. Als Gegengabe erhielt China von
der Außenwelt das Zuckerrohr, medizinische Kräuter und wiederum etwas, das die Lebensart hebt – den Wein aus Trauben und
die Kunst der Zuckerraffinerie. Und das Rechenbrett, das lange Zeit
hindurch ein unerläßliches Requisit des fernöstlichen Handels werden sollte, wurde um diese Zeit in China eingeführt. Alle diese Neue-
rungen und konkret meßbaren Veränderungen waren jedoch nur
ein Teil des Ergebnisses, das der Kontakt mit der Außenwelt mit sich
brachte. Weniger erfaßbar waren die kulturellen Verbindungen. Die
Religionen des Westens drangen nach China vor, wo sie allerdings
nicht festen Fuß fassen konnten; doch mit ihnen kamen Einflüsse
neuer Lebensanschauungen und Philosophien. Das mongolische
Prinzip der Toleranz ermöglichte es den verschiedenen Glaubensrichtungen, das kulturelle Erbe nachfolgender Generationen zu bereichern. In China selbst erfuhren die Künste eine, wenn auch nicht
direkte, Förderung: Die Aufhebung der Prüfungen für den öffentlichen Dienst ermöglichte es den Belesenen, durch die Literatur
zum Erfolg zu gelangen. Die Yüan-Kaiser späterer Generationen
waren häufig Schirmherren kultureller Bestrebungen. Unter Kublais
Patronat konnten sich jedenfalls sehr begabte Architekten und
Maler entfalten.

Nach dem Sieg Chu Yüan-changs verschwand manches von der
Aufgeschlossenheit des vorhergehenden Jahrhunderts. Unter dem
Namen Hung-wu bestieg er den kaiserlichen Thron und begründete
die Ming-Dynastie; er war ein Förderer des chinesischen Nationalismus, was aber wiederum zu einer Abschnürung der Außenwelt
gegenüber führte. Unter den Ming-Kaisern wurde China wieder ein
geheimnisvolles Land, der legendäre Bereich großer Reichtümer,
ein Land, das eine Zeitlang der Welt offengestanden hatte und nun
wieder im Schatten der Geschichte versank.

Die Mongolen selbst erlebten einen Verfolgungsfeldzug, der ihre
Spuren innerhalb von drei Monaten vom Boden Chinas nahezu ver-
wischte. Jeder Mongole, aber auch jeder Chinese, der mit den fremden Herren zusammengearbeitet hatte, befand sich in ständiger Gefahr, gefaßt und hingerichtet zu werden. Die Hausbesitzer flohen vor

der Wut der Bauern, zumeist jedoch vergeblich. Sie mußten sterben,
so wie viele andere, an denen sich der Unmut der Bevölkerung aus-
ließ. Nur die Truppen wurden hier und da geschont; ganze Einheiten traten in den Dienst des neuen Regimes. Was unter der Herrschaft der Mongolen errichtet worden war – die Paläste Kublais, die
Lustgärten Toghan Timurs, die großen Häuser der Khane, ja sogar
die Stadtmauern Pekings –, wurde gründlich zerstört. Ganze Landgebiete wurden entvölkert und mußten später neu besiedelt werden.
Diese drei Monate der Entfesselung der Gemüter und des Blutvergießens schufen den Ausgleich für fünfzehn Jahrzehnte der mongolischen Arroganz und Tyrannei. Und als diese Zeit vorüber war –
und nachdem die Chinesen zum Gegenangriff übergegangen waren,
die Große Mauer überschritten und im Jahre 1388 Karakorum in
Schutt und Asche gelegt hatten –, da ging auch die große Zeit der
Mongolen in Ostasien zu Ende: Die Mongolen wurden wieder das,
was sie vor Dschingis Khan gewesen waren – ein unbedeutender
Stamm, der die öden Steppen an der Wüste Gobi bewohnt.

3.4 DIE KERNLANDE

Östlich vom Oxus, in Richtung zum eigentlichen Kernland des Mon-
golenvolkes – irgendwo in diesen Niederungen lagen die Grenzen
des Reiches, das von den Nachkommen Tschaghatais beherrscht
wurde. Es war ein Binnenreich, ein Land voller Weiden, von langen
Karawanenwegen durchzogen und von der Seidenstraße halbiert.
Das Bergland im Osten war ein Paradies der nomadisierenden Hirten. Die westlichen Gebiete waren dagegen mehr zivilisiert; sie
waren von Moslems bewohnt und unterstanden einst dem choresmischen Reich. Hier lagen auch die Handelsstädte Samarkand und
Buchara, die Dschingis Khan verwüstet hatte. Nach ihrem Wiederaufbau erblühten sie aufs neue.

Das Machtzentrum der frühen Mongolenkhane, wie Tschaghatai
und seiner ersten Nachfolger, lag im Becken des Ili, eines Flusses,
der nach Westen hin zum Balkasch-See strömt. Der Balkasch-See
selbst und die steilen Hänge des Altai waren die nördlichen Grenzen
ihres Einflußgebietes, nach Süden hin endete ihr Reich am Pamir
und an den großen Gebirgszügen, die Tibet und Kaschmir abgren-

zen. Hier gab es immer eine starke, manchmal sogar eine vorherr-
schende Neigung zur Beibehaltung der überkommenen Art der
Mongolen. Mit Ausnahme der westlichen Gebiete war nirgends Anlaß zu Veränderungen; Einflüsse von außen gab es nur selten und
vorübergehend, denn die Menschen durchzogen diese wenig einla-
denden Steppen auf dem Weg nach China auf der einen und Persien
auf der anderen Seite. Der intelligente Mahmud Jalavatsch war
lange Zeit Statthalter von Transoxianien. Er war ein Kaufmann, dem
Dschingis Khan sein Vertrauen schenkte, und ein Verfechter der
alten Sitten.

Nachfolger Tschaghatais war sein Enkel Kara Hulagu, doch Kuyuk Khan setzte seinen Onkel Yesu Möngke an dessen Stelle. Der
Großkhan Kuyuk blieb jedoch nicht lange auf seinem Thron; in den
dynastischen Auseinandersetzungen nach seinem Tod unterstützte
Yesu die Ansprüche der Söhne Ogedeis. Er beging damit einen Fehler; Möngke wurde der neue Khaqan, und eine seiner ersten Amts-
handlungen bestand darin, daß er Yesu absetzte und Kara Hulagu
erneut zum Herrscher machte. Dies war das erste, keineswegs das
letzte Mal, daß die ehrgeizigen Nachkommen Ogedeis Einfluß auf
das Geschick des Khanats Tschaghatais nahmen.

Nur einige Monate nach dem Beginn seiner zweiten Regierungszeit starb Kara Hulagu im Jahre 1246. Die Folgezeit brachte Verwirrung in den Gebieten Tschaghatais; die westlichen Provinzen
drohten, sich unter der starken Statthalterschaft Masud Begs, des
Sohnes von Mahmud Jalavatsch, unabhängig zu machen. Er und
sein Bruder sollten dann noch vierzig Jahre lang die Herrschaft in
den alten choresmischen Reichsgebieten ausüben. In Karakorum
ging die Herrschaftszeit Möngkes zu Ende; Arik-Buka strebte zur
Macht und ernannte Kara Hulagus Bruder Alghui zum Khan der
Gebiete Tschaghatais.

Arik-Buka verfolgte die Absicht, seine Machtbasis nach Westen
auszudehnen und eine starke Landbrücke zur Einflußsphäre Berkes,
des Khans der Goldenen Horde, zu errichten. Berke machte Kublais
Ansprüche streitig, Großkhan des Reiches zu werden. Alghui seinerseits hielt nicht viel von den Erfolgschancen Arik-Bukas. Er entzog
dem jungen Prätendenten seine Unterstützung und gewann dadurch
das Wohlwollen des mächtigeren der beiden Brüder. Kublai stellte
sich hinter Alghuis Ansprüche auf das Khanat der Tschaghatai-

Horde, ungeachtet der Tatsache, daß es sein Rivale war, der Alghui ursprünglich unterstützt hatte.

Solche dynastischen Zwistigkeiten ziehen jedoch bittere Feindschaften nach sich: Berke, der Khan der Kiptschaken, weigerte sich, Alghui anzuerkennen, und ein mächtiger Gegner Kublais, der Held des Hauses Ogedeis, Kadai, betrachtete ihn als seinen Feind. Alghui starb im Jahre 1265; sein Nachfolger wurde Kara Hulagus Sohn, Mubarak Schah. Wie sein Name andeutet, war der neue Khan ein Moslem. Vielleicht war es seine Religion, vielleicht aber auch sein Versäumnis, das Einverständnis des Großkhans zur Machtübernahme einzuholen – jedenfalls entsandte Kublai eine Strafexpedition gegen ihn. Sie stand unter Führung seines Vetters Borak, und dessen Erfolge bei der Vertreibung des selbsternannten Khans schienen ihm etwas zu Kopf gestiegen zu sein. Als De-facto-Herrscher ernannte auch er sich selbst zum Khan; doch im Gegensatz zu seinem besiegten Vorgänger konnte er seine Position festigen. Er warf die Truppen zurück, die Kublai nunmehr zu seiner Absetzung ins Land schickte.

Diese komplizierten und destruktiven Machtkämpfe halfen schließlich nur einem Mann, nämlich dem ehrgeizigen Kaidu. Er rechnete sich Chancen aus, Machthaber in diesen zentralen Gebieten des Reiches zu werden, wenn es ihm gelang, den Einfluß Pekings auszuschalten. Und Kaidu war zudem noch ein tüchtiger Feldherr und ein fähiger Organisator; als Enkel Ogedeis hielt er immer noch seine Thronansprüche aufrecht. Als er im Jahre 1301 starb, hatte er sich in den Augen Boraks und seiner Anhänger weit mehr zur Würde eines Großkhans erhoben, als es Kublai je gewesen war.

Diese Ereignisse wogen schwer im Zusammenhang mit dem Fortbestand des Gesamtreiches. Obwohl die Länder des Hauses Tschaghatais nie die kulturelle und zivilisatorische Bedeutung der Gebiete des Ostens und des Westens erreichen konnten, waren sie doch die zentral gelegenen Landschaften im Mongolenreich. Nachdem Kublai sich entschlossen hatte, Peking zu seiner Residenz zu machen, gewann die Sicherheit und das Offenhalten der Verbindungslinien zwischen seiner Hauptstadt und dem Westen immer größere Bedeutung. Und gerade diese bequemen Verbindungsstraßen ermöglichten es Kaidu, seine Herrschaftssphäre von Karakorum bis zum Oxus auszudehnen. Sein Ehrgeiz reichte noch weiter: Durch seine Kämpfe gegen die Ilkhane von Persien, gegen die Gol-

dene Horde und vor allem durch seine erbitterten Auseinandersetzungen mit Kublai trug er zum Zusammenbruch der bereits erschüt-
terten transkontinentalen Herrschaft der Mongolen bei. Zu Beginn
des vierzehnten Jahrhunderts ging somit bereits das einheitlich ge-
leitete Reich zugrunde.

Dennoch dominierte in der nächsten Generation die legitime
Nachfolge eine Zeitlang. Boraks Sohn Tuwa und in noch größerem
Maße sein Enkel Kebek setzten die Traditionen der Linie Tschagha-
tais fort. Kaidus Sohn Tschapar versuchte, sich auf diplomatischem
Wege einflußreich zu erhalten. Er schlug Peking eine lose Födera-
tion gleichberechtigter Staaten auf der Basis einer Art Freihandels-
union vor – eine Idee, zwar über sechshundert Jahre alt, doch noch
immer aktuell –, aber er besaß nicht die Macht und die militärische
Begabung seines Vaters. Er mußte nachgeben, als die Nachfolger
Tschaghatais erneut ihren Einfluß ausdehnten.

Nachdem Tuwa im Jahre 1307 gestorben war, wurde sein Sohn
Esen Buga neuer Khan. Kebek war jedoch der eigentliche Machthaber, und er trat nach dem Tode seines jüngeren Bruders im Jahre
1318 dessen Nachfolge an. In seiner Lebensweise unterschied er
sich von seinen Vorgängern: Obwohl er selbst kein Moslem war, gab
er dem bequemen städtischen Leben gegenüber dem rauhen Dasein
eines Nomadenfürsten den Vorzug. Er ließ sich einen Palast erbauen, so wie es schon Ogedei und Berke, Hulagu und Kublai vor
ihm getan hatten.

Ein weiterer Bruder, Tarmaschirin, folgte ihm 1326 auf den
Thron. Er war ein Moslem – er nahm den Namen Ala ud-Din an –
und nutzte die ererbte starke Basis als Ausgangsstellung für Eroberungen, ganz in der alten Art der Mongolen. Dabei wußte er genau,
daß er nach Westen nicht weiterkommen konnte, denn die Vorstöße
ins Land der Ilkhane hatten immer mit einem Fehlschlag geendet.
Nach Norden hin hätten sich ihm die Heere der Goldenen Horde entgegengestellt, und nach Osten zu lag eine große Einöde, hinter das
das vom nominellen Oberhaupt des Reiches beherrschte China sich
ausdehnte. Im Süden dagegen erstreckten sich die weiten Gebiete
Indiens, das weder von Mongolen beherrscht noch mächtig war, und
nach Süden hin führte er seine Truppen.

So erschienen unter Tarmaschirin erneut mongolische Krieger
an den Ufern des Indus. Sie ließen sich auch nicht wie ihre Vorväter

durch das Klima entmutigen und überschritten den Strom, um in die jenseits gelegenen Ebenen vorzustoßen. Bis nach Multan und Lahore drangen sie ins Land ein, breiteten sich im Pandschab aus und erreichten im Jahre 1326 sogar die Außenbezirke von Delhi. Doch das Schwergewicht der Macht war zu lange in den Provinzen des Westens konzentriert; im Jahre 1334 unternahmen die Traditionalisten von ihrer Basis im Tal des Ili aus einen Aufstand gegen den moslemischen Herrscher. An Stelle von Tarmaschirin machten sie Dschenkschi zum Khan, einen Mann, der den alten Sitten und dem Gesetz des Dschingis anhing.

Dschenkschi verschmähte es, in den Städten des Westens zu wohnen; stattdessen residierte er in Almalik am Ili. Dort hieß er auch christliche Missionare willkommen, vielleicht in Verfolgung der alten mongolischen Politik der Toleranz, wahrscheinlich jedoch, um den Moslems Trotz zu bieten. Benedikt xii. erhob im Jahre 1338 von Avignon aus Almalik zu einem der fernöstlichen Bistümer; Richard von Burgund, ein Franziskaner, wurde von ihm zum Bischof bestimmt. Viel missionarische Mühe wurde darauf verwendet, einige Gemeinden zu gründen und wenige Menschen zum Christentum zu bekehren, darunter auch einen Prinzen aus der Familie des Khans. Die Religion Christi sollte sich jedoch in diesem von widerstreitenden Bekenntnissen zerrissenen Land nicht lange halten: Richard war erst zwei Jahre lang Bischof, da wurde er zusammen mit fünf weiteren Mönchen und einem italienischen Kaufmann namens Gilotto von fanatisierten Moslems umgebracht.

Im Reich des Tschaghatai hatte es immer innere Gegensätze gegeben. Der zivilisierte, städtische und moslemische Westen und der barbarische, konservative, dem Naturglauben anhängende Osten – sie blieben unvereinbare Pole. Manchmal wohnten die Khane im einen, ein anderes Mal im entgegengesetzten Machtzentrum. Doch jetzt war die Zeit solcher Kompromisse und Gesinnungswandel vorüber. In einem Wirrwarr bewaffneter Zwistigkeiten, die nach außen hin religiöser Natur, in Wirklichkeit jedoch politische Machtkämpfe waren, brach das Khanat auseinander. Die östlichen Teile verfielen in die uralte Zurückgezogenheit, in starrsinniges Festhalten an ihrer überkommenen Lebensweise. Mit Pferden und Karren, mit ihren Filzzelten, Schafen und Ziegen kehrten sie der Geschichte den Rükken, um wieder das Wanderleben ihrer Vorfahren aufzunehmen.

Im Westen kamen und gingen die Khane; sie erreichten zeitweilig eine Machtfülle, um dann wieder nach dem Willen der einflußreichen Emire abzutreten. Einer der bedeutendsten dieser Emire, Khasghan, drängte die Grenzen des früheren persischen Ilkhanats bis nach Herat zurück; der hier residierende Fürst erkannte die Oberhoheit des Khanats Tschaghatais an. Im Jahre 1357 wurde dieser starke Mann ermordet, und ein weiterer emporgekommener Kriegsherr, Tughlug Timur, beanspruchte den Thron ganz Transoxianiens. Bis zum Jahre 1360 setzte er sich als neuer Khan durch. Seinen Sohn Ilyas machte er zum Statthalter von Samarkand. Ilyas war jedoch noch unerfahren und benötigte fähige Helfer; sein Vater ernannte einen Mann zum Minister und Ratgeber seines Sohnes, der trotz seiner Jugend schon kampferfahren war und seine Abkunft von Dschingis Khan herleitete – Timur Lenk, den Europa als Tamerlan kennenlernen sollte.

*

Was war inzwischen aus den eigentlichen Kernlanden geworden, den Bergen und Flußtälern, aus denen zwei Jahrhunderte zuvor das ganze unwahrscheinliche Abenteuer seinen Anfang genommen hatte? Hier versuchten sich jene Mongolen des Ostens zu sammeln, die aus China vertrieben waren. Karakorum war ein verfallener Ort, ein schwacher Abglanz seiner einstigen Größe, eine Hauptstadt, die keinen Großkhan mehr hatte. Der Sohn Toghan Timurs, des letzten Yüan-Kaisers, zog die Konsequenzen aus seinem Schicksal eines vertriebenen Fürsten. Er kehrte zur Strategie seiner Vorfahren zurück und begann, Raubzüge nach China zu unternehmen. Doch sein Gegner war jetzt nicht mehr das alte, schwerfällige China der Chin. In Chu Yüan-chang sahen sich die Mongolen dem ersten Ming-Kaiser gegenüber, einem Herrscher, der ihnen an Entschlossenheit nicht nachstand und der über eine weitaus größere Macht verfügte als sie.

Im Jahre 1388 marschierte ein mehrere hunderttausend Mann starkes chinesisches Heer gegen die Mongolen auf; auf seinem Weg nach Karakorum fand es nur geringen Widerstand. Die alte Reichshauptstadt ging in Flammen auf. Eine gnadenlose Verfolgung begann; die Chinesen rückten den fliehenden Mongolen am Fluß Kerulen entlang nach, bis sie die Gegner schließlich an den Ufern des Hochland-Sees Buyur Nor stellten. In dieser Schlacht ging der letzte

Schein einer mongolischen Macht zugrunde. Sie verloren alles, was sie noch hatten – ihre Zelte, ihre Herden und ihre Krieger. Etwa siebzigtausend Mann wurden gefangengenommen. Der Khan der Mongolen, Tokur Timur, konnte zwar flüchten; doch schon bald ereilte ihn sein Ende. Vermutlich wurde er von seinen eigenen Anhängern umgebracht. Sein Nachfolger Elbek Khan fiel im Kampf gegen die Kirgisen; Elbeks Sohn Aldschai Timur versuchte noch einmal, der Macht der neuen Dynastie in China Trotz zu bieten, wurde jedoch durch die Truppen des Kaisers Yang Lo geschlagen.

Im Jahre 1412 erlitt Aldschai eine entscheidende Niederlage durch eine neue Macht in der Mongolei, die Uiraten. Der Khan dieser Stammesvereinigung, Mahamu, hatte machtvolle Nachfolger. Einer von diesen, Esen Taidschi, sollte später große Siege gegen die Ming erringen und sogar den Kaiser Ying-tsung gefangennehmen.

Alle Siege, die Dschingis Khan errungen, und alle Mühe, die er für den Fortbestand seines Reiches aufgewendet hatte – sie konnten nicht verhindern, daß wenige Jahrhunderte danach die geballte Machtfülle zusammenbrach. Was um 1450 noch von seinem ursprünglichen Volk und von seiner Sippe übriggeblieben war – es war nicht viel mehr als zur Zeit der Gründerjahre vor 1200. Es gab nur noch Erinnerungen, sagenhafte Berichte von der alten, durchschlagenden Kampfkraft. Als immer mehr Jahre vergangen waren, schwand die Vergangenheit dahin und wurde zu einer Mythologie: »Damals vor langer Zeit, als Dschingis Khan noch lebte ...«, erzählten die Alten am Lagerfeuer. Doch der Name des längst verstorbenen Anführers konnte keine Begeisterung mehr entfachen. Wortlos gingen die Alten und die Jungen von der abendlichen Feuerstelle ihren Lagerstätten in den Zelten entgegen ...

4 ABENDROT UND EINBRUCH DER NACHT

4.1 DER LETZTE ANSTURM

Nach dem Ende des Tschaghatai-Reiches blieb das Steppenland des
Ostens lange Zeit hindurch vergessen. Die reicheren westlichen Provinzen waren hingegen ein Tummelplatz für Abenteurer und Eroberer. Ehrgeizige Emire strebten zur Macht; häufig bedienten sie sich
dabei der noch am Leben gebliebenen Nachkommen Tschaghatais
als Aushängeschilder für die Legitimität ihrer Ansprüche. Die meisten von ihnen sprachen jetzt türkisch oder eine verwandte Mundart, und alle waren moslemischen Glaubens. Nach Westen hin, über
den Oxus hinweg, unternahmen neue Machthaber Vorstöße. Die
erfolgreichsten Emporkömmlinge waren die Dschalairiden, eine
Familie, die ihr Herrschaftsgebiet über den Irak, Kurdistan und
Aserbeidschan ausdehnte. Im Süden herrschten noch immer die
Mamelucken; Ägypten und Syrien waren ihre Machtzentren. Vieler-
orts bahnten sich jedoch verborgene Spannungen an; Herrscher
kamen in Gebieten an die Macht, die ihnen weder blutsmäßig noch
traditionell zukamen. Im Verlauf der glücklosen Kreuzzüge breitete
sich der Islam immer weiter aus, und der Islam war es auch, der die
verschiedenartigen Gebiete nach außen hin einte. Dennoch war der
riesige vorderasiatische Raum innerlich zerrissen durch endlose
Kämpfe um die Macht, durch ständige Wechsel der regierenden Fürstenhäuser und durch die Abneigung der Bevölkerung gegenüber
Fremdherrschern. Wo sich Wohlstand entwickelte, entstand auch
Neid und Eifersucht unter den Machthabern, die ihren Einfluß noch
vergrößern wollten.

In diesem Zeitraum trat ein Mann ins Rampenlicht der Geschichte,
die sagenhafte Gestalt eines lahmen Kriegshelden – Timur Lenk. Seine
Geburtsstätte lag in einem Gebirgstal südlich von Samarkand, umgeben von den schneebedeckten Höhen des Hindukusch. Als Zwanzig-

jähriger führte er eine Bande nomadisierender Räuber an, die immer mehr Rebellen, Wurzellose und Enttäuschte anzog. Er selbst war ein frommer Mann, was seine Handlungsweise als Räuberhauptmann in den Augen vieler Zeitgenossen entschuldigte.

Als Tughlug Timur aus dem Osten heranrückte, um Transoxianien zu erobern, diente ihm Timur Lenk als fähiger Ratgeber, und er unterstützte, wie bereits erwähnt, den Sohn seines Herrn bei der Regentschaft in Samarkand. Eine untergeordnete Position hätte Timurs Ehrgeiz nicht befriedigen können, und so verfolgte er die Absicht, eine Volksbewegung zu entfachen. Die Bevölkerung war zwar stets unzufrieden, doch sie war nicht bereit, sich hinter einen Fremden zu stellen, der zwar behauptete, von Dschingis Khan abzustammen, in Wirklichkeit jedoch nur ein Freibeuter war. Der junge Tamerlan mußte sich in die Berge zurückziehen, wo er weiter das unstete Leben eines Verfemten führte. Doch durch geschicktes und wagemutiges Vorgehen gelang es ihm, die Anhänger des Regenten Ilyas, seines einstigen Herrn, zu besiegen.

Auch seine Verbündeten bekamen nun die listenreiche Taktik Timurs zu spüren: Einer nach dem anderen mußten sie sich ihm, dem intelligentesten unter den Anführern, unterwerfen; er duldete keine gleichberechtigte Partnerschaft. Kaum zehn Jahre nach dem Triumph Tughluk Timurs waren vergangen, als sich Timur Lenk zum Emir von Kebir oder zum Großen Emir ausrufen ließ. Obwohl er behauptete, selbst vom großen Dschingis abzustammen, fühlte er nun die Notwendigkeit, einen Nachkommen des Gründervaters zum Khan zu machen. Dieser Mann, Syurhatmisch, sollte jedoch nie die Macht im Lande ausüben; diese Tatsache beweist, daß Timur nur seine eigene Sache im Sinne behielt.

Im Alter von fünfunddreißig Jahren hatte sich Timur Lenk seine Machtbasis geschaffen. Er war zwar ungebildet, doch ein sehr geschickter Schachspieler, ein Liebhaber der schönen Künste, ein Mann von großer Weitsicht und unermüdlicher Ausdauer; sein Haar soll angeblich schon in jungen Jahren ergraut gewesen sein. Von seiner Basis ausgehend, sollte es ihm beschieden sein, die Größe des Reiches Dschingis Khans wiederauferstehen zu lassen – denn Dschingis Khan war und blieb das Vorbild eines jeden mongolischen und nomadischen Anführers, sei es, daß er von ihm abstammte oder auch nur seinem Ruhm nachstrebte.

Er stärkte seine Position, indem er den moslemischen *mullahs* größere Vollmachten übertrug, besonders aber durch die Errichtung eines ausgedehnten Spionagenetzes in den umliegenden Gebieten. Wie Dschingis Khan legte auch er größten Wert auf ein funktionierendes Nachrichtensystem, das ihm wie seinem Vorfahren den Sieg sichern sollte. Durch aufeinanderfolgende kleinere Kriege gegen seine Nachbarn gelang es ihm in der Folgezeit, die Vorherrschaft weiter zu festigen. Die Fürsten von Herat und Khorasan machte er sich untertan. Auch der Schah von Isfahan ließ ihm seine Vasallengeschenke überbringen. Eine Zeitlang hatte es den Anschein, als ob das alte Ilkhanat ihm wie eine reife Frucht in den Schoß fallen würde; doch als er sich gerade auf einem Eroberungsfeldzug im Berggebiet Afghanistans befand, erhob sich die Bevölkerung Ostpersiens gegen ihn.

Seine Reaktion ließ erkennen, daß er bei der Niederschlagung des Aufstands in seiner Grausamkeit Dschingis Khan und Hulagu nicht nachstand. Städte gingen durch die Wucht seines Gegenschlags unter, ganze Fürstenhäuser raffte das Schwert seiner Scharfrichter dahin; als er die Hauptstadt von Khorasan eingenommen hatte, ließ er zweitausend Bewohner in einem fensterlosen Turm einmauern, wo sie langsam zugrunde gingen. In Afghanistan konnte er nun seine Greueltaten fortsetzen; hier ließ er zum ersten Mal Pyramiden aus Totenschädeln aufhäufen, grauenhafte Spuren seines Sieges, die von nun an seinen Weg markieren sollten. Nachdem er sich eine Machtbasis im östlichen Persien geschaffen hatte, begann er seine Eroberung des restlichen Landes. Er stieß in die Stadt Ghasans, Sultaniya, vor, trieb die Truppen großer Emire wie dürres Laub vor sich her und drang bei der Verfolgung des Sultans Achmed sogar bis nach Aserbeidschan vor.

Im Jahre 1391 geriet er zum ersten Mal mit seinem einstigen Schützling Toktamisch in Konflikt, dem Khan der Goldenen Horde. Solche Scharmützel konnten ihn aber nicht lange aufhalten. Er entsandte seinen Sohn Miran Schah gegen die Truppen Toktamischs, während er selbst weiter nach Westen vordrang, einen Heiligen Krieg in Georgien und Armenien entfesselte, aber auf unheilige Weise die Moslems in Turkestan bekämpfte. Schließlich führte ihn die Weigerung der Söhne des alten Schahs von Isfahan, ihn als ihren Oberherrn anzuerkennen, nach dem südlichen Persien zurück. Er nahm die Hauptstadt kampflos ein, doch das Volk erhob sich gegen ihn, als er zu hohe Forderungen stellte. Tamerlan kannte jetzt keine Gnade mehr: Als er erfuhr, daß dreitausend seiner Krieger bei der Rebellion ums Leben gekommen waren, kehrte er mit einem Heer von siebzigtausend Mann nach Isfahan zurück. Vor dem Haus jedes Gelehrten, jedes Künstlers, jedes Geistlichen ließ er eine Wache aufstellen. Dann erteilte er seinen Soldaten einen blutigen Befehl – jeder von ihnen sollte ihm einen abgeschlagenen Kopf bringen. Manche mordeten nur; andere brachten tatsächlich die Früchte ihrer blutigen Tat herbei: Köpfe gingen von Hand zu Hand für ein Goldstück, doch das Überangebot auf diesem Markt verringerte bald den Preis. Nach kurzer Zeit waren die Köpfe nichts mehr wert; als einige Wochen vergangen waren, lagen die gebleichten Schädel zu Haufen neben den schweigenden Ruinen.

Da erfuhr Timur, daß Toktamisch von neuem aus dem Norden heranrückte. In Gewaltritten – die Pferde sollen unter ihm vor Erschöpfung verendet sein – eilte er seinem Feind entgegen. Toktamisch wurde zurückgedrängt, verfolgt und vernichtend geschlagen. Als der Feldzug zu Ende ging, war Toktamisch aller Gebiete beraubt, und Tamerlan war bis zur Wolga vorgedrungen. Dennoch – das Reich, das der große Eroberer sich zu schaffen erhofft hatte, bröckelte in Kleinasien und Persien bereits wieder auseinander und drohte, in Einzelteile zu zerfallen.

Timur gelang es nicht, die Legitimität seiner Herrschaft den unterworfenen Völkern aufzuzwingen. Er war ein großer Eroberer; der Aufbau einer Reichsverwaltung benötigte jedoch Zeit und Geduld, und es lag ihm nicht, lange an einer Stelle zu verweilen. Dschingis Khan hatte seine Familie, auf die er sich verlassen konnte; er wußte, welche Ratgeber, Minister und Heerführer ihm am besten dienen konnten. Nach seinen Eroberungen hatte er seine Herrschaft gefestigt; wenn er weiterzog, ließ er Regenten zurück, die ihm in ihren Fähigkeiten kaum nachstanden. Er besaß sogar die Gabe, Loyalität bei jenen wachzurufen, die er zuvor bekämpft hatte. Trotz all seiner Gaben, seiner Klugheit, seiner Vorliebe für die Kunst und seiner Verdienste um den Ausbau seiner Städte machte Tamerlan den entscheidenden Fehler, sich nicht mit fähigen Gefolgsleuten und Stellvertretern zu umgeben. Dennoch strebte er an, durch Kriege ein großes Reich zu erwerben – doch wie sollte es ihm gelingen? Er hatte keinen Subatei, so wie Dschingis Khan – und es gab auch keinen Mann unter seinen Anhängern, dem er den Posten eines Oberbefehlshabers anvertrauen wollte.

Bald stand Timur mit achtzigtausend Mann wieder in Südpersien. Diesmal wollte er Mansur schlagen, jenen befähigten und mutigen Schah, der sich ihm entgegengestellt hatte. Während Timur in seine Kämpfe gegen Toktamisch verwickelt war, sammelte Mansur ein Heer und machte Schiras zu seiner Hauptstadt. Timur Lenk griff Mansur mit drei Heeresspitzen an: Eine Kolonne schnitt dem Gegner die Rückzugsmöglichkeit ins Gebirge ab, eine weitere kämpfte gegen die Festungen im Hochland, während die dritte direkt auf Schiras vorstieß. Der Kampf war hart und erbittert, und als er sich dem Ende näherte, griff Mansur selbst mit dem Rest seiner Garde Tamerlan an. Zweimal soll er mit seinem Schwert auf seinen Gegner eingeschlagen haben, doch Timurs Helm hielt den Hieben stand. Zu Füßen des großen Eroberers empfing er dann den Todesstreich.

Nachdem er Achmed gezwungen hatte, aus Bagdad in die Sicherheit von Kairo zu fliehen, wandte sich Timur Lenk den Gebieten des Kaukasus zu. Niemand konnte seinem Siegeswillen Widerstand bieten; sein Ziel war die Unterwerfung, seine Methode der Terror und ein allgemeines Morden das Ergebnis. Kleinere Heeresabteilungen durchstreiften die Gebiete östlich des Schwarzen Meeres. Wo sie durchzogen, blieben nicht genügend Überlebende zurück, um die Toten zu betrauern. Timur verlangte unbedingten Gehorsam; wenn die Lebenden ihm nicht gehorchen wollten, dann ließ er sie einfach niedermetzeln. Um die Zeit, als er Miran Schah auf den einstigen Thron Hulagus setzte, hatte er die Hälfte der Bevölkerung Georgiens und Armeniens niedergemacht. Und noch einmal versuchte Toktamisch, aus den Gebieten östlich des Kaspischen Meeres hervorbrechend, seine alte Machtstellung wiederzugewinnen. Doch niemand erklärte sich zum Bündnis mit ihm bereit. Am Terek gelang es ihm fast, Timur Lenk zu besiegen und, wie berichtet wird, ihn um ein Haar zu töten; dennoch mußte er schließlich die Flucht ergreifen. Jetzt hatte er keine Chance mehr; unerbittlich verfolgt, zog er sich zur Wolga und später zum Dnjepr zurück. Die Heere der Goldenen Horde wurden zerschmettert; Versprengte flüchteten in die Gebiete Osteuropas und Vorderasiens. Timur Lenk verwüstete die russischen Fürstentümer und zog bis vor Moskau, doch dann wandte er sich wieder nach Süden, um die genuesischen Niederlassungen an der Schwarzmeerküste zu plündern. Schließlich an der Wolga angelangt, zerstörte er Serai, die glänzende Hauptstadt der Goldenen Horde. Heute sind es nur Überreste, die uns noch Kunde von der Betriebsamkeit der Stadt geben – ein glasierter Ziegel hier, eine Nadel dort, ein Stück Rohr unter der Erde, Mauerwerk eines Kanals, ein Fetzen Tuch, zerbrochene Tonwaren – doch das riesige Areal aus Wasserstraßen, Moscheen, Werkstätten, Palästen und krummen Gassen, das einst das Serai des Berke gewesen war, ist für immer verschwunden. Und auch vom Stolz eines Toktamisch ist nichts mehr zu spüren, jenes Khans, der hier regiert und der es gewagt hatte, sich mit Timurs elementarer Kraft zu messen – er mußte in den Steppen des Ostens als Flüchtling umherirren, bis ihn schließlich der Tod ereilte: Er starb durch die Hand eines sibirischen Stammesfürsten, Schadibek.

Timur war jetzt sechzig Jahre alt; man hätte meinen können, daß er Frieden mit der Welt schließen wollte. Er hatte sich viele Länder unterworfen, zahlreiche Fürsten waren ihm untertan. Jenseits der Grenzen seines Machtbereichs hatte er seine Feinde vernichtet. Zwischen dem Oxus und dem Jaxartes konnte er in gesicherter Position hofhalten. Keine Brücken überquerten diese Ströme, mit Ausnahme der behelfsmäßigen Konstruktionen, auf denen seine Heere in die Welt auszogen. Nur wer einen Paß hatte, durfte über Fähren diesen inneren Machtbereich Timurs betreten; dennoch ließ er gern auch Fremde in sein Land. Im Süden seines Gebiets dehnte sich Samarkand aus, eine betriebsame Handelsstadt, berühmt durch ihre Mosaiken, ihre Springbrunnen und Gärten, aber auch durch ihre Dichter und Musikanten. Es gab kaum ein kaufmännisches Zentrum im Osten, das mit Samarkand wetteifern konnte. Von überallher strömten Händler und Waren zu diesem Umschlagplatz, den Tamerlan zum zentralen Markt der ganzen Welt erhoben hatte: Aus Nowgorod und Nanking, aus Delhi, Hamburg, Alexandria und Venedig gaben sich Kaufleute unter schattigen Arkaden, vor großartigen Minaretten ein Stelldichein.

Doch nicht nur Handelsherren gelangten nach Samarkand; auch Künstler und Gelehrte, Geistliche und Philosophen nahmen hier ihren Wohnsitz; Baumeister errichteten Denkmäler der Siege Tamerlans, und Karawanen brachten Bücherladungen in die Stadt, die das ganze Wissen der Welt enthielten – während jene Bibliotheken, die einst solche Schriften verwahrten, fast restlos vernichtet worden waren. Teppiche, Miniaturen und Handschriften aus fast ganz Asien gelangten hierher, während jene Kulturkreise, die diese handwerklichen und künstlerischen Kostbarkeiten hervorgebracht hatten, zerschmettert am Boden lagen.

Hier in Samarkand zerstörte Tamerlan nichts mehr, sondern er baute auf. Mit der gleichen Energie, die er außerhalb seines Reiches zur Vernichtung seiner Feinde einsetzte, ließ er hier schöne Gebäude errichten. Dieser große Wüterich wurde zum Kunstsammler. Es war, als ob der einstige Verfemte und Freibeuter nun einen grenzenlosen Ausgleich für seine anfängliche Armut und Entbehrung suchte. Samarkand mit seinem Sprachengewirr, seinen Farbtönungen in Türkis und Azur, dem Gold und Alabaster seiner Mosaiken war sein Werk; doch er selbst wohnte nicht in diesem Prunkgebilde. Er zog es vor, in einem Zelt zu hausen, dem großen Pavillon eines Khans, dem Symbol seines Ehrgeizes als Eroberer und seiner nomadischen Abkunft.

Doch es gab nichts, das ihn an einer Stelle halten konnte. Es galt, weitere Gebiete zu erobern. Im Süden lagen die weiten Ebenen jenseits des Indus, jene geheimnisvollen Landstriche Hindustans, die seit Generationen von den beutegierigen Fürsten des Islam mit Krieg überzogen wurden. Timur hatte nun Enkel, die seine Heere führen konnten; einer zog von Kabul aus nach Süden, während der andere am Himalaja entlang vorstieß. Tamerlan selbst unternahm den beschwerlichsten Weg – er überquerte die hohen Gebirgszüge des Hindukusch, er kämpfte mit Bergstämmen, um die sich kein Eroberer vor ihm gekümmert hatte. Dann fiel er über die Städte des Pandschab her; ein Enkel besetzte Lahore, während der andere Multan einnahm.

In Indien bestanden dynastische und religiöse Gegensätze zwischen den moslemischen Herrschern und den Hindu-Fürstenhäusern, besonders den kriegerischen Radschputen. Dies verhinderte zusammen mit seiner schnellen Kriegführung die Ausbildung eines tatkräftigen Widerstandes gegen Tamerlan – obwohl man kaum die Behauptung aufstellen könnte, daß er irgendeinen Widerstand nicht hätte brechen können. Er war bereits zweiundsechzig Jahre alt, hatte Krankheiten überstanden und wußte, daß ihm nicht mehr viele Jahre zur Verfügung standen, um noch das zu schaffen, was er sich vorgenommen hatte. Herrscher Indiens war um diese Zeit der Sultan Mahmud aus der Tughluq-Dynastie, die zwei Jahrhunderte zuvor von Ghasi Malik begründet worden war. Er konnte Tamerlans Siegeszug bis zur Hauptstadt Delhi nicht aufhalten. Den Weg des Eroberers säumten überall Leichen und die Ruinen abgebrannter Häuser. In Bhatnair setzte die verzweifelte Bevölkerung ihre eigene Stadt in Brand, und die Menschen stürzten sich in die Flammen. Erbeutete Habe türmte sich auf den Wagen der vorrückenden Truppen, und über den Kolonnen der Gefangenen stand eine dichte Staubwolke. Schließlich gab es zu viele Gefangene – manche Chronisten sprechen von hunderttausend Männern, Frauen und Kindern oder einer noch größeren Zahl; der Vormarsch verzögerte sich. Vor den Mauern von Delhi ordnete Tamerlan an, die ihm lästig gewordenen Menschen zu töten. Eine Stunde später war die gesamte Ebene mit Leichen bedeckt.

Mahmud unternahm einen Ausfall aus der Stadt. Vor seinen Kriegern nahmen die Kampfelefanten Aufstellung. Er glaubte, daß niemand ihm widerstehen könne; seine Überzeugung beruhte auf Naphta-Bomben und großen Schleudern, der militärischen Technologie, die seine Befehlshaber von den Mongolen erlernt hatten. Doch Tamerlans Siegeswille war stärker. Vier Monate nach seiner Überquerung des Indus saß der Herrscher Transoxianiens auf dem Thron der Tughluq. Gnädig den Vasallen zulächelnd, ließ er die Nabobs, Emire und kleinen Sultane an sich vorüberziehen und ihm Treueschwüre darbringen. Wollte er Delhi schonen? Man kann es voraussetzen, da er diese Siegesfeiern veranstaltete. Dennoch waren solche Huldigungen etwas makaber, da Tamerlans Soldaten bereits mit der Plünderung der Stadt begonnen hatten, unschuldige Menschen niedermetzelten und ihre Habe wegschleppten. Er mußte seinen verdienten Kriegern die Beute gönnen – sie hatten zu lange gelitten, zu lange einen entbehrungsreichen Krieg geführt. Doch die Plünderungen arteten zu wüsten Zerstörungen aus – überall wüteten die Soldaten, sogar in der prächtigen Moschee mit den unzähligen Säulen, wo noch wenige Stunden zuvor die Menschen gebetet hatten. Wer das Blutbad überlebte, wurde in Ketten abgeführt, um in die Sklaverei zu kommen. Gold und Juwelen, Silber und Perlen schleppten die jubelnden Soldaten aus der verwüsteten Stadt. Wie es mongolischer Brauch war, erfuhren die Künstler und Handwerker eine gnädige Behandlung: Bauarbeiter wurden ausgesucht, um Tamerlan persönlich zu dienen – er wollte Samarkand noch weiter ausgestalten und verschönern.

Nach seinem Auszug blieb Delhi fast zwei Jahrhunderte lang eine vergessene Stadt. Halb entvölkert, wurde es zu einer unbedeutenden Siedlung, um erst viel später wieder eine stolze Hauptstadt zu werden. Tamerlan stieß weiter nach Osten vor und überschritt den Ganges. Sein Heer war jetzt eine riesige, disziplinlose Räuberbande, eine unersättliche Meute beutegieriger Krieger, und ihr langer Marsch hatte weder eine strategische noch eine diplomatische Bedeutung. Als die Kolonnen schließlich den Rückweg antraten, waren sie derart mit geplünderten Gütern beladen, daß sie nur wenige Kilometer am Tage vorankamen – welch ein Wandel bei einem Heer, das einst berühmt und gefürchtet war wegen seiner Schnelligkeit! Langsam schleppten sich die Einheiten in der Hitze des indischen Sommers bis zum Indus, den kühlen Bergzügen entgegen und den Siegesfeiern, die sie zu Hause erwarteten. Tamerlan setzte als Vizekönig in dem verwüsteten Land und als Statthalter von Multan Khisr Khan Sayyid ein. Später regierten dann seine eigenen Nachkommen in Indien.

In Samarkand mußte Timur Lenk feststellen, daß sein Sohn Miran Schah eine schlechte Regentschaft ausübte. Statt seinen Pflichten nachzukommen, verschwendete er die Staatsgelder. Hin und wieder brach eine wilde Zerstörungswut in ihm durch: In Täbris und in Sultaniya verwüstete er schöne Baulichkeiten, Monumente und Grabmäler. Sein Vater verwünschte ihn; schließlich setzte er ihn ab und machte seinen jüngeren Sohn Khalil zum Regenten von Persien. Dann zog er wieder nach Westen, neuen kriegerischen Erfolgen entgegen.

In Kleinasien hatten sich die vereinigten Türken unter ihren osmanischen Herrschern Osman I. und seinem Sohn Orkhan weiter nach Norden und Westen ausgedehnt; sie waren im Begriff, ein neues, bedeutsames Reich zu gründen. Jenseits dieser Gebiete stand das byzantinische Reich vor dem Zusammenbruch; es zahlte den Osmanen einen jährlichen Tribut. Doch andere Staaten versuchten, diese Gefahr abzuwehren. In der Schlacht bei Kosovo schlug Orkhans Sohn Amurath ein Heer, das die verbündeten Serben, Ungarn,

Bulgaren, Polen und Albanier gegen ihn aufgestellt hatten. Er selbst fiel in dieser Schlacht; sein Sohn und Nachfolger Bajezid brachte dann den Christen bei Nikopoli, einer Stadt an der Donau, eine weitere Niederlage bei. Dies geschah im Jahre 1396; zwei Jahre danach, als Tamerlan gerade seinen blutigen Feldzug in Indien führte, erweiterte Bajezid – sein Beiname war jetzt *Ilderim*, ›Der Blitz‹ – seine Ostgrenzen bis zum Euphrat. Man kann sich vorstellen, daß die Fürsten dieser Grenzgebiete bei der Wahl zwischen zwei Übeln lieber ihn zu ihrem Schirmherrn machten als den für seine Graumsamkeiten bekannten Timur Lenk.

Timur, ›der Lahme‹, suchte inzwischen nach einem Anlaß, um dem drohenden Aufstieg der Osmanen zu begegnen, und Sultan Achmed von Bagdad bot ihm einen willkommenen Grund zum Einschreiten. Tamerlan drang von Täbris aus nach Westen vor; Achmed mußte fliehen. Diesmal suchte er nicht bei den Mamelucken, sondern beim osmanischen Sultan Zuflucht. Fast hatte es den Anschein, als ob er ein schlagkräftiges Bündnis gegen den Herrscher Transoxianiens zusammenbringen konnte, denn die Streitkräfte Syriens, Ägyptens und Bajezids stellten vereinigt eine erhebliche Macht dar.

Tamerlan schlug, wie es seine Art war, mit unerhörter Schnelligkeit zu. Eine Strafexpedition verwüstete Georgien und Armenien, die sich gegen seinen Sohn Miran Schah aufgelehnt hatten. Von Bajezid verlangte er nun die Auslieferung Achmeds; doch der türkische Sultan weigerte sich. Tamerlan drang nach Kleinasien vor und nahm zwei der stärksten Festungen der Osmanen ein. Bevor Bajezid, der seinerseits vor Konstantinopel Krieg führte, sich gegen ihn wenden konnte, hatte Timur bereits seine Stoßrichtung geändert. In Syrien schlug er die Streitkräfte der Mamelucken vor Aleppo; dann eroberte und zerstörte er die Stadt.

Sein nächstes Ziel war Damaskus. Vor den Toren der bereits zur Kapitulation bereiten Stadt erfuhr er, daß sich der große Philosoph und Historiker Ibn Khaldun in ihr aufhielt. Er sandte eine Botschaft über die Mauern und bat, den Weisen sprechen zu dürfen. Ibn Khaldun wurde über die Wälle herabgelassen und verbrachte sieben Wochen im Lager des Eroberers. Tamerlan wollte von ihm nähere Einzelheiten über Nordafrika erfahren. Hatte er tatsächlich die Absicht, über das Nildelta hinaus nach Westen zu marschieren? Doch ein solches Vorhaben war sicher verfrüht; dennoch hörte er interessiert Ibn Khalduns Berichten zu.

Inzwischen hatte sich Damaskus ergeben; auch hier wollte Tamerlan offenbar, daß eine wichtige Stadt verschont werden sollte. Hier entdeckte er jene fein gewölbte Kuppelform, deren Maße er festhalten ließ, um sie dann in Asiens prachtvollsten Bauwerken wiederauferstehen zu lassen; nicht nur in Samarkand wurde die Form kopiert, sondern nicht zuletzt auch in der Kuppel von Tadsch Mahal. Doch die Schönheit eroberter Städte hinderte Tamerlan nicht daran, sie letztlich doch zu vernichten. Vielleicht konnte er seine Soldaten nicht davon abhalten, die eingenommene Stadt zu plündern; jedenfalls fiel Damaskus in Schutt und Asche. Auch die große Moschee, ein Monument der omaijadischen Kalifen, ging in Flammen auf. Ibn Khaldun hatte Tamerlan nur noch bitten können, den zivilen Würdenträgern vor der Zerstörung der Stadt freies Geleit zu gewähren.

Und die Stadt der Kalifen, Bagdad? Vier Tage des Widerstandes endeten – wie so viele vergebliche Versuche, Tamerlan vom Sieg abzuhalten – mit einem Blutbad. In seiner absonderlichen Mischung von Menschenverachtung einerseits und Frömmigkeit und Kunstförderung auf der anderen Seite ordnete er an, alle Wohnhäuser zu zerstören, aber die Moscheen und Schulen zu schonen. Dichter, Gelehrte, Kunsthandwerker, Maler und Schriftkundige ließ er frei durch die Stadttore passieren, um sie dann in ungefährdeten Städten anzusiedeln. Alle anderen Menschen mußten sterben; neunzigtausend Männern, Frauen und Kindern wurden die Köpfe abgeschlagen, die dann in hundertzwanzig greulichen Stapeln aufgehäuft dalagen. Dann zog Tamerlan mit seinem Heer dem wartenden Feind Bajezid entgegen.

Schon mitten in seinen sechziger Jahren stehend, war er noch immer voller Energie, und sein militärischer Vormarsch ging rasch und zielbewußt vonstatten. Er drang nach Sivas vor, einem Stützpunkt, den er schon vor seinem Feldzug in Mesopotamien eingenommen hatte. Bajezid schlug sein Lager in Ankara auf, zögerte noch eine Zeitlang und brachte dann seine Truppen auf günstigem Gelände in Stellung. Späher, die er ausgeschickt hatte, brachten ihm jedoch eine verwirrende Nachricht: Tamerlan war verschwunden. Er war weder in Sivas noch anderswo zwischen dieser Stadt und der Stellung, die Bajezids Heer eingenommen hatte. Erst als die Nachricht eintraf, daß Timur sich Ankara näherte, erkannte Bajezid, daß er überflügelt worden war. Der Mongole hielt sich am Flußlauf des Kizil Irmak und machte einen langen Umweg nach Süden, bevor er sich anschickte, Ankara zu erstürmen.

Bajezid eilte zurück; die Kampfmoral seiner sieggewohnten Truppen war bereits erschüttert, denn die Feinde unternahmen geschicktere und schnellere Manöver als sie selbst. Und als sie an den Ausgangspunkt zurückgekehrt waren, machten sie eine überraschende und enttäuschende Entdeckung: Der Bach, der an ihrem Lager vorbeigeflossen war, existierte nicht mehr. Tamerlan hatte einen Damm bauen und das Wasser ableiten lassen. Bajezids Heer mußte nun auf diesem türkischen Hochplateau in der brennenden Julihitze nicht nur der Gefahr durch die Truppen Tamerlans, sondern auch der des Verdurstens begegnen.

Die erbitterte Schlacht dauerte den ganzen Tag an; immer neue Einheiten wurden in den Kampf geworfen. Fürsten und Sultane fielen, die stolze Elitetruppe der Janitscharen ging zugrunde. Als die durstigen Pferde ermatteten, verloren Bajezids berittene Bogenschützen ihre Beweglichkeit. Die turkmenischen Einheiten, die Bajezid in seine Truppe gepreßt hatte, stellten sich nun gegen ihn – ihr König lief zu Tamerlan über. Bajezid selbst war ein standhafter Kämpfer; er floh nicht, wurde dann aber gefangengenommen. Tamerlan behandelte ihn ehrenhaft. Doch seine Selbstachtung war gekränkt: Nach wenigen Monaten starb er.

Sein Sohn Suleiman flüchtete über den Bosporus und bot sich dann als Vasall Timurs an. In Byzanz herrschte großer Jubel; dem Sieger wurden prachtvolle Geschenke übersandt, denn die Belagerung Konstantinopels durch die Türken war aufgehoben. Die Stadt war gerettet; der mongolische Eroberer war zum Erretter der Christenheit geworden. Fünfzig Jahre sollten noch vergehen, bis eine spätere türkische Generation das Werk Bajezids vollendete; Tamerlan hatte den endgültigen Fall des Oströmischen Reiches um ein halbes Jahrhundert hinausgezögert.

Tamerlan war inzwischen fast erblindet; er konnte weder gehen noch reiten und mußte in einer Sänfte getragen werden. Er widmete sich jedoch weiterhin der Ausgestaltung seiner Hauptstadt. Ernstzunehmende Feinde gab es nirgends außerhalb der Grenzen sei-

nes Machtbereichs. Im Osten erstreckte sich allerdings das weite
China, das einst von seinen Vorfahren beherrscht worden war.
Hung-wu, der erste Ming-Kaiser, hatte nach dem alten Weltherr-
schaftsanspruch, den er von den Mongolenkaisern übernommen
hatte, Tamerlans Huldigung gefordert. Timur hatte die Gesandten
verhaftet, sie später jedoch wieder freigelassen. Mit der Zeit wurden
Botschafter ausgetauscht, und vermutlich hat sich Timur den Chinesen gegenüber auch mit einer zweitrangigen Rolle abgefunden. Doch
nun entschloß er sich, die Schmach zu tilgen, die er in seiner – allerdings bedeutungslosen – Vasallenstellung dem Kaiser gegenüber
erblickte. Trotz seines fortgeschrittenen Alters und der winterlichen
Kälte sammelte er ein Heer von nahezu einer Viertelmillion Mann,
um nach Osten zu marschieren. Er überquerte den gefrorenen
Jaxartes und stieß bis nach Otrar vor. Doch so rasch er auch
vordrang – Krankheit und Tod waren schneller. Er war neunund-
sechzig Jahre alt, hatte alle Lebensenergie verbraucht und keine
Kraftreserven mehr. Vom Fieber geschüttelt, starb er in der Nacht
des 18. Februar 1405. Ein schneidender Schneesturm fegte über
seiner Todesstätte; das Heulen des Windes übertönte das Weh-
klagen der Imams und seiner Höflinge.

So ging dieser Inbegriff eines widersprüchlichen Machthabers
dahin, dieser Erbauer und Vernichter, der Eroberer, der ein Reich
gründen wollte und hinter sich nur verwüstete Erde zurückließ. Er
war ein Mann, dessen Frömmigkeit bekannt war, der aber die Religion wie ein zynischer Propagandist mißbrauchte: Als er Khorasan
angriff, behauptete er, den Schiismus zu bekämpfen, jene Glaubens-
richtung des Islam, die auf Mohammeds Schwiegersohn Ali zurück-
ging; als er dagegen in Syrien eindrang, geschah dies, weil die Syrer
sich einst auf die Seite des Kalifen Mu'awija gegen Ali gestellt hatten.
Er griff die christlichen Staaten des Kaukasus an, da sie ungläubig
waren; die osmanischen Türken bekämpfte er, weil sie die Christen
nicht tatkräftig angegriffen hatten. Er stellte sich gegen die Moslems
von Delhi, weil sie den Götzendienst des Hinduismus nicht abge-
schafft hatten. Serai zerstörte er aus Groll, und er machte sich seine
Siege zur persönlichen Bereicherung zunutze; er bereicherte aber
auch sein Land. Er war einer der grausigsten Mörder aller Zeiten,
und die ganze Welt erschauderte allein bei der Nennung seines Namens; dennoch – überall in seinem Machtbereich wurden Bewässe-

rungskanäle gegraben, Dämme gebaut und dem Boden Früchte ab-
gerungen. Wohin auch immer seine Heere marschierten, sanken
Städte in Trümmer; es war, als ob sein Zugriff die Vernichtung aller
Baulichkeiten nach sich zog. Und doch – in Samarkand legte er den
Grundstein für eine Prachtentfaltung, die die Welt erstaunen ließ; er
schuf hier eine neue Architektur, eine formschöne Mischung ver-
schiedener asiatischer Stilrichtungen, die sich viele große Baumeister des Islam zum Vorbild nahmen.

Vielleicht strebte er letztlich nur danach, wie ein Nomadenhäupt-
ling die ganze Welt zu seiner Weide zu machen. Als er das letzte
Mal in Samarkand war und bereits seinen Feldzug gegen China vorbereitete, ließ er auf der offenen Steppe die Beute seiner vielen
Kriege, die Gaben und Vasallengeschenke fremder Fürstlichkeiten
ausbreiten. Er wollte, daß sein Volk seine Erfolge vor Augen hatte,
wie die Beute eines Raubzugs, die ein Stammesführer vor seinem
Zelt auslegt. Dort lagen sie, die Beweise seiner Überlegenheit aus
aller Herren Länder – geschenkte, aber auch gestohlene Kostbarkeiten aus dem fernen Abendland und aus allen Ländern des Orients.
Glänzende und schimmernde Gewänder und Tuche, nie gesehene
Tiere wie Strauße und Giraffen zogen die staunenden Blicke der
Versammelten auf sich; ein Wirrwarr von Sprachen herrschte,
als Handwerker und Künstler neben den Schatullen und Schmuck-
kästen Platz nahmen, die Tamerlan hatte herbeischaffen lassen.
Und dann – wiederum in der Art eines Nomadenhäuptlings – ließ er
ein großes Fest veranstalten, und das Gelage begann. Manche Chronisten glauben, daß es nicht sein hohes Alter, sondern die Nachwirkungen dieser Jubelfeier waren, die an Tamerlans Gesundheit
zehrten – doch das monumentale Siegesfest faßte sein Lebenswerk
zusammen. Es bestand in einer Häufung militärischer Erfolge;
einen Beitrag zur Ausbreitung der Zivilisation vermochte er nicht
zu leisten.

Dem großen Herrscher angemessen, ist auch sein Grabmal maje-
stätisch und geschmackvoll gestaltet, ein Glanzstück islamischer
Architektur. Sein Leichnam wurde unter einer riesigen Jadeplatte
bestattet und lag dort fast fünfeinhalb Jahrhunderte lang. Doch
dann, im Jahre 1941, legte eine Untersuchungskommission die
Stätte frei; Rechtfertigung ihres Vorgehens war eine wahllose Neu-
gier, die sich mit dem Wort ›wissenschaftlich‹ tarnt. Sie fand die

Gebeine eines großgewachsenen Mannes, dessen rechter Arm verstümmelt und dessen rechtes Bein lahm gewesen waren. Die letzten Haare eines kastanienbraunen Schnurrbarts hafteten noch am Schädel fest. Auf der Grundlage ihres Fundes rekonstruierte die Sowjetische Archäologische Kommission die Form des Körpers, der einst diese Gebeine umgeben hatte. Jetzt besitzen wir auch seine Büste, vermutlich eine genaue Nachbildung. Doch er selbst mit all den verblüffenden Gegensätzlichkeiten seines Charakters entzieht sich uns noch immer.

Sein Reich, nie geeint und nur durch seine Persönlichkeit und seinen unbändigen Willen zusammengehalten, wurde Spielball eines Machtkampfes. Schah Ruch, Timur Lenks jüngster Sohn, wurde nach diesem blutigen Zwischenspiel der tatkräftigste seiner Nachfolger. Er residierte jedoch nicht in Samarkand, sondern machte Herat in Khorasan zu seiner Hauptstadt. Sein ältester Sohn Ulugh Beg wurde Statthalter in Samarkand und führte dort die Tradition seines Großvaters weiter, indem er die Stadt ausgestaltete. Im Norden ließ er ein rundes Observatorium mit einem riesigen Sextanten erbauen. Er beschäftigte sich mit astronomischen Berechnungen, die später weite Verbreitung fanden. Auch eine Schule für Religionsphilosophie ließ er bauen, wie um zu zeigen, daß die Frömmigkeit seines Großvaters noch nicht vergessen war. Während seiner fast vierzigjährigen Herrschaftszeit machte er Samarkand zu einer Art Universitätsstadt, zum Mittelpunkt der Künste und Wissenschaften.

Er gründete eine Dynastie in Samarkand, während andere Familienmitglieder Monarchen in Buchara und in Khorasan wurden. In diesen Orten erblühte die Malerei, besonders die Kunst der persischen Miniaturmaler. Auch in Balch und im Fergana-Tal herrschten Timuriden-Fürsten; unter ihrem Patronat entwickelte sich die Literatur, sowohl in der persischen Sprache als auch in der tschaghataischen Mundart, einer Turk-Sprache. Allem Anschein nach war nach den gigantischen Auseinandersetzungen des vierzehnten Jahrhunderts nun Ruhe eingekehrt. Doch die Rivalitäten innerhalb der Familie standen in ihrem blutigen Ausgang den Kämpfen nicht nach, die Timur mit der Außenwelt geführt hatte. Aus dem Süden kamen dann die Usbeken, Nachkommen der Kiptschaken – ihr Name geht auf Usbeg, den Khan der Goldenen Horde, zurück –, und verdrängten die Sippe des Tamerlan in die Vergessenheit. Um die

Zeit von 1510, als der größte Anführer der Usbeken, Muhammed Schaibani, im Kampf fiel, hatten sie sich in dem vielumkämpften Land zwischen Oxus und Jaxartes festgesetzt, und niemand konnte sie danach aus diesem Gebiet vertreiben.

Einer der Herrscher, die durch die Unruhen dieser Zeit entthront wurden, war Zahir ud-Din Muhammad Babur, der Khan in Fergana. Seit seinem elften Lebensjahr war er an der Macht; als erfahrener Krieger hatte er bereits den Wert der Schußwaffen erkannt. Aus dem Land seiner Vorfahren vertrieben, sah er sich nach neuen Eroberungsmöglichkeiten um – väterlicherseits stammte er in der fünften Generation von Timur Lenk, mütterlicherseits in der vierzehnten von Dschingis Khan ab. Getreu der Tradition seiner Vorväter sammelte er ein Heer, und da er weder die Usbeken noch Persien besiegen konnte, stieß er in die einzige Richtung vor, die ihm offenstand – nach Süden. In Indien regierte eine Dynastie, die von Khisr Khan Sayyid abstammte, dem vor vielen Generationen von Timur Lenk eingesetzten Statthalter.

Babur marschierte, wie seine Vorgänger, auf die Ebenen des Pandschab zu. Sultan Ibrahim Lodi stellte sich ihm entgegen, und acht Tage lang standen die beiden Heere abwartend einander gegenüber. In der Nacht des 20. April 1526 sandte Babur einen Stoßtrupp nach vorn; der Sultan fühlte sich herausgefordert und ordnete für den nächsten Morgen einen Angriff an. Doch Babur war diese Woche über nicht untätig gewesen: Seine Männer hatten eine Verteidigungsstellung aufgebaut, hinter der sie den Angriff des Gegners erwarten konnten. Die Streitkräfte des Sultans kamen vor der Abwehrlinie zum Stehen. In diesem Augenblick des Zögerns schlug Babur zu. Um seinem Gegenangriff die nötige Schlagkraft zu geben, verfügte er über Kanonen – Waffen, die des Sultans Truppen nie zuvor gesehen hatten. In der allgemeinen Verwirrung, die durch das Zünden und den Rauch von Schießpulver ausgelöst wurde, wurde das indische Heer besiegt. Der Weg nach Delhi stand offen.

Im März 1527 stießen Baburs Truppen gegen die kriegerischen Hindu-Fürsten von Radschputana vor, in einem Feldzug, den ihr Heerführer zu einer Art Religionskrieg gemacht hatte – in späteren Jahrhunderten sollte dieser Glaubensgegensatz noch immer schwerwiegende Folgen haben. Babur brach den Widerstand der einheimischen Machthaber für immer. An den Ufern des Ganges, wo jetzt der Fluß Ghagra einmündet, schlug er die wilden Heerhaufen der aus Afghanistan in die Ebene gelangten Gebirgsstämme. In Babur waren kriegerisches Draufgängertum und staatsmännische Klugheit seines Vorfahren Dschingis Khan wieder auferstanden: Er wurde zum Ahnherrn der Dynastie der Großmoguln von Indien, die noch jahrhundertelang das Land regieren sollten.

4.2 Die positiven Auswirkungen des Zusammenbruchs

Dschingis Khan hatte das weitgesteckte Ziel verfolgt, die Welt zu erobern und ein Reich zu gründen, das Generationen überdauern sollte. Die Geschichte verweigerte ihm jedoch die Erfüllung. Wenn auch die Feldzüge der Mongolen weitreichende Folgen nach sich zogen, so erreichten sie doch nicht das Ziel, das sie sich selbst gesteckt hatten. Was sie tatsächlich erreichten, war gleichbedeutend mit der Ausbreitung eines Geistes der Grausamkeit, der Verletzung aller menschlichen Prinzipien; jahrhundertelang blieben sie der Inbegriff einer unersättlichen Zerstörungswut. Es sollte dem Erfindungsreichtum des zwanzigsten Jahrhunderts vorbehalten bleiben, die schändlichen Verbrechen sogar noch zu übertrumpfen, die den Mongolen von der Geschichte angelastet worden sind. Doch die allgemeine Unruhe, die auf dem Vormarsch der Mongolen aus Zentralasien beruhte, mußte Ergebnisse nach sich ziehen; der Wandel, den sie durch die Ausbreitung der Kulturen, Religionen und durch die Verlagerung ganzer Völkerschaften verursachten, sollte entscheidende Entwicklungen auf der ganzen Erde vorantreiben.

Die unmittelbarste Auswirkung des mongolischen Vordringens nach Westen bestand darin, daß sich die Turkvölker nach Vorderasien und sogar nach Osteuropa ausbreiteten. Schon Jahrhunderte zuvor waren Steppenvölker aus den asiatischen Kernlanden langsam, mitunter auch stürmisch, in den Westen eingesickert; doch Dschingis Khan und seine Nachfolger bewirkten eine ungeheure Verstärkung dieser östlichen Völkerwanderung. Die Seldschuken waren die Vorläufer dieser Bewegung und wurden von den Mongolen besiegt; Dschingis Khans sämtliche Feldzüge hingen jedoch in großem Maße von der Unterstützung durch die Turkvölker ab. Zu Beginn seines Aufstiegs hatten sich die Kereit und die Naimanen sei-

ner Sache angeschlossen, und seit dieser Zeit standen viele Steppenvölker im Heerbann der Mongolen. Ohne Hilfe von seiten ihrer
Vettern hätten sie nie zu ihrer weltweiten Bedeutung aufsteigen können, denn die Mongolen allein waren zahlenmäßig viel zu schwach,
um Kriege dieses Ausmaßes zu führen.

Als sein Reich allmählich an Ausdehnung zugenommen hatte,
erkannte Dschingis bereits – in einer Weise, die Tamerlan offenbar fremd war –, daß er seine Aufmerksamkeit der Verwaltung
zuwenden mußte. Um diese Zeit gelangten die Turkvölker zu ihrer
einflußreichen Position innerhalb des Reiches, denn sie waren es –
außerhalb Chinas –, die die Verwaltungsstellen innehatten. Die tür-
kisch-uigurische Schrift war es auch, die Dschingis zum amtlichen
Verständigungsmittel erhob. Durch die Siege der Mongolen erhöhte
sich nicht nur die Bedeutung dieser Schrift, sondern auch der Einfluß der Turkvölker im allgemeinen. Diese Menschen waren viel
zahlreicher als die eigentlichen Mongolen, und mit der Zeit wandelte ihre Überzahl auch die Struktur des Reiches. Die kiptscha-
kischen Khane der Goldenen Horde wurden als Türken betrachtet;
auch Tamerlan galt trotz seiner angeblichen Abkunft von Dschingis
als ein türkischer Herrscher. Und wiederum wurden die ersten
Moguln, die in Delhi regierten – trotz ihrer mongolischen Vorfahren
und ihrer persischen Kultur –, als Türken angesehen.

Dies war, im ganzen genommen, eine lediglich demographische
Konsequenz der mongolischen Eroberungen; doch die große Zielsetzung und der schnelle Zerfall des Reiches Dschingis Khans bedeuteten, daß politische Entwicklungen auch über die Grenzen des
mongolischen Einflußgebietes hinauswirkten. Zum Beispiel ließ
sich der Einfluß der in Serai-Berke konzentrierten mongolischen
Macht auf die Entwicklung Rußlands zu einer despotischen Tradition nie ganz abschütteln. Dennoch bestanden christliche Kunst,
slawische Literatur und orthodoxe Religion auch unter der mongolischen Oberherrschaft weiter. Vielleicht führte die Unterdrückung
durch die Fremdherren sogar gerade eine Beschleunigung der
Entwicklung zur Einheit Rußlands herbei. Dennoch verzögerte
sich der kulturelle Fortschritt im ganzen Land: Der Starrsinn und
der Egoismus der moskowitischen Fürsten, die rücksichtslose Besteuerung der Bevölkerung, die endlosen Kriege belasteten Rußland so stark, daß nicht nur die Bürde selbst, sondern auch die

Anstrengungen, sich ihrer zu entledigen, das Land um Jahrhunderte zurückwarfen.

In China dagegen, einem Land mit jahrtausendealter Kultur, konnten die Mongolen soziale, administrative und kulturelle Entwicklungsprozesse nicht hemmen. Tatsächlich waren diese so stark ausgeprägt, daß selbst die mongolische Yüan-Dynastie ihnen fast von Anfang an erlag.

Von diesem Standpunkt aus betrachtet, ließe sich die These aufstellen, daß die Mongolen kaum einen Einfluß auf China ausgeübt hätten. Auf politischem und religiösem Gebiet waren dagegen die Auswirkungen der mongolischen Intervention bedeutsam und im ganzen gesehen auch nützlich. Das große Geschenk, das die Yüan-Herrscher ihrem Land machten, war die Einheit Chinas. Mehr als vier Jahrzehnte kämpften sie, um ihren Willen dem großen Land aufzuzwingen. Seit der Zeit der Vertreibung der Sung-Dynastie aus dem südlichen China ist das Reich stets geeint geblieben, trotz der vielen Kaiser, die kamen und gingen, und trotz der Wirren der revolutionären Bewegungen der Neuzeit. Seit siebenhundert Jahren hat sich diese Einheit gehalten, die während der mongolischen Oberhoheit begründet wurde und die vielleicht gerade als Reaktion auf die Fremdherrschaft sich für alle Zukunft festigen konnte, trotz aller Unterschiedlichkeiten in Sprache und Kultur der einzelnen Provinzen und der autonomen Verwaltungen, die sich von Zeit zu Zeit in besonderen Gebieten herausbildeten.

Im westlichen Asien, wo sich die Mongolen am längsten halten konnten, traten manche unerwarteten Auswirkungen in Erscheinung. Eines dieser Ergebnisse war der Zusammenbruch des christlichen Einflußbereichs an der Ostküste des Mittelmeers. Da die Fürsten und Militärbefehlshaber des Katholizismus sich nicht mit den Mongolen verbünden wollten, blieben sie der Übermacht der Mamelucken ausgesetzt, mit denen eine Verständigung nicht möglich war. Vielleicht wären sie letzten Endes doch Opfer der Mongolen geworden; Tatsache bleibt aber, daß Dschingis Khan und Hulagu nach weltlicher Macht strebten. Anders als die Moslems hatten sie keine religiösen Streitigkeiten mit den Christen; sie standen ihrem Glauben sogar wohlwollend gegenüber. Theoretisch wäre es möglich gewesen, daß die Kreuzritter den Ilkhanen ein gewisses Ausmaß an politischer Macht als Gegenleistung für militärischen Schutz übertragen hätten; praktisch sah es dagegen so aus, daß sie nicht nur um eine religiöse, sondern auch um eine weltliche Machtstellung kämpften, und so wären sie nicht bereit gewesen, irgendeinem fremden Herrscher Einfluß zu gewähren. Wenn auch ihre Isolierung dazu angetan war, zu einer Verständigung mit den Mongolen zu gelangen – einen Vorwurf kann man ihnen nicht machen, denn sie waren nicht die einzigen in der Geschichte, deren Stolz stärker als die praktische Vernunft war.

Von größerer Bedeutung für die historische Entwicklung war, wie schon erwähnt, die Auswirkung der Vernichtung der seldschukischen Türken. Eine Zeitlang gelang es den Mongolen selbst, deren Machtstellung einzunehmen, indem sie sich mit christlichen Völkern des Kaukasus verbündeten oder diese unterwarfen und indem sie die Sultanate Kleinasiens in Schach hielten. Im Verlauf der Grenzzwistigkeiten zwischen den Ilkhanen von Persien und der Goldenen Horde und der Festigung der Macht der Mamelucken in Syrien entwickelte sich jedoch eine neue politische Kraft in Kleinasien. Das Auseinanderbrechen des Mongolenreichs in kleinere Khanate und die Vielzahl einander befehdender Fürstentümer ermöglichten es der neuen Macht, sich weiter auszubreiten und Wurzeln zu schlagen, die selbst der gefürchtete Tamerlan nicht ausrotten konnte. Und als sich dann die Timuriden in dynastische Kämpfe verwickelten, war die Zeit gekommen, wo die neue Macht nach Norden, Westen und Süden expandierte und sich ein weitreichendes Herrschaftssystem aufbaute, wo dieses Reich der Osmanen seine Vormachtstellung in Vorderasien und Südosteuropa errang, die es vier Jahrhunderte lang nicht aus der Hand geben sollte.

Weiter nach Osten hin geht die Struktur des heutigen Persien auf die Festlegung der Grenzen zurück, die Hulagus Erben vorgezeichnet hatten. Tatsächlich war es das Ilkhanat, das den Grundstein zur Homogenität des Landes legte, die sich bis heute erhalten hat. Unter den Ilkhanen erblühte die persische Literatur und Kunst und wurde zum zentralen Ausdrucksmittel des islamischen Feingefühls. Die Architektur Persiens erscheint uns jetzt als das Leitbild moslemischer Baukunst mit ihren Gewölben, Kuppeln und Mosaik-Wänden; die Motive der persischen Miniaturmalerei finden sich immer wieder in den Werken der Künstler der moslemischen Türkei und des moslemischen Indien.

Die gegenseitige Beeinflussung von mongolischer Weltmacht und islamischer Frömmigkeit war vielfältig. Die Tatsache, daß sich die Mongolen in ihrem westlichen Herrschaftsbereich zum Islam bekannten, wandelte die Entwicklungstendenzen dieser Religion in mancherlei Weise. Es überrascht nicht, daß viele Mongolen zu Moslems wurden: Als die primitiven, dem entbehrungsreichen Leben zugewandten Steppenvölker nach Westen ausritten, standen sie plötzlich dem Reichtum, der Schönheit und der Betriebsamkeit islamischer Städte wie Isfahan, Samarkand, Buchara und Täbris gegenüber. Sie verwüsteten diese Orte, so als ob deren gepflegtes Aussehen ihre Wut noch gesteigert hätte. Und doch – die Städte blühten wieder auf, und die Bevölkerung führte ihr Leben zwischen Moschee und Marktplatz weiter. Jenseits der Grenzen des mongolischen Vormarsches bewachten die Heere der Mamelucken-Sultane ihr moslemisches Reich; ihre Machtstellung mußten sogar die Mongolen respektieren. Demgegenüber boten die christlichen Staatengebilde kein Vorbild für ein kriegerisches Volk: Die einander befehdenden Fürsten Rußlands, die hilflosen Königreiche des Kaukasus, die eifersüchtig in Kämpfe verwickelten Genuesen und Venezianer und die zum Untergang verurteilten Kreuzfahrerstaaten an der syrischen Küste – sie alle waren klägliche Beispiele einer geschwächten Religion. Selbst die christlichen Missionare, die am Hofe des Großkhans eintrafen – Katholiken, Nestorianer, Griechen, Syrer, Armenier –, konnten nicht mit einer Stimme sprechen. Natürlich wußten die Mongolen, daß es im Abendland einen Papst und weltliche Großmächte gab, und sie schickten sogar Abgesandte an die Höfe europäischer Könige, doch die Kontakte blieben ohne Wirkung, und eine Konfrontation mit Westeuropa fand nie statt. Die Mongolen wußten auch, daß die Herrscher des Abendlandes die Moslems nicht besiegen konnten, daß sie zauderten, als ihnen ein Bündnis angeboten wurde, und daß sie untereinander ausweglos zerstritten waren.

Alles Interesse, das Dschingis und seine Nachfolger fremden Ideen und Glaubensrichtungen entgegenbrachten, konnte die Attraktivität der einen standfesten ausländischen Religion, nämlich des Islam, nicht wettmachen. Nachdem die westlichen Teile des Reiches selbständig geworden waren und die Vormachtstellung des weit entfernt residierenden Khaqan sich immer mehr abschwächte, war es unausweichlich, daß die Khane Vorderasiens den gleichen

Weg wie die Mehrzahl ihrer Untertanen beschritten und ihre schamanistische Vergangenheit, aber auch die Lehren des Buddhismus abschüttelten. Diese Bekehrung zum Islam lag auf der gleichen Linie, wie sie auch andere kluge Herrscher aller Zeiten verfolgt haben – um tiefgreifende Differenzen und den Sturz des Regimes zu vermeiden, müssen Herrscher und Volk der gleichen Religion anhängen.

Ein Vorgehen, das eine bedeutsame kurzfristige Auswirkung auf den Islam nach sich zog, war die Ausrottung der ismailischen Sekte der Assassinen und damit eine Beseitigung der Drohung, die diese für die sunnitische Orthodoxie darstellten. Es gab aber noch eine weitere, schwerer definierbare Auswirkung der Mongolenherrschaft, wiederum zugunsten der Strenggläubigen. Durch den Ansturm der Mongolen wurde der Islam eine Zeitlang in die Defensive getrieben. Diese monumentale Übermacht der Fremdherren bewirkte, daß die moslemische Kultur etwas von ihrem ursprünglichen Glanz einbüßte. Trotz der Schirmherrschaft der Mongolen konnte der anfängliche Gedankenflug, die umfassende Phantasie der frühen moslemischen Philosophen und Dichter nie wieder erreicht werden. Der bedrängte Islam mußte nach Einheit streben. Er konnte sich keine Zersplitterung mehr leisten, nicht die Unruhe, die von den Sufi-Mystikern hervorgerufen wurde, die neue Wege des Denkens und der Erfassung Gottes suchten. Vor allem in Persien war eine solche Denkungsweise verbreitet, und Persien war es auch, das die Not des Vormarsches der Mongolen und der Kämpfe unter den Dschingis-Nachfolgern am stärksten zu spüren bekam. Aber auch in anderen Gebieten wandelte sich die religiöse und kulturelle Entwicklung unter dem Einfluß der Mongolen. In Indien bedeutete die Unterwerfung der Hindus unter eine Fremdherrschaft, die bis zum achtzehnten Jahrhundert an der Macht blieb, daß eine ständige Spannung zwischen dem Herrscherhaus und dem Volk bestand. Der mosaische Gott des Islam, eine ewige, alleinige Gottheit, konnte nur schwerlich mit dem Pantheon der Hindu-Gottheiten koexistieren, aber auch nicht mit dem unpersönlichen Brahma. Somit dauerte eine Spaltung der Bevölkerung fort, die – in späteren Zeiten durch die Kolonialmacht sogar noch gefördert – bis in die heutige Zeit fortwirkt und Haß und Argwohn sät. Dagegen zog die Einführung des Buddhismus in China durch die Mongolen keine tiefgreifenden Spaltungen nach sich, eine Tatsache, die wohl mehr der chinesischen Toleranz als der Klugheit Kublais und seiner Nachfolger zuzuschreiben ist. Ohne Schäden und Schwierigkeiten ging diese Wandlung jedoch nicht vonstatten – besonders die Taoisten hatten unter den Folgen zu leiden. Als Kublai, der Verfechter des Buddhismus, im Jahre 1281 die Verbrennung aller taoistischen Bücher in China anordnete, führte er einen fast vernichtenden Schlag gegen die Kontinuität der chinesischen Kultur. Doch der Taoismus erholte sich wieder; auch der Konfuzianismus gewann in der späteren Yüan-Zeit seine frühere Bedeutung allmählich zurück. Mit dem Sturz der Yüan-Kaiser verlor der Buddhismus seinen politischen Einfluß; auf religiösem Gebiet war er jedoch so tief verankert, daß er auch in der Folgezeit nachwirkte.

In Westeuropa, das die mongolische Machtentfaltung nie direkt zu spüren bekam, machten sich die Auswirkungen des Aufstiegs und Sturzes jenes östlichen Weltreiches eigenartigerweise vielleicht stärker bemerkbar als in allen anderen Gebieten. Während nämlich die schnell voranschreitende Kultur in den islamischen Ländern sich infolge der mongolischen Ausbreitung zeitweilig nicht weiterentwickelte und sogar beschnitten wurde, konnte die auf dem Katholizismus beruhende Kunst, Wissenschaft und Philosophie Westeuropas ungestört allmählich heranreifen. Diese Entwicklung beschleunigte sich durch den Einfluß von Byzanz, dessen in der antiken klassischen Welt verwurzelte Kultur vor dem Zugriff der Türken weiter im Westen Zuflucht suchte und fand. Möglicherweise haben sich die zeitweilige Aufhebung der osmanischen Bedrohung durch Tamerlan und die der Bevölkerung von Konstantinopel geschenkten fünfzig Jahre der Freiheit entscheidend ausgewirkt, denn der große Zustrom gebildeter Flüchtlinge während dieser Zeit brachte in Italien und Westeuropa jenes Wiedererstehen eines schlafenden Geistes zuwege, jenes langsam wachsende Wunder der Phantasie und der Erfindungsgabe: die Renaissance. So könnte man den Schluß ziehen, daß die außerordentliche kulturelle Regeneration Europas zum Teil auf einen Antrieb von außen, auf die Schwungkraft der mongolischen Eroberer, zurückzuführen ist.

Diese Eroberer vernachlässigten jedoch keineswegs die Einrichtung tatkräftiger Verwaltungen, um damit die Erfolge ihrer Siege sicherzustellen. Als sie unter dem Khaqanat Kublais am weitesten vorgedrungen waren, reichte der allgemeine Reichsfriede – die _Pax_

Mongolica – von der Quelle der Wolga bis zur Mündung des Yangtse, und unter dem Schirm dieser Sicherheit konnten zum ersten Mal Karawanen und Transportkolonnen gefahrlos über den breiten Rükken Asiens hinwegziehen. China, das Land der Fabeln, das unbekannte, verbotene Reich, stand plötzlich der Welt offen. Der Handel florierte, Missionen zogen hin und her. Doch dann schlug unvermittelt der Islam die Tür zu. China zog sich hinter seine Mauern zurück. Die osmanischen Türken beherrschten die Handelsrouten. Die alten, schwierigen Transportverhältnisse traten erneut in Erscheinung: Der Handel mit Asien mußte durch das Rote Meer geleitet werden; Waren mußten ausgeladen und von Alexandria aus neu verschifft werden. Doch jetzt verfügte Europa über neue Erkenntnisse: Der Ferne Osten war kein Märchen mehr, sondern er war in die unmittelbare Erinnerung eingeprägt. Die Suche nach dem Seeweg nach Indien und Kathay konnte beginnen, denn neue geographische Ideen standen bereit, die alle mittelalterlichen Vorstellungen über die Gestalt unseres Planeten über den Haufen warfen.

Doch trotz aller Anstöße, die die Mongolen der Entwicklung anderer Kulturen gegeben hatten, gelang es ihnen nie, eine kulturelle Eigenständigkeit herauszubilden. Dschingis Khan war ausgezogen, um die Welt zu beherrschen; trotz seiner Menschenkenntnis, ja seiner Weisheit erkannte er nie, daß man die Völker nicht durch Krieg und nicht durch Verwaltungseinrichtungen beherrschen kann – allein gemeinsame Ideen, Glaubensvorstellungen, menschliche Beziehungen sind es, die zur Erhaltung der Einheit führen. Als die Araber aus ihrer Geschichtslosigkeit und der Kargheit der Länder ihrer Vorfahren ausbrachen, trugen sie ihren Glauben in alle Länder des Orients. Hierdurch machten sie ihre Eroberungen dauerhaft; die unterworfenen Völker wandelten sich durch den Islam für alle Zeiten.

Die Mongolen brachten keine Wandlungen; sie hatten nichts zu bieten. Fühlten sie diese Leere in sich? War dies der Grund, weshalb Dschingis, Ogedei, Kublai und alle anderen Herrscher so aufmerksam den Missionaren zuhörten, die andere Weltreligionen predigten? Glaubten sie, ein zukunftsträchtiges Wort zu erfahren, einen Sendboten zu erkennen? Hätten sie die Empfehlungen dieser Botschafter beherzigt, dann wären sie vielleicht unbesiegbar geworden, dann wären auch weitgesteckte Ziele der Erfüllung nahegekommen.

Doch sie übernahmen nur die Ideen und die Kulturen der von ihnen unterworfenen Völker – in China das kulturelle Erbe der Chinesen, in Persien den Glanz der Vergangenheit –, in der Hoffnung, daß ihnen das fremde Gewand passen würde. Doch die Völker, deren Kleider sie trugen, wußten genau, woher die Fremdherren gekommen waren. Die umfassende Unparteilichkeit ihres Gesetzes, auf der der Reichsfriede beruhte, bestand kaum noch nach dem Tode Dschingis Khans, des Gründervaters. Ein auf der Einhaltung der Gesetze beruhender Zwang hat jedoch nie die Millionen zu Begeisterungsstürmen entfacht. Die Mongolen konnten zwar den unterjochten Völkern eine mürrische Bereitschaft zur Zusammenarbeit abtrotzen; bleibenden Respekt erreichten jedoch nur die größten Persönlichkeiten unter den Fremdherrschern.

Die volkstümliche Vorstellung von den Mongolen entspricht deshalb wahrscheinlich den Tatsachen. Als Inbegriff menschlicher Grausamkeit mordeten, plünderten und zerstörten sie in weitreichendem Umfang; dann verschwanden sie. Was sie zu erreichen hofften, ging nicht in Erfüllung; was sie tatsächlich erreichten, geschah häufig durch Zufall oder im Namen geistlicher Mächte – des Buddhismus oder des Islam. Sie waren Barbaren, die aus der Dunkelheit ihrer Vergangenheit aufstiegen, um dann das Licht, das sie so angezogen hatte, zu zerstören. Und sie waren die letzten ihres Schlages; nach dem sechzehnten Jahrhundert hatte das Schießpulver den Krieg zu einer Sache der Technologie gemacht. Von jener Zeit an waren die Heere auf die Unterstützung entwickelter Volkswirtschaften und Industrien angewiesen. Eine ganze Zeit glaubte man, daß mit dem Sturz der Mongolen auch das Ende der Barbarei gekommen sei; das zwanzigste Jahrhundert hat jedoch bewiesen, daß der Bereich der Grausamkeit sich noch erweitern konnte. Heute müssen wir erkennen, daß wir leichter einen Blick über acht Jahrhunderte hinweg auf die gewalttätige Zeit Dschingis Khans werfen können als auf unsere Gegenwart; denn es ist einfacher, die Gewaltherrscher der Vergangenheit zu betrachten als jene, die noch heute unser Leben verunsichern.

VERZEICHNIS DER KARTEN UND STAMMBÄUME

ABBILDUNGS-NACHWEIS

ZEITTAFEL

	WESTEUROPA	OSTEUROPA	WESTASIEN
1162			
1197	Kaiser Heinrich VI. stirbt		
1202			
1204	Kreuzfahrer erobern Konstantinopel		
1206			
1207			
1208			
1209			
1211			
1215			
1217			Einfall nach Kara-Kitai
1218			Sieg über Kara-Kitai
1219			Chwaresm angegriffen
1220	Kaiserkrönung Friedrichs II.		Buchara und Samarkand fallen. Schah Muhammad
1221		Subatei schlägt Georgier	stirbt
1222		Schlacht an der Kalka	Dschalal-al-din geschlagen
1223			
1224			Dschalal kehrt zurück
1225			Dschalal greift den Kalifen an und nimmt
1226		Dschotschi stirbt	Tiflis ein
1227			
1228	Fünfter Kreuzzug		
1229			
1230			Mongolen greifen Dschalal an
1231			Dschalal stirbt
1232			
1233			
1234			
1235		Georgien verwüstet	
1236		Armenien angegriffen	
1237		Wolga überschritten	

Kernländer	Ostasien	
Dschingis Khan geboren		1162
Toghrul wiedereingesetzt		1197
Tataren niedergemetzelt		1202
Kereit besiegt		1204
Dschingis zum Khaqan proklamiert		1206
Dschotschi unterwirft Steppenstämme		1207
	Einfall nach Hsi-Hsia	1208
Uiguren erkennen Mongolenherrschaft an		1209
	Chin wird angegriffen	1211
	Peking fällt	1215
	Mukhuli Befehlshaber gegen Chin	1217
	Gegenstoß Chins zurückgeschlagen	1218
		1219
		1220
	Bündnis zwischen Mukhuli und Sung	1221
		1222
	Mukhuli stirbt	1223
		1224
Dschingis Khan kehrt zurück		1225
	Hsi-Hsia überfallen	1226
Dschingis Khan stirbt		1227
		1228
Ogedei Khaqan		1229
	Chin angegriffen	1230
		1231
Tuli stirbt	Chin bei Kum-tschou besiegt	1232
	Kaifeng fällt	1233
	Ende der Chin-Dynastie	1234
	Angriff auf die Sung	1235
		1236
		1237

	WESTEUROPA	OSTEUROPA	WESTASIEN
1238		Wladimir, Moskau fallen	
1240		Kiew fällt	
1241		Wahlstatt; Ungarn fällt	
1242		Serai gegründet	
1243			
1245			
1246			
1248			
1250	Tod Friedrichs II.		
1251			
1252			
1254			
1255		Batu stirbt	Hulagu beginnt Feldzug
1256	Interregnum in Deutschland		Assassinen vernichtet
1257		Berke Khan	
1258		Nogai dringt nach Polen ein	Bagdad fällt
1259			Einfall nach Syrien
1260			Mamelucken schlagen Ked-Buka
1262		Berke greift Hulagu an	Hulagu greift Berke an
1263			Schlacht am Terek
1264		Nogai greift Byzantiner an	Hulagu stirbt
1265			Abaqa Khan
1266		Berke stirbt	
1267			
1268	Konradin hingerichtet	Möngke-Timur Khan	
1269			Borak dringt in Transoxianien ein
1270			Borak zurückgeschlagen
1271			
1273	Königswahl Rudolfs von Habsburg		Abaqa nimmt Buchara ein
1274			
1277			Baibars stirbt
1279			
1280		Möngke-Timur stirbt	Aleppo eingenommen
1281			Sieg der Mamelucken
1282			Abaqa stirbt
1283			
1284			Arghun Ilkhan
1285			
1288		Polen schlägt Goldene Horde zurück	
1289			

KERNLÄNDER	OSTASIEN	
		1238
		1240
		1241
Ogedei stirbt		1242
Turakina Regentin		1243
Carpini trifft mit Gesandtschaft ein		1245
Kuyuk Khaqan		1246
Kuyuk stirbt		1248
		1250
Möngke Khaqan		1251
	Kublai greift die Sung an	1252
Rubruck trifft mit Gesandtschaft ein		1254
		1255
		1256
		1257
	Kublai beherrscht Südchina	1258
Möngke stirbt		1259
Arik-Buka beansprucht Khaqanat	Kublai zum Khaqan proklamiert	1260
Kublai schlägt Arik-Buka		1262
		1263
Arik-Buka ergibt sicht		1264
		1265
		1266
	Kublais Entscheidungsangriff auf die Sung	1267
		1268
		1269
		1270
	Yüan-Dynastie proklamiert	1271
		1273
	Japaner weisen Invasion ab	1274
Kaidu greift Karakorum an	Lin-an fällt	1277
	Ende der Sung-Dynastie	1279
		1280
	Japaner weisen Invasion ab	1281
		1282
	Tschampa fällt	1283
		1284
	Tongking fällt	1285
	Annam fällt	1288
Kaidu geschlagen		1289

	WESTEUROPA	OSTEUROPA	WESTASIEN
1290		Nogai macht Toktu zum Khan	
1291	Schweizer gründen Eidgenossenschaft		Arghum stirbt
1292			Gaikhatu Ilkahn
1293			
1294			Papiergeld wird ausgegeben
1295			Gaikhatu stirbt; Ghasan Ilkhan
1297			Ghasan läßt Nauwes hinrichten
1299		Toktu schlägt Nogai	Aleppo eingenommen
1301			
1303			Syrien angegriffen
1304	Papst zieht nach Avignon		Ghasan stirbt, Uljaitu Ilkhan
1307			Sultaniya gegründet
1308		Kaffa eingenommen	
1312		Toktu stirbt	Uljaitu zieht sich aus Syrien zurück
1313		Usbeg Khan	
1315			
1316			Uljaitu stirbt, Abu Said Ilkhan
1318			Raschid hingerichtet
1325			
1326			
1327		Iwan Kalita Fürst in Moskau	Choban hingerichtet
1328			
1335			Abu Said stirbt
1336			
1338	Kurverein zu Rense		
1340			
1341		Usbeg stirbt	
1346	Königswahl Karls IV.		
1348	Schwarzer Tod in Europa		
1352			
1355			
1356	Goldene Bulle		
1357		Osmanen nehmen Gallipoli ein	
1360			
1368			
1370			Samarkand wird Timurs Hauptstadt
1377			Toktamisch Khan

KERNLÄNDER	OSTASIEN	
		1290
		1291
		1292
	Java weist Invasion ab	1293
	Kublai stirbt	1294
		1295
	Burma fällt	1297
		1299
Kaidu stirbt		1301
		1303
		1304
	Timur (Chen-tsung) stirbt	1307
		1308
		1312
		1313
	Missionar Oderich trifft ein	1315
		1316
Kebek Khan		1318
	Bauernaufstände beginnen	1325
Kebek gestürzt		1326
		1327
	Tschaghatai-Horde fällt ein	1328
		1335
Timur geboren		1336
		1338
Christen niedergemetzelt		1340
		1341
		1346
		1348
	Kuo Tsu-hsing revoltiert	1352
	Chu Yüan-chang führt Aufstand an	1355
Tughluq vereinigt Tschaghatai-Khanat		1356
	Chu nimmt Nanking ein	1357
Timur Wesir bei Ilyas		1360
	Yüan-Kaiser flieht aus Peking	1368
	Yüan-Dynastie gestürzt	1370
		1377

	WESTEUROPA	OSTEUROPA	WESTASIEN
1380		Schlacht bei Kulikowo Polje	Timur dringt nach Persien ein
1381		Toktamisch Sieger in Rußland	
1386	Schlacht bei Sempach		
1388			
1390			Timur nimmt Sultaniya ein
1391		Timur schlägt Toktamisch	
1393			Timur nimmt Bagdad ein
1395		Timur schlägt Toktamisch nochmals	
1398			
1399	Richard II. stirbt		
1400			Timur nimmt Damaskus ein
1402			Timur schlägt Bajezid
1405	Päpstliches Schisma beendet		Timur stirbt
1406		Toktamisch stirbt	
1412			
1415	Friedrich von Hohenzollern wird Kurfürst von Brandenburg		
1423	Friedrich von Wettin wird Kurfürst von Sachsen		
1510			Ende der Timuriden-Dynastie
1517	Martin Luther Reformator		
1526			

KERNLÄNDER	OSTASIEN	
		1380
		1381
		1386
Chinesen zerstören Karakorum		1388
		1390
		1391
		1393
		1395
	Timur dringt nach Indien vor	1398
		1399
		1400
		1402
		1405
		1406
Uriat schlagen Aldschai Timur		1412
		1415
		1423
		1510
		1517
	Mogul-Dynastie begründet	1526

REGISTER

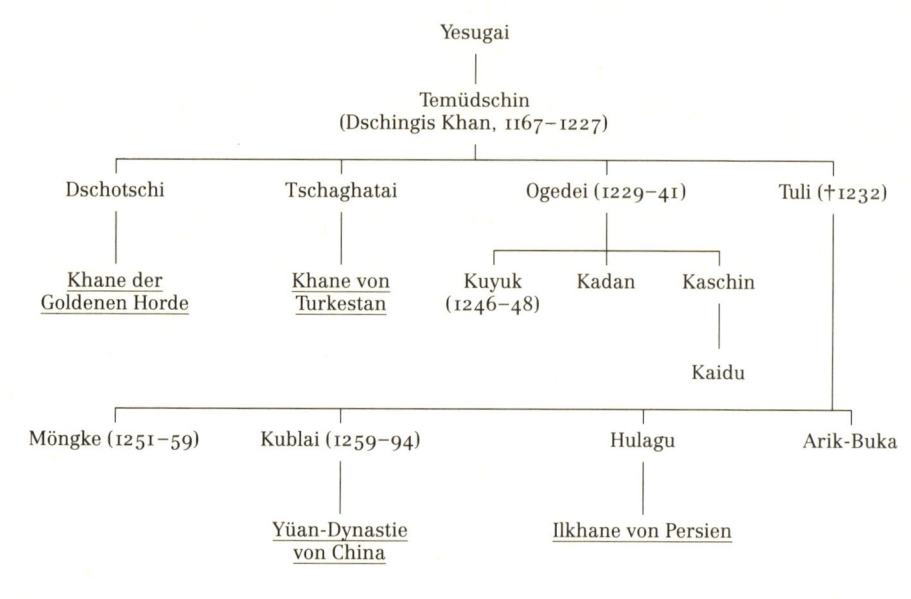

DAS HAUS DES DSCHINGIS KHAN

Yesugai

Temüdschin
(Dschingis Khan, 1167–1227)

Dschotschi — Tschaghatai — Ogedei (1229–41) — Tuli (†1232)

Khane der Goldenen Horde

Khane von Turkestan

Kuyuk (1246–48) — Kadan — Kaschin

Kaidu

Möngke (1251–59) — Kublai (1259–94) — Hulagu — Arik-Buka

Yüan-Dynastie von China

Ilkhane von Persien

KHANE DER GOLDENEN HORDE

Dschotschi (†1227)

Orda — Batu (†1256) — Berke (1257–66) — Boal

Sartak (1256–57) — Tokokan

Nogai (†1299)

Khane der Weißen Horde

Tartu — Möngke-Timur (1267–80) — Tode-Möngke (1280–87)

Tule-Buka (1287–90) — Toktu (1291–1312) — Toghrilcha

Usbek (1313–41)

Toktamisch (1375–95, †1406)

Tinibeg (1341–42) — Dschanibeg (1342–57)

Berdibeg — Kulpa — Newrus

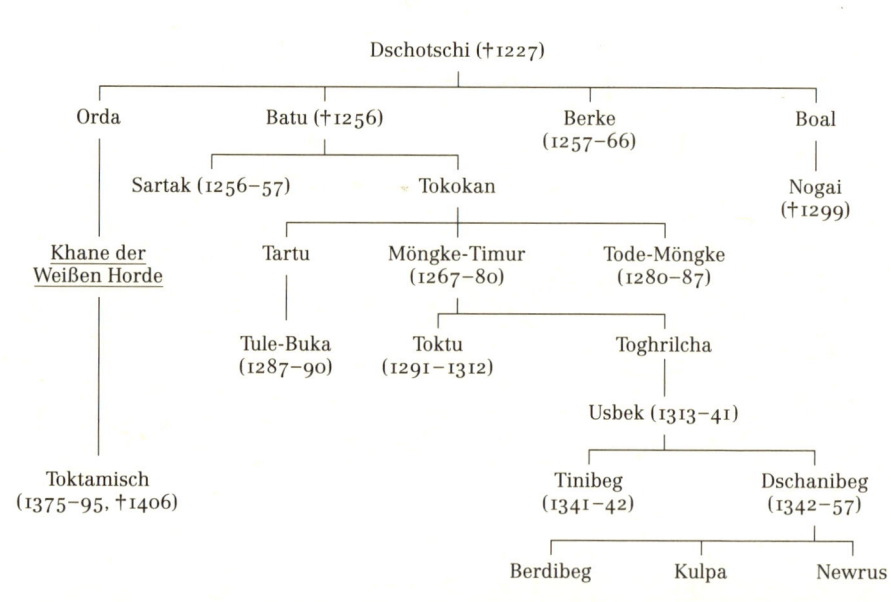